李白出生地 中国科技城

Forty Years Anniversary of
Mianyang Public Culture

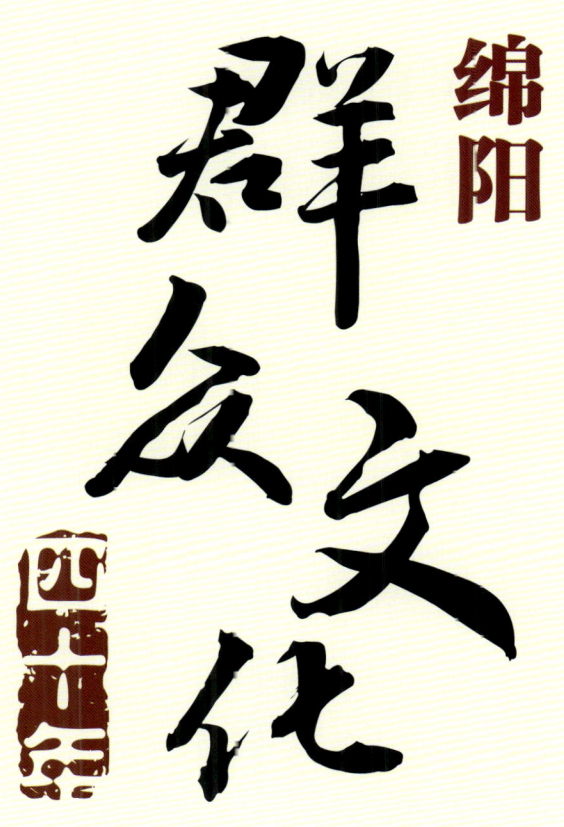

绵阳市文化馆
绵阳市群众文化学会 编

四川大学出版社

项目策划：杨岳峰
责任编辑：杨岳峰
责任校对：吴连英
封面设计：墨创文化
责任印制：王 炜

图书在版编目（CIP）数据

绵阳群众文化四十年 / 绵阳市文化馆，绵阳市群众文化学会编． — 成都：四川大学出版社，2020.9
ISBN 978-7-5690-3457-8

Ⅰ．①绵… Ⅱ．①绵… ②绵… Ⅲ．①群众文化－研究－绵阳 Ⅳ．① G249.277.13

中国版本图书馆CIP数据核字（2020）第 014547 号

书　名	绵阳群众文化四十年 MIANYANG QUNZHONG WENHUA SISHINIAN
编　者	绵阳市文化馆　绵阳市群众文化学会
出　版	四川大学出版社
地　址	成都市一环路南一段24号（610065）
发　行	四川大学出版社
书　号	ISBN 978-7-5690-3457-8
印前制作	墨创文化
印　刷	成都市金雅迪彩色印刷有限公司
成品尺寸	210mm×285mm
印　张	15.5
字　数	484千字
版　次	2020年9月第1版
印　次	2020年9月第1次印刷
定　价	150.00元

版权所有　侵权必究

◆ 读者邮购本书，请与本社发行科联系。
　 电话：(028)85408408/(028)85401670/
　 (028)86408023　邮政编码：610065
◆ 本社图书如有印装质量问题，请寄回出版社调换。
◆ 网址：http://press.scu.edu.cn

四川大学出版社
微信公众号

《绵阳群众文化四十年》编委会

总顾问／罗 蒙 温 芬
总策划／代 宏
策 划／凌开业 邱 兰

编委会主任
邱 兰
编委会副主任
刘大军 李德怀 曹文龙
编委会委员（依姓氏笔画排序）
王 伟 王子文 文在军 李 伟 杨 雅 何亚君 何多俊 沈兴国 宋雨田
张万全 陈永乐 陈彦霖 林 海 罗成岗 周大文 赵 耘 郝 刚 姚光普
夏蜀光 倪朝晖 徐正斌 敬 悦 曾 艳 谢 莉 谢伶俐 谢菊蓉 戴大鹏

主　　编／倪朝晖
副 主 编／罗成岗 敬 悦
编　　辑／何 娟 李庭菀 陈黎明 俞雅岚 车 维 刘厚彬 程 喜
审　　稿／陈永乐 姚光普
摄　　影／宋雨田 杨 敏
照片提供／夏蜀光 林 海 何多俊 张万全 刘厚彬 高 怡 陈黎明
　　　　　朱 丽 何安安 巩 俊 邓 阳

序言
XUYAN

党的十八大以来，以习近平同志为核心的党中央高度重视文化建设，对建设社会主义文化强国作出了一系列重要论述，提出许多新思想、新观点、新要求，为进一步推进社会主义文化大发展大繁荣吹响了新的号角。在习近平新时代中国特色社会主义思想和党的十九大精神指引下，各地认真贯彻落实党中央、国务院的决策部署，坚持文化自信，深化文化体制改革，完善公共文化服务体系建设，探索创新公共文化服务模式，为"两个一百年"奋斗目标凝聚起强大的精神文化力量。

群众文化作为我国文化建设的重要组成部分，在改革开放中不断发展壮大。1980年，文化部下发《关于加强群众文化工作的几点意见》。1981年，中共中央下发《关于关心人民群众文化生活的指示》。自此，群众文化事业蓬勃发展，突破了文学艺术的狭窄范围，向包括时政宣传、业余教育、群众体育、科普和游艺等诸多领域的"大文化"转变。

正是在这一时代背景下，绵阳群众文化事业迎来新的春天，以绵阳地区文化馆的成立和更名为绵阳市群众艺术馆、绵阳市文化馆为标志，绵阳群众文化事业先后经历了春暖复苏、成熟壮大和提档升级三个重要发展阶段。

在阵地建设上，经过四十年的发展和建设，绵阳市各级文化馆于2015年全部进入国家级等级文化馆行列，目前全市共有6个国家一级文化馆：绵阳市文化馆、涪城区文化馆、安州区文化馆、江油市文化馆、三台县文化馆、梓潼县文化馆；3个国家二级文化馆：盐亭县文化馆、北川县文化馆、平武县文化馆；1个国家三级文化馆：游仙区文化馆。同时，建成291个乡镇（街道）文化站（中心），3265个村级文化活动室，市本级、县（市、区、园区）、乡镇（街道）、村（社区）四级公共文化服务网络基本形成，极大地满足了城乡人民的文化需求。

在中华优秀传统文化传承保护上，从2008年至2011年，"文昌洞经古乐""青林口高抬戏""羌年""潼川豆豉酿制技艺""禹的传说""跳曹盖""口弦音乐"等7项非遗项目入选国家级非遗名录，其中"羌年"入选联合国教科文组织非遗名录。同时，积极开展"中华文化走出去"活动，市文化馆先后受邀赴韩国、德国等地交流，举办了6场境外专题学术讲座和7场演出，获得3项国际性创作大奖和2项演奏大奖。

在文艺创作上，美术作品《敬爱的元帅·刘伯承》《昆仑雪》、话剧小品《一个秋天的故事》《大年三十》《两个人的车站》、音乐作品《祖国万岁》《亲爱的祖国》，舞蹈《火车开过家门口》《北川绣娘》等先后荣获全国性大奖，剪纸《白马风情》《百福百寿图》系列、音乐作品《羌寨素描》《江上泛舟》等荣获国际性大奖。清唱剧《欧阳修》在第六届全国音乐心理学学术研讨会开幕式上成功公演。全市各级文化馆组织创作的文学、音乐、舞蹈、美术、书法、戏剧等各类文艺作品先后获得159项省级及以上奖项，其中全国性奖项78个、国际性奖项15个。

在理论研究上，绵阳市群众文化学会于1986年4月成立，并举办了第一次学术研讨会。四十年来，全市各级文化馆共取得优秀理论研究成果78项，其中国家级奖项18个、省级奖项12个，7篇专业论文在全国核心期刊上发表，12部专著公开出版。

在全民艺术普及和免费开放上，各级文化馆坚持免费开放、错时延时开放，每周服务时间达70小时以上，常年为公众提供演出、培训、辅导、展览、讲座等多种公益文化服务。公众对市文化馆工作满意度达85%以上。

通过四十年来的探索和实践，绵阳群众文化事业得到长足发展，取得了显著成绩。同时，产生于特定历史条件下的"群众文化"的内涵和外延也发生了巨大的变化，渐渐为"公共文化"一词所涵盖。因此，当前此书的出版具有史料性、文献性、专业性、理论性等多重价值。

在社会主义文化大繁荣大发展的进程中，绵阳群众文化事业正迎来新的机遇与挑战。"做快乐文化的使者，在广袤大地播种文化的种子"早已成为绵阳群众文化工作者的人生格言。成功的道路靠双脚踏出，美好的未来靠双手创造。我们相信，未来的绵阳群众文化事业将一路奋楫、砥砺前行，以更加优异的成就彰显和诠释"文化自信"，为加快建设中国科技城和西部现代化强市再立新功，为推动新时代公共文化事业的蓬勃发展做出新的更大的贡献。

代宏

2020年5月18日

目录 CONTENTS

数说四十年
- 基础建设 ... 002
- 公共服务与管理工作 ... 006
- 主要成果 ... 008

回望筑梦路
- 改革迈开创业路（1978—1984） ... 012
- 群众文化谱新篇（1985—2002） ... 023
- 昂首开启新征程（2003—2018） ... 063

群文结硕果
- 优秀论文选 ... 160
- 绵阳市群众文化系统优秀文艺作品目录 ... 207
- 绵阳市群众文化系统优秀理论成果目录 ... 221

附　　录
- 绵阳市各级文化馆历任主要领导 ... 228
- 绵阳市群众文化系统优秀专家名录 ... 233
- 主要参考文献 ... 235

后　　记 ... 237

数说四十年

基础建设

公共服务与管理工作

主要成果

绵阳地区文化馆成立于 1978 年。1985 年，绵阳地区文化馆更名为绵阳市群众艺术馆。2003 年，绵阳市群众艺术馆更名为绵阳市文化馆。党的十一届三中全会召开以来的 40 年，是绵阳群众文化事业不断积淀和探索，逐步迈入专业化、规范化发展轨道的 40 年，是绵阳群众文化事业坚持以人民为中心，让人民群众受惠最多的 40 年，是绵阳群众文化事业得到长足发展，各项工作取得显著成绩的 40 年。40 年来，以文化馆为龙头和主力的绵阳群众文化事业坚持科学发展和与时俱进，谱写了一篇篇建设中国科技城和西部现代化强市的绚丽华章。

基础建设

1953 年 12 月，文化部发出了"关于整顿和加强文化馆（站）工作的指示"。同年，绵阳地区各县开始建立互助组。1954 年，农业合作社不断发展，农村群众文化活动亦纳入合作社工作范畴。

1978 年 11 月，四川省颁发了《四川省县（市、区）文化馆工作条例》。

1978 年 11 月，经绵阳地区行政公署批准，绵阳地区文化馆成立。绵阳地区文化馆为绵阳地区直属正区级全额拨款事业单位，隶属绵阳地区文教局，核定编制人数为 20 人。最初工作职能是组织群众文化活动，培训群众文化干部，指导县（市、区）文化馆工作，搜集整理民间文学遗产。

在改革开放 40 年后，绵阳市文化馆馆舍面积达 7500 平方米，编制人数为 20 人，音乐、舞蹈、文学、美术、书法、摄影等各类专业人员齐全。单位以组织群众文化活动、繁荣群众文化事业为宗旨，工作职能拓展为群众文化活动组织、指导和相关培训，民间文化艺术遗产搜集整理与保护，业余文艺创作、组织、指导和审查参赛，市群众文化学会活动组织。

40 年来，绵阳市文化馆的馆舍面积、固定资产等办馆条件均得到极大改善。

绵阳市文化馆馆舍面积统计表

年度	机构名称	馆舍面积（平方米）	备注
1981	绵阳地区文化馆	110	1978年，建馆初期在绵阳地区文教局内办公；1981年，以2000元购买绵阳市解放街110平方米私产房屋作为馆舍
1985	绵阳市群众艺术馆	1008	包括200平方米经营性用房
1994	绵阳市群众艺术馆	130	临时租用
1999	绵阳市群众艺术馆	7500	新馆投入使用
2003	绵阳市文化馆	7500	
2018	绵阳市文化馆	7500	

绵阳市文化馆馆舍面积变化示意图

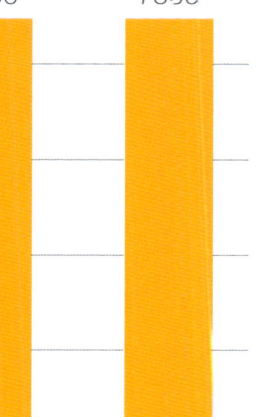

绵阳市文化馆固定资产统计表

年　度	1979	1995	2003	2014
固定资产（万）	3.6	40	152	372.9

尤其在"5·12"地震后，各县（市、区）文化馆的硬件条件得到跨越式提升，不少馆的馆舍"从无到有、由小变大"，为各县（市、区）公共文化服务工作的顺利开展提供了有力保障。经灾后重建，目前各馆的馆舍面积均达到或高于国家一级馆（县级标准）必备条件中2500平方米馆舍面积的要求，涪城区、江油市、三台县等馆的馆舍面积甚至还高于国家一级馆（地市级标准）必备条件中4500平方米馆舍面积的要求。

"5·12"地震灾后重建后各县（市、区）文化馆馆舍面积

机构名称	馆舍面积（平方米）	备　注
涪城区文化馆	5500	固定资产444.05万元，灾后澳门援建涪城区文化中心投入资金2040万元
游仙区文化馆	2608	固定资产140万元，灾后文化馆和文化站重建投入资金2076万元；为方便群众，在城区租用了713.72平方米的活动场地
安县文化馆	4000	固定资产817.29万元，灾后重建投入资金885.56万元
江油市文化馆	18000	固定资产1.49亿元，灾后重建投入资金1.4亿元
三台县文化馆	8150	灾后重建投入资金960万元
梓潼县文化馆	3160	灾后重建投入资金660万元
盐亭县文化馆	2800	固定资产1540万元，灾后重建投入资金1060万元
平武县文化馆	2500	固定资产300万元，灾后重建投入资金600万元
北川羌族自治县文化馆	3000	固定资产1600万元，县艺术中心、文化站等灾后重建项目投入资金1.2亿元

同时，作为全市各级文化馆工作延伸载体的基层文化网点——乡镇综合文化站（中心）也发生了翻天覆地的变化。

1978年，党的十一届三中全会后，绵阳地区基层群众文化活动网点建设有了较大发展，未建文化站的乡镇陆续建站，已建成的文化站不断发展，部分乡镇建成文化中心。

至1995年年底，绵阳市239个建制乡镇中建立起172个文化站，其中文化中心共计38个。

2005年，根据中共中央办公厅、国务院办公厅《关于进一步加强农村文化建设的意见》（中办发〔2005〕27号），乡镇综合文化站建设工作成为各级党委、政府的重要工作。乡镇综合文化站成为政府举办的提供公共文化服务、指导基层文化工作和协助管理农村文化市场的公益性事业单位，是集图书报刊阅读、宣传教育、文艺娱乐、科普培训、体育健身等各类文化活动于一体，服务于当地农村群众的综合性公共文化机构。

截至2016年，绵阳市建成乡镇综合文化站（中心）数量达277个，较好地满足了基层群众的文化需求。

绵阳市乡镇综合文化站（中心）数量统计

年　度	1973	1995	2003	2010	2015	2018
乡镇综合文化站（中心）数量（个）	8	172	233	250	277	277

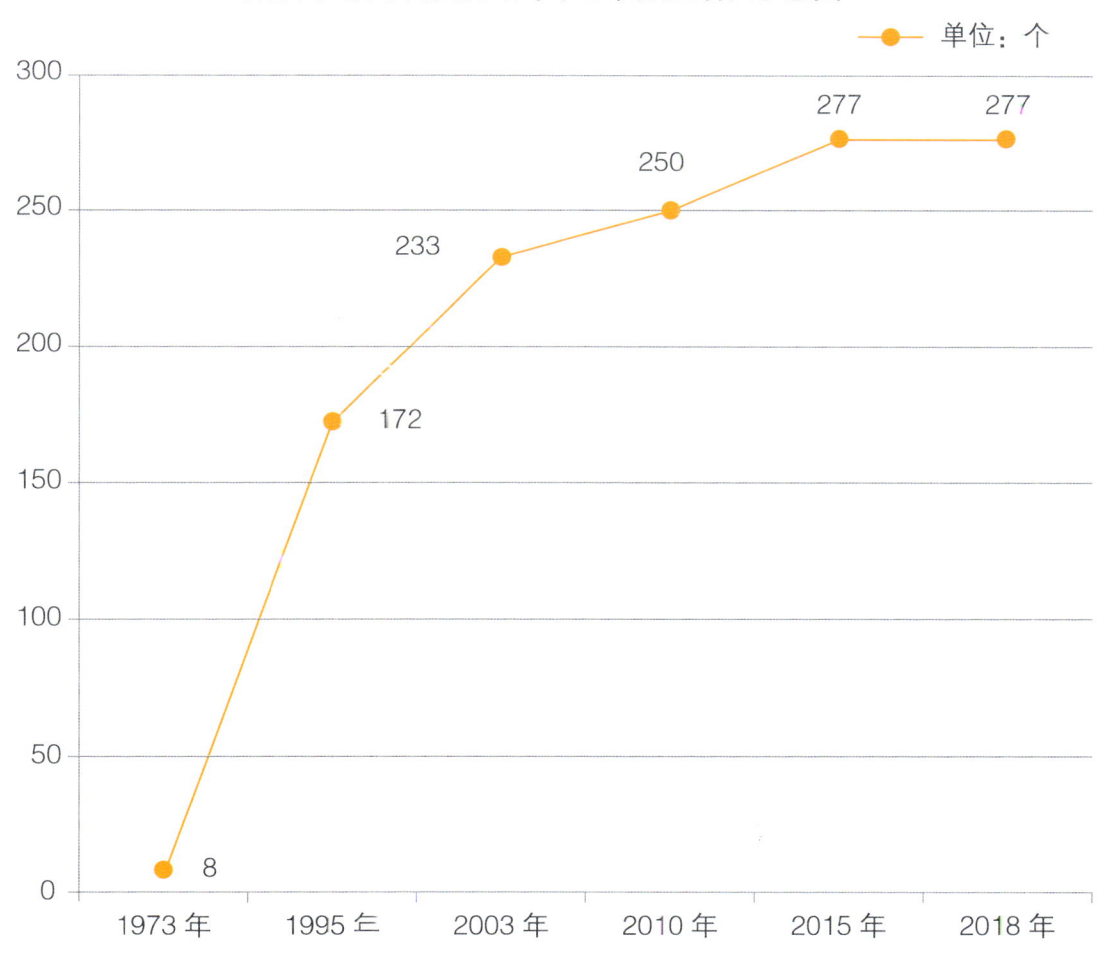

绵阳市乡镇综合文化站（中心）数量增长示意图

公共服务与管理工作

40年来，全市各级文化馆坚持"文化惠民、文化育民、文化乐民"，认真落实文化民生工程，致力于满足人民群众日益增长的精神文化需求。同时，为适应新形势，各级文化馆不断在实践中探索新时代公共文化服务的新经验和新思路，与时俱进，苦练内功，不断推进各项业务和管理工作。

机构设置

1978年，绵阳地区文化馆暂在绵阳地区文教局内办公，主要职能为组织群众文化活动，培训群众文化骨干，指导县（市、区）文化馆工作，收集整理民间文学遗产。

1985年，绵阳地区被撤销，设省辖地级市绵阳市，绵阳地区文化馆更名为绵阳市群众艺术馆。

1986年，绵阳市群众艺术馆内设3个部室：文艺辅导部、调研编辑部、办公室。

1987年，绵阳市群众艺术馆内设4个部室：办公室、调查研究编辑部、音乐舞蹈戏曲工作室、美术摄影工作室。另有"以文补文"经营机构2个：绵阳市录像发行站、漱笔斋工艺美术服务部。

目前，绵阳市文化馆内设5个部室：办公室、文艺活动部、文艺培训中心、创研部、数字化管理中心。

队伍建设

自绵阳地区文化馆建立以来，绵阳市文化馆系统人员队伍不断壮大，素质不断提升。

截至1995年，绵阳市群众艺术馆有在编人员20人，其中领导干部3人，专业技术人员15人，行政人员2人。

截至2003年，绵阳市有市级文化馆1个，从业人员24人；县（市、区）级文化馆9个，从业人员89人。

截至2018年，绵阳市有市级文化馆1个、县级文化馆9个。其中共有6个国家一级文化馆：绵阳市文化馆（地市级）、涪城区文化馆（县级）、安县文化馆（县级）、江油市文化馆（县级）、三台县文化馆（县级）、梓潼县文化馆（县级）；3个国家二级文化馆：盐亭县文化馆（县级）、北川羌族自治县文化馆（县级）、平武县文化馆（县级）；1个国家三级文化馆：游仙区文化馆（县级）。

绵阳市各文化馆参加全国文化馆评估定级历次结果统计表

次数 \ 级别	第一次全国文化馆评估定级（2003—2006）	第二次全国文化馆评估定级（2007—2010）	第三次全国文化馆评估定级（2011—2014）	第四次全国文化馆评估定级（2015—2018）
一级文化馆	三台县文化馆	绵阳市文化馆	绵阳市文化馆 安县文化馆 三台县文化馆	绵阳市文化馆 涪城区文化馆 安县文化馆 江油市文化馆 三台县文化馆 梓潼县文化馆
二级文化馆	绵阳市文化馆	安县文化馆 三台县文化馆	涪城区文化馆 梓潼县文化馆	盐亭县文化馆 北川羌族自治县文化馆 平武县文化馆
三级文化馆		梓潼县文化馆 北川羌族自治县文化馆	盐亭县文化馆 北川羌族自治县文化馆 平武县文化馆	游仙区文化馆

注：表中缺省的单位为申报未通过或未参加本次评估定级的单位

服务与管理

1981年7月，文化部颁发了《文化馆工作试行条例》，对全国文化馆的性质、方针、任务、业务范围和工作方法做了规范。

从2003年开始，为规范全国文化馆建设、管理与服务，发挥以评促建、以评促管、以评促用的作用，促进文化馆事业科学发展，文化部每4年开展一次全国文化馆评估定级工作。

2011年10月，中共十七届六中全会通过《中共中央关于深化文化体制改革推动社会主义文化大发展大繁荣若干重大问题的决定》，党中央根据我国现实国情对发展公益性文化事业作出新部署，并提出"公益性、基本性、均等性、便利性"的目标和要求，这对全市公共文化服务工作提出了新的挑战。

2016年12月，全国人民代表大会常务委员会通过了《中华人民共和国公共文化服务保障法》，该法是为加强公共文化服务体系建设，丰富人民群众精神文化生活，传承中华优秀传统文化，弘扬社会主义核心价值观，增强文化自信，促进中国特色社会主义文化繁荣发展，提高全民族文明素质而制定的。本法自2017年3月1日起正式施行。该法是我国公共文化服务工作走上规范化、法制化轨道的重要标志，为群众文化事业的发展注入新的活力。

通过2003年、2007年、2011年、2015年文化部开展的四次全国文化馆评估定级工作，加上"5·12"地震灾后重建的发展契机，绵阳市文化馆的硬件和软件系统建设得到极大改善，内部机制和工作职能不断健全，公共文化服务效能得到大幅提升。

截至2018年，绵阳市各级文化馆现有馆办（馆联）文艺团队达122个，馆办（馆联）文艺团队下基层（社区、农村）演出年均场次达60场以上；各级文化馆每周的开馆时长达56小时以上，为公众提供演出、展览、培训等多种公益性文化服务；群众对绵阳市文化馆工作的满意度达90%以上。绵阳市各级文化馆组织、指导和创作的文艺作品获得多个全省性、全国性、国际性大奖，群众文化理论研究不断取得喜人成果。全市各级文化馆成为全市精神文明建设和公共文化服务的主力军，成为党和政府在宣传、文化、民生等若干重要工作领域的重要力量。

主要成果

"宝剑锋从磨砺出,梅花香自苦寒来。"截至2018年,改革开放40年来,绵阳市全市群众文化工作者齐心协力,攻坚克难,屡获殊荣:

一个称号: 2009年,绵阳市文化馆被人力资源和社会保障部、文化部授予"全国文化系统先进集体"称号。

三次一级: 绵阳市文化馆分别于2007年、2011年、2015年连续三次被文化部评定为"国家一级文化馆"。

三摘群星: 由绵阳市文化馆打造的戏剧小品《一个秋天的故事》《大年三十》《两个人的车站》分别于2001年、2010年和2013年获得文化部"群星奖"。

八项名录: 自建馆以来,绵阳市文化馆积极开展非物质文化遗产保护与传承工作(2012年7月,绵阳市文化馆将相关非遗工作移交新成立的绵阳市非物质文化遗产保护中心)。其组织申报的项目共7项入选国家级非遗名录:文昌洞经古乐(2008年入选)、青林口高抬戏(2008年入选)、羌年(2008年入选)、潼川豆豉酿制技艺(2008年入选)、禹的传说(2011年入选)、跳曹盖(2011年入选)、口弦音乐(2011年入选);1项入选联合国教科文组织非遗名录:羌年(2009年入选)。

十部集成: 由文化部、国家民族事务委员会、中国文学艺术界联合会共同发起,历时30年,凝聚了全国数十万各民族文化工作者智慧和心血的《中国民族民间十部文艺集成志书》的编纂出版工作,于2009年9月全部完成,它的完成为新中国60华诞献上了一份厚礼。《中国民族民间十部文艺集成志书》被誉为"中国民间文艺的万里长城",共计4.5亿字、298部省卷(450册),主要包括《中国民间歌曲集成》《中国戏曲音乐集成》《中国民族民间器乐曲集成》《中国曲艺音乐集成》《中国民族民间舞蹈集成》《中国戏曲志》《中国民间故事集成》《中国歌谣集成》《中国谚语集成》《中国曲艺志》。

其间,绵阳地区文化馆承担了该十部集成绵阳地区各卷,如:《中国民间文学三套集成·四川绵阳市卷》《绵阳地区民歌选》《四川民族民间舞蹈集成·绵阳地区资料卷》《中国民族民间器乐曲集成·四川省绵阳市卷》《绵阳市戏曲志》等资料的收集和编纂工作。

走向世界: 根据中共中央办公厅、国务院办公厅印发的《关于实施中华优秀传统文化传承发展工程的意见》,绵阳市文化馆以挖掘整理和传承弘扬中华优秀传统民族民间音乐为宗旨,于2013年启动了"让中华传统音乐走出去"品牌文化项目工作，通过创作、展演、讲座和交流等多种形式，让绵阳本土的禹羌传统音乐、文昌洞经古乐等尘封已久的国家级非遗项目得到了很好的保护、传承和弘扬，引起了国内外媒体和学术界的广泛关注。项目团队先后受邀赴韩国、德国等地交流，在境外举办了6场专题学术讲座，获得3项国际性创作大奖和2项国际性演奏大奖，赢得了良好的国际声誉。绵阳群众文化成功走向世界，成为四川文化的一张亮丽名片。

文艺创作众彩纷呈： 改革开放以来，绵阳市文化馆系统组织创作的文艺作品获得省级及以上奖项152个。其中，获得全国性奖项76个，获得国际性奖项14个。

理论研究硕果累累： 改革开放以来，绵阳市各级文化馆共取得68项省级及以上优秀理论研究成果，获得全省性奖项15个，获得全国性奖项14个，6篇专业论文在全国核心期刊上发表，1部学术专著由国家一级出版社出版。

回望筑梦路

改革迈开创业路（1978—1984）

群众文化谱新篇（1985—2002）

昂首开启新征程（2003—2018）

改革迈开创业路
(1978—1984)

1978 年

全区文化馆馆长会议召开

4月19日至23日，绵阳地区文化馆馆长会议在三台县召开。会议以揭批"四人帮"为纲，传达了四川省文化厅在新都召开的关于贯彻全国群众文化工作会议精神的内容，汇报了绵阳地区为"农业学大寨"服务的农村群众文化工作的经验，研究讨论了绵阳地区"学大寨、赶昔阳"群众文化工作的具体措施。

绵阳地区文化馆成立

11月22日，经绵阳地区行政公署批准，绵阳地区文化馆成立，单位系绵阳地区直属正区级全额拨款事业单位，隶属绵阳地区文教局，核定编制人数为20人。其职能是组织群众文化活动，培训群众文化干部，指导县（市、区）文化馆工作，收集整理民间文学遗产。

链接：

● 1979年6月，四川省财政局下发川财行（79）字第69号文、四川省文化局下发川文社（79）字第10号文，批准成立绵阳地区文化馆，核定编制人数为20人，建馆后暂在绵阳地区文教局内办公。

● 1981年，绵阳地区文化馆以2000元购买绵阳解放街4间私产房屋，作为馆舍，面积约110平方米。

● 1983年8月，德阳市建市，绵阳地区的德阳县、中江县、绵竹县和成都市的广汉县、什邡县被划归德阳市。11月，绵阳地区财政局拨款12万元，划拨涪江影剧院剧场北侧土地700平方米，用于修建绵阳地区文化馆馆舍、宿舍。

● 1984年11月，国务院批准四川省政府撤销绵阳地区，将绵阳市升为地级市，设立市中区，原绵阳地区的江油等7县划归绵阳市管辖；撤销广元县，设立广元市（地级），将原绵阳地区的青川县、旺苍县划归广元市管辖；撤销遂宁县，设立遂宁市（地级），将原绵阳地区的蓬溪县、射洪县划归遂宁市管辖。

四川省财政局
四川省文化局

关于我省近几年来发展的十八个文化馆、群众艺术馆的批复

川财行(79)字第69号
川文社(79)字第10号

各市、州革委会、地区行政公署、有关市（区）革委会：

为了贯彻落实华主席关于"积极发展文化馆站"的指示精神，用社会主义占领城乡思想文化阵地，活跃群众文化，使文化工作更好地为全党工作中心的转移，建设四个现代化服务，近几年来，我省先后建立了十八个地、市、州、市（区）文化馆和群众艺术馆，共计干部350人（详见附表）。这些文化馆、群众艺术馆的建立，都是根据国家有关规定，形势发展和工作需要，经各地、市、州党委和革委批准，省文化局和省委宣传部同意的。现经请示省委负责同志同意，予以正式承认。其干部由在职干部中调配，经费在省分配各地的文化事业费中开支。

今后新建事业机构，仍应经地、市、州革委同意，报省文化局审查汇总，转报省革委批准；未经批准新增的机构，省不予承认。

1979年6月20日

抄报：省革委、省委宣传部、省计委、省编委、文化部

抄送：各地、市、州计委、财税（财政）局、文化（教）局，有关市（区）计委、财税（财政）局、文教局

川财行（79）字第69号、川文社（79）字第10号文件正文

馆　　　名	编制人数	馆　　　名	编制人数
绵阳地区文化馆	20	雅安地区文化馆	20
宜宾地区文化馆	20	凉山自治州文化馆	25
乐山地区文化馆	20	甘孜自治州文化馆	20
内江地区文化馆	20	阿坝自治州文化馆	20
江津地区文化馆	20	渡口市群众艺术馆	35
达县地区文化馆	20	重庆市大渡口区文化馆	10
万县地区文化馆	20	重庆市双桥区文化馆	10
涪陵地区文化馆	20	达县市文化馆	10
南充地区文化馆	20		
温江地区文化馆	20		

川财行（79）字第69号、川文社（79）字第10号文件附件

1979 年

举办"绵竹年画"创作班

2月16日，绵阳地区文化馆抽调部分年画作者在绵竹县举办"绵竹年画"创作班，开启了"绵竹年画"继承创新、繁荣发展的新时期。

链接：

● "绵竹年画"又称绵竹木版年画，是中国民间木版年画之一，因产于竹纸之乡的四川省绵竹县（绵竹于1996年撤县建市）而得名，流行于中国西南地区，是世世代代民间画师们勤劳和智慧的结晶，体现了巴蜀人民乐观向上的精神风貌和古老的民族风尚。四川"绵竹木版年画"与天津"杨柳青年画"、山东"潍坊杨家埠木版年画"、苏州"桃花坞木版年画"一同被称为"中国四大年画"。

● 2006年5月，"绵竹年画"入选第一批国家级非物质文化遗产名录。

绵阳地区文艺创作座谈会召开

2月17日，绵阳地区文艺创作座谈会召开，各县（市）文化馆馆长、创作骨干参会。会议传达了四川省文联扩大会议精神，参会者学习了《周总理在文艺工作座谈会和故事片创作会议上的讲话》，研究了文艺创作，开展了文艺评论，讨论落实了庆祝新中国成立30周年绵阳地区献礼作品的创作等事宜。

举办"涪江春早"和"蜀道新貌"主题摄影艺术创作活动

2月26日，绵阳地区文化馆举办"涪江春早"和"蜀道新貌"主题摄影艺术创作活动，组织区内各文化馆人员，如赵志成、江源、章绍权、袁成松、张志武、姚荣燕、李秀典等同志参加创作活动。

举办庆祝新中国成立30周年群众文艺调演

10月，绵阳地区举办庆祝中华人民共和国成立30周年文艺调演，共组织策划了3场演出。

舞蹈作品参加全省调演获二等奖

11月，北川县文化馆谢育才和绵阳地区文化馆夏蜀光编导的舞蹈《果园情思》、三台县文化馆林海编导的舞蹈《苦练》在四川省群众文艺调演中均获二等奖。

舞蹈《果园情思》演出照

舞蹈《苦练》演出照

全区三级文化网初具规模

绵阳地区大力建设三级文化网，各县建立文化馆，乡镇建立文化站，乡村建立文化室。全地区文化站由1978年初的17个发展到58个。全区持证民间艺人达220人，恢复业余剧团116个，业余演员达3000多人。

链接：

● 1981年10月，经四川省文化局评选，绵阳地区丰谷镇文化站、剑阁县开封公社文化站、梓潼县中心公社文化站电影队、遂宁县文化馆、德阳县文化馆、江油县武都区文化站、蓬溪县高坪公社文化站、三台县东风公社文化站获得"四川省农村文化艺术工作先进集体奖"。

● 1982年，绵阳地区城乡文化站继续增多，从1981年的330个增长到697个，实现了绵阳地委提出的全区三分之二的公社建立文化站的目标。

● 1990年，绵阳市人事局与市文化局联合发文，将全市农村文化站154名专干转为国家招聘干部，使全市农村文化站得到巩固。

● 1991年，绵阳市文化局对全市的中心文化站进行了复查、验收。

● 至1995年年底，绵阳各县（市、区）239个建制乡镇中已建立文化站172个，其中文化中心38个。

绵阳市文化局对全市的中心文化站进行复查验收（1991）1

绵阳市文化局对全市的中心文化站进行复查验收（1991）2

1980 年

节目入选全国少数民族文艺汇演

6月28日至29日，绵阳地区文化馆选送的文艺节目《寨沙则莫列老嘞》《丰收之夜》《春天啊，你来到了山寨》入选全国少数民族文艺汇演。

美术作品在第二届全国青年美术作品展获奖

在由文化部、共青团中央、中国美协联合举办的全国第二届青年美术作品展览中，绵阳市中区文化馆（现涪城区文化馆）美术专干吴映强的作品《小稀客》获优秀奖。

绵阳地区民间文学创作座谈会召开

8月15日，绵阳地区民间文学创作座谈会召开，绵阳地区各县（市）文化馆从事文艺创作辅导和民间文学搜集整理工作的业务干部参加了会议。

全区文化站工作总结评奖会议召开

12月23日，绵阳地委宣传部、绵阳地区行署文卫办联合召开了全区文化站工作总结评奖会议，各县（市）文化馆、文化站负责人参加会议。会议总结了经验，部署了群众文化工作，对45个先进文化站和10名先进个人进行了表彰，颁发了奖状和奖品。

绵阳地区文化馆举办全区舞蹈培训班

绵阳地区文化馆举办全区舞蹈培训班，来自绵阳地区各县文化馆的87名舞蹈干部以及群众舞蹈骨干参加了学习。学习内容包括舞蹈基本功训练、民族舞蹈基本动作以及成品舞排练，夏蜀光、卢利蓉、杨少先、原西南等老师为学员授课。

1981 年

首届白马山寨歌会举行

4月，首届白马山寨歌会在四川平武县举行。活动期间，平武县、南坪县（今九寨沟县）和甘肃省文县的白马藏族人身着节日服装，带着乐器和道具汇集到承办乡的广场，男女老少饮"咂咂酒"，围起大圆圈，唱起传统的酒歌、劳动歌、爱情歌，跳起古老的圆圆舞、猫猫舞、曹盖舞，以祈幸福吉祥。同时，还举行摔跤、拔河、荡秋千等体育活动。

链接：

● 居住于绵阳市平武县的白马藏族人能歌善舞。每年一次较大规模的"对歌"（即白马寨子的人们聚在一起开展的唱歌比赛）一般都在清明前后举行，俗称"清明歌会"。自20世纪80年代开始，四川省平武县文化部门因势利导，在尊重民族习惯、顺应民族愿望的前提下，结合白马藏族的文化传承，将"清明歌会"改为"山寨歌会"，此后每年举行一届。此活动已连续举办三十多届，成为平武县最具特色的群众文化品牌活动。

第二届白马山寨歌会（1982）

四川平武白马山寨歌会暨拜山节（2017）

举办"四项比赛"选拔赛

4月15日，绵阳地区文化馆举办小提琴、二胡、琵琶、声乐演唱选拔比赛，为7月四川省小提琴、二胡、琵琶、声乐演唱"四项比赛"推荐优秀选手。

参加四川省首届"蓉城之秋"音乐会

10月17日至18日，四川省文化局、中国音协四川分会主办的首届"蓉城之秋"音乐会在成都举行，绵阳地区文化馆选送的女声演唱《春天啊，你来到了山寨》《吐格几莫》，遂宁县文化馆选送的女声小合唱《歌唱抗洪八勇士》参与此次演出。

举办"抗洪救灾"摄影展

8月至9月,绵阳地区文化馆举办抗洪救灾摄影展,用图片记载了特大洪水对绵阳造成的损失,展示了广大干部群众战胜洪灾的场景,参观观众多达3万余人。其中,参展作品《胜似亲人》(遂宁县文化馆陈卫平摄影作品)获全国抗洪救灾摄影展一等奖。

多件美术作品入选省级展览

绵阳地区文化馆选送的10件作品入选庆祝中国共产党建党60周年四川省美术作品展览,入选作品分别为:绵阳市中区文化馆(现涪城区文化馆)吴映强的《欢乐的民族》《山乡行旅》《今夜花飞又一村》,李姣一的《浴》,广元县文化馆王国兴的《红军路》,三台县文化馆李武成的《川西三月菜花香》,梓潼县文化馆龚学渊的《我来关》,绵竹县文化馆金平定的《鸡咯咯》《幼芽》和刘竹梅的《哥哥说他是鸭司令》。

绵阳地区文化馆选送的4件作品入选四川省版画展览,入选作品分别为:绵竹县文化馆申业华的《春市》、三台县文化馆李武成的《春雨》、绵阳市中区文化馆(现涪城区文化馆)胥复常的《云海》和安县文化馆吴季光的《羌笛何处》。

音乐作品获全省性奖项

在四川省文化局、四川省文联主办的四川省文艺创作评奖活动中,绵阳市中区文化馆(现涪城区文化馆)音乐专干陈开永作曲的管弦乐作品《悲歌》获三等奖。

编印《中国民间音乐集成·四川绵阳市卷》

绵阳地区文化馆编印《中国民间音乐集成·四川绵阳市卷》第一集。

举办绵阳地区舞蹈作品研讨会

11月,绵阳地区舞蹈作品研讨会在遂宁县文化馆船山影剧场举行。

遂宁县文化馆获全国表彰

12月24日,文化部召开全国农村文化艺术工作先进集体、先进工作者表彰大会,遂宁县文化馆获"先进集体"表彰。

1982 年

举办音乐创作培训班

5月,绵阳地区文化馆举办音乐创作培训班,参训人员40人,谢必忠、曾毅任主讲教师,培训内容为民间音乐及音乐创作。

全区民间文学座谈会召开

6月,绵阳地区文化馆召开全区民间文学座谈会,四川省民间文艺家协会副主席洪钟、肖崇素到会讲课。

绵阳地区民间美术作品搜集整理座谈会在梓潼县召开

7月6日至8日,绵阳地区民间美术作品搜集整理座谈会在梓潼县召开,四川省群众艺术馆副馆长、民间美术家史维安同志到会讲课。

绵阳地区群众文化工作会议召开

8月6日至11日，绵阳地区群众文化工作会议在绵竹县召开，全区各文化馆和部分文化站负责人出席会议。

组织创作的新民歌入选全省民歌调演

绵阳地区文化馆组织创作的8首新民歌入选四川省民歌调演。

《闹房》获四川省计划生育调演二等奖

绵阳地区金峰文化站创作编排的小品《闹房》参加四川省计划生育调演，荣获二等奖。

编印《绵阳地区优秀音乐作品合集》

绵阳地区文化馆组织音乐干部编印了《绵阳地区优秀音乐作品合集》。

1983年

参加"蓉城之秋"音乐会

绵阳地区文化馆组织创作的8首原创歌曲演唱节目入选"蓉城之秋"音乐会歌曲名单，其中有吴淑坤作词、杨玉生作曲的《吐格几莫》，肖开作词、杨玉生作曲的《何必站着笑》，吴淑坤和王持久作词、杨玉生作曲的《绣彩带》等。

美术作品获全国性奖项

在文化部、中国美协主办的首届全国"群星奖"美术大赛中，绵阳市中区文化馆（现涪城区文化馆）美术专干吴映强作品《鸿雁》获优秀奖；在农牧渔业部、中国美协主办的首届全国农垦杯美术展览中，梓潼县文化馆美术专干耿薰的美术作品《粮食》获二等奖。

德阳县文化馆更名为德阳市群众艺术馆

8月，德阳建市，绵阳地区的德阳、中江、绵竹3县和成都市的广汉、什邡2县被划归德阳市。同年，德阳县文化馆更名为德阳市群众艺术馆。1985年，德阳市群众艺术馆更名为德阳市文化馆。

举办各类群众文化培训班

3月至5月，四川省群众艺术馆和绵阳地区文化馆联合举办了农村业余川剧讲习所，绵阳地区农村业余剧团骨干57人参加。5月中旬，讲习班结束后，讲习班成员到成都参加汇报公演，现代小戏《乡里乡亲》《桥头会》，传统折戏《三祭江》《思凡》《马房放奎》《鱼禅寺》《下游庵》《拾玉镯》《琴房送灯》等节目受到观众好评。其中《乡里乡亲》《琴房送灯》《下游庵》被四川省文化局录像室录像保存。

5月至8月，绵阳地区文化馆举办摄影训练班，赵志成任主讲教师，先后在绵阳、广元、遂宁、射洪、青川等地共举办了5期训练班，每期10至20天，共培训学员360人。

1984 年

全区曲艺工作会议召开

6月5日至7日，绵阳地区文化馆召开了全区曲艺工作会议，全区文化馆曲艺干部、四川省曲艺家协会绵阳地区会员参加了会议。

何多俊获第六届全国美术作品展金奖

12月，在文化部、中国美协主办的第六届全国美术作品展中，绵阳地区文化馆美术专干何多俊创作的年画《敬爱的元帅·刘伯承》获得金奖。

链接：

● 何多俊：中国美术家协会会员、国家一级美术师、享受国务院政府特殊津贴专家；曾任四川省美术家协会理事、绵阳市文学艺术界联合会副主席、绵阳市美术家协会主席等职，现任四川省民进书画院副院长、绵阳市美术家协会名誉主席、遂宁市美术家协会名誉主席；先后在四川、山东、广东等地举办个人画展，多件作品由中国美术馆、四川博物院、四川宋瓷博物馆等机构收藏。

● 在第三届全国年画展中，何多俊的作品《敬爱的元帅·刘伯承》《四化英雄谱》分别获得一等奖和三等奖。

何多俊年画《敬爱的元帅·刘伯承》

群众文化谱新篇

（1985—2002）

1985 年

“绵阳地区文化馆”更名为“绵阳市群众艺术馆”

7 月 18 日，“绵阳地区文化馆”更名为“绵阳市群众艺术馆”。绵阳市群众艺术馆为区级事业单位，负责组织城区群众开展文化艺术活动。

绵阳市编制委员会

绵编发（1987）066 号

关于核定市群众艺术馆人员编制的通知

绵阳市群众艺术馆：

根据市委、市政府办公室绵委办发（1985）37 号和绵编发（1987）01[illegible]号通知精神，经市编委会议决定：绵阳市群众艺术馆仍为区级事业机构，核定事业人员编制 21 名，其中领导干部 3 人，行政干部 2 人，业务技术干部 15 人，工勤人员 1 人。

这次重新核定后，要严格按照编制定员配备人员，不得突破编制用人员，工人不得挤占干部编制，坚决把临时人员控制在单位编制总数内进行。

特此通知。

绵阳市编制委员会

一九八七年九月十日

抄送：市委、市府办公室，市委组织部、市财政局、人事局、计委、文化局、工商银行绵阳市支行，编委成员，存档。

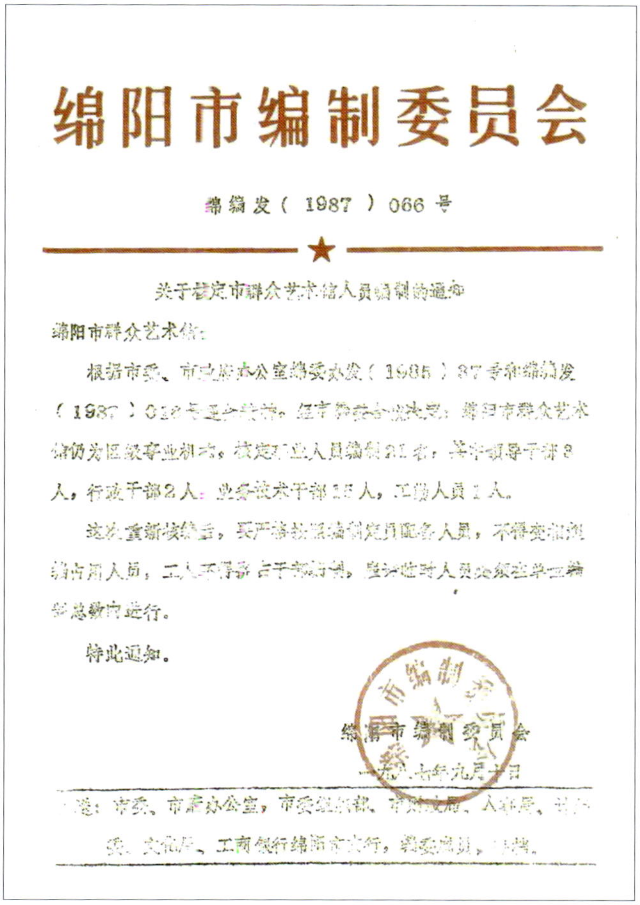

绵编发（1987）066 号文件正文

链接：

● 1987年9月，绵阳市群众艺术馆核定编制人数为21人，馆内设办公室、调查研究编辑部、音乐舞蹈戏曲工作室、美术摄影工作室。

● 1991年4月23日，绵阳市文化局发布《关于确定绵阳市群众艺术馆设置中层机构的通知》（绵阳文〔1991〕82号）。绵阳市群众艺术馆中设置的中层机构如下：办公室、调研编辑部、音乐舞蹈戏曲工作室、美术摄影工作室。

● 1999年8月，绵阳市群众艺术馆从长虹大道迁址到高新区，并设立高新区文化艺术中心。同年，绵阳市群众艺术馆核定编制人数为23人，馆内下设办公室、调查研究编辑部、音乐舞蹈戏曲工作室、美术摄影工作室。

编印《四川民族民间舞蹈集成·绵阳地区资料卷》

1月，绵阳市群众艺术馆组织编印了《四川民族民间舞蹈集成·绵阳地区资料卷》。该书为16开铅印本，共计29万字，由夏蜀光、杨平升执笔。该卷收录了绵阳地区汉族民间舞蹈19种，平武白马藏族民间舞蹈3种，平武虎牙藏族锅庄1种，北川羌族锅庄1种。

编印《四川民族民间舞蹈集成·绵阳地区资料卷》

链接：

● 1983年1月6日至8日，绵阳地区文化馆组织召开《四川民族民间舞蹈集成·绵阳地区资料卷》的资料搜集、编写工作会议。

● 1983年3月，全国艺术科学规划领导小组根据《中共中央关于转发〈全国哲学社会科学规划座谈会纪要〉的通知》的精神和要求，召开了艺术科学规划会议。会上，《中国戏曲志》《中国民间歌曲集成》《中国戏曲音乐集成》《中国民族民间器乐曲集成》《中国曲艺志》《中国曲艺音乐集成》《中国民族民间舞蹈集成》《中国民间故事集成》《中国歌谣集成》《中国谚语集成》的编纂被确立为全国艺术学科重点科研项目。

举办绵阳市第三届"涪城之夏"音乐会

5月，绵阳市群众艺术馆与绵阳市中区文化局、市中区工会联合举办了绵阳市第三届"涪城之夏"音乐会，参演人数达300余人，节目形式有歌曲、舞蹈、曲艺等。

链接：

● 1992年，绵阳市第四届"涪城之夏"音乐会顺利举办。

绵阳市第四届"涪城之夏"音乐会1

绵阳市第四届"涪城之夏"音乐会2

多部文艺作品获全省性奖项

由绵阳市群众艺术馆和平武县文化馆选拔的白马藏族歌手门朝友在全省民族歌手选拔赛中获演出优秀奖，其参赛作品《举杯同唱团结歌》（吴淑坤作词、杨玉生作曲）获优秀创作奖，《酒歌》（尚元鑫作词、陈定刚作曲）、《各族人民都是亲兄弟》（吴淑坤作词、曾毅作曲）获创作奖。

三台县文化馆舞蹈专干林海编导的《白马春晓》在全省民族民间舞蹈调演中获创作三等奖。

绵阳市群众艺术馆选送了多件作品参加四川省农民画展，其中9件作品获奖。

绵阳市群众艺术馆组织创作的1首歌曲、6件美术作品、3部文学作品、1部小戏获得全省群众业余创作优秀作品奖。

在四川省文化厅主办的四川省农村业余戏剧创作汇演中，三台县文化馆邹开歧辅导创作的小川剧《有口难言》获优秀创作辅导奖。

《群文园地》创刊

由绵阳市群众艺术馆主办的综合性群众文化艺术刊物《群文园地》创刊，每期发行1000份。

链接：

● 1988年，绵阳市文化局将《群文园地》改为《绵阳文化报》（月刊），每期发行2000份，主要刊载群众文化工作动态和群众文艺作品。

漱笔斋工艺美术服务部成立

11月11日，根据绵阳市文化局《关于绵阳市群众艺术馆成立漱笔斋工艺美术服务部的批复》（绵文函〔1935〕04号）文件精神，绵阳市群众艺术馆成立了漱笔斋工艺美术服务部。该服务部的主营产品为工艺美术品和文化用品，该服务部是独立核算的集体经济实体。

链接：

● 1985年9月12日，中宣部《转发〈关于加强城市群众文化工作报告〉的通知》（中宣发文〔1985〕26号）中提到城市群众文化单位要做好以文化服务为主的多种经营；跳出"小文化"，搞好"大文化"。《关于群众艺术馆、文化馆开展有偿服务等经营活动的意见》（征求意见稿）中提到"以文补文"，使群众文化工作从过去的纯服务型过渡到服务经营型。

● 1995年，绵阳市农村文化站（中心）"以文补文"经营纯收入为104.3万元。其中年纯收入达10万元的文化站（中心）有3个，达5万元的文化站（中心）有8个，达1万元的文化站（中心）有12个。

遂宁、广元县文化馆更名

遂宁、广元撤县建市，遂宁县文化馆和广元县文化馆分别更名为遂宁市群众艺术馆和广元市群众艺术馆。

1986年

绵阳市群众文化学会成立

4月14日，绵阳市群众文化学会成立大会暨绵阳市群众文化学会第一次学术研讨会召开。大会选举产生了学会第一届领导班子：名誉会长邱文德、谢能勋，会长陈明星，副会长王代升、黄道德、胡和绪、李静、张承恩，秘书长邓世伟，副秘书长刘大军。

中国书画函授大学绵阳分校成立

中国书画函授大学绵阳分校成立，绵阳市群众艺术馆摄影专干赵志成任校长。该校主要培训文化馆（站）业务专干和业余文艺骨干，首届函授班招收了国画、书法学员230多名。

多部文艺作品获全省性、全国性奖项

在四川省民间音乐舞蹈比赛中，绵阳市文艺创作办公室吴淑坤作词、绵阳市群众艺术馆音乐专干杨玉生作曲的《我是爱唱歌的幸福鸟》《举杯同唱团结歌》分别获创作一等奖、创作二等奖，绵阳市群众艺术馆舞蹈专干夏蜀光编导的双人舞《白马情歌》、张永康作曲的《鸭姑娘》获创作奖，赵卫卫、刘北海、甘德全、胡和平获表演奖。

绵阳市群众艺术馆选送的景竹友创作的《听雨》在全省轻音乐评奖活动中获四等奖。

绵阳市群众艺术馆郝刚作曲的歌曲《洒水车在歌唱》在四川省总工会主办的全省职工文艺汇演中获优秀创作奖。

绵阳市群众艺术馆林海编导的舞蹈《小河幽情》获四川省电子工业系统调演创作二等奖、表演一等奖。

舞蹈《白马情歌》演出照

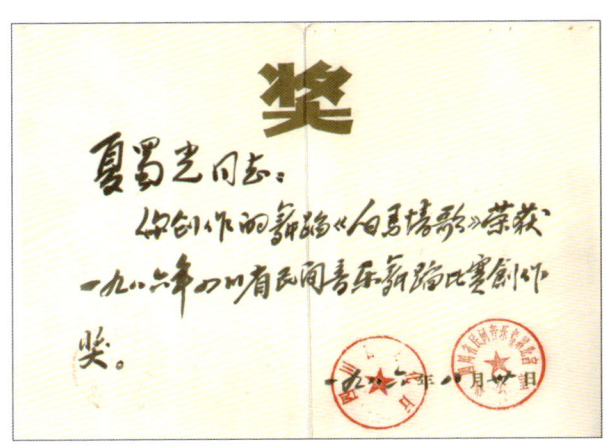

《白马情歌》获奖证书

舞蹈《白马情歌》排练照

举办绵阳市第一届迎春诗会

绵阳市群众艺术馆与中国神剑文学艺术学会长虹支会联合举办了绵阳市第一届迎春诗会。

链接：

● 1987年，绵阳市群众艺术馆与绵阳市文学艺术界联合会、中国神剑文学艺术学会绵阳各支会、二〇八信箱宣传部联合举办了绵阳市第二届迎春诗会。

● 1988年，绵阳市群众艺术馆举办了以歌唱改革开放为主题的绵阳市第三届迎春诗会。

● 1989年，绵阳市群众艺术馆举办了以讴歌城市经济体制改革为主题的绵阳市第四届迎春诗会。

● 1990年，绵阳市群众艺术馆、绵阳市博物馆、绵阳市文学工作者协会、中国俗文学学会绵阳支会联合举办了绵阳市第五届迎春诗会。

● 1991年，绵阳市群众艺术馆在富乐山公园举办了绵阳市第六届迎春诗会。

● 1992年1月,绵阳市群众艺术馆在安县举办了绵阳市第七届迎春诗会。

● 1993年3月,绵阳市群众艺术馆举办了绵阳市第八届迎春诗会。

● 1994年,绵阳市群众艺术馆与《绵阳日报》副刊部、绵阳银河企业联合举办了绵阳市第九届迎春诗会。

绵阳市第九届迎春诗会1

绵阳市第九届迎春诗会2

1987 年

举办绵阳市首届文化艺术节

10月11日，绵阳市首届文化艺术节举行，活动包括戏剧、舞蹈、曲艺表演、美术、书法、摄影、文物展览、图书展销、读书会和民间艺术等内容。活动期间，绵阳市七县一区及市直单位代表团参与演出15台，共计33场，参加创作和表演的专业、业余文艺工作者2000余人，观众多达65.5万人次。

绵阳市首届文化艺术节（1987）1

绵阳市首届文化艺术节（1987）2

绵阳市首届文化艺术节（1987）3

链接：

● 1988年10月，第二届文化艺术节举行；1989年9月27日至10月6日，第三届文化艺术节举行；1991年10月12日至18日，第四届文化艺术节举行；1992年10月8日至22日，第五届文化艺术节举行；1993年10月16日至26日，第六届文化艺术节举行；1995年2月8日至23日，第七届文化艺术节暨纪念建市10周年庆祝活动举行；1995年10月16日至25日，第八届文化艺术节与绵阳市科技节、秋交会同时进行。

盐亭县举办春节团拜会

1月16日，由盐亭县委、盐亭县政府主办，盐亭县委宣传部、盐亭县文化广播电视和旅游局承办的盐亭县春节团拜会顺利举行。盐亭县文化馆承担了该活动的策划、编排和现场组织工作。该活动每年举办一次，目前已连续举办33届。

盐亭县举办春节团拜会1

盐亭县举办春节团拜会 2

1988 年

举办群众文化干部业务培训班

4月17日至5月15日，绵阳市群众艺术馆举办群众文化干部业务培训班，参训人员共计50人。

北京人文函授大学绵阳辅导站建立

10月26日，北京人文函授大学群众文化管理专业绵阳辅导站建立，绵阳市群众艺术馆副馆长刘大军任站长。截至1990年，共24人参训，17人结业。

举办赵恒缘书法作品展览

12月31日至1989年1月8日，由绵阳市群众艺术馆、绵阳市书画院、绵阳市书法家协会、中国书画函授大学绵阳分校、梓潼县文教局在绵阳市群众艺术馆联合举办了赵恒缘书法作品展览，展出书法作品64件。

何多俊年画获全国性奖项

在第四届全国年画展上，绵阳市群众艺术馆美术专干何多俊的年画《长江第一漂》《中华之光》（与侯荣等人的合作作品）获二等奖，《血染的风采》获三等奖。

舞蹈《宝贝只要这一个》获全省性奖项

10月，在四川省委宣传部、四川省文化厅、四川电视台、四川省计划生育委员会联合主办的四川省计划生育宣传评估文艺演出中，由江油市文化馆舞蹈专干甘德全编导的双人舞《宝贝只要这一个》获歌舞类二等奖（表演：甘德全、胡和平）。

举办首届绵阳市市中区农村文化艺术节

首届绵阳市市中区农村文化艺术节在市中区新桥镇举办，艺术节包含了文艺演出、川剧座唱、灯影戏表演等多项群众文化及科技赶场活动,上万人次的农民群众参与了此次活动。

链接:
● 1992年,第二届绵阳市市中区农村文化艺术节在市中区吴家镇举办。

编印《中国民间文学三套集成·四川绵阳市卷》

绵阳地区文化馆编印《中国民间文学集成·四川绵阳市卷》,该书共收选汉族、羌族、白马藏族等民间故事502篇、谚语1210条、歌谣594首,共计100万字。该集成由《绵阳市民间故事集成》《绵阳市谚语集成》《绵阳市歌谣集成》三部分组成。编委会在全区进行广泛搜集,全面普查,共征集民间故事4947篇、谚语29919条、歌谣10652首,在此基础上筛选出优秀作品汇编成书。

《中国民间文学三套集成·四川绵阳市卷》

1989 年

多件美术作品获全省性、全国性奖项

在文化部、中国美协主办的第七届全国美术作品展览中,《绵阳日报》社杨昆原的漫画作品《大买主》获金奖,绵阳市市中区文化馆吴映强的国画作品《原上草》获铜奖。

绵阳市群众艺术馆组织创作的国画作品10件、油画作品6件、版画作品5件、年画及其他美术作品13件,参加了四川省庆祝中华人民共和国成立40周年美术作品展览,其中10件美术作品获优秀奖。

舞蹈作品入选第二届中国艺术节四川分会场演出

绵阳市群众艺术馆舞蹈专干华明玮编导、音乐专干张万全作曲的女子独舞《雪》，夏蜀光编导、杨玉生作曲的白马藏族舞蹈《月儿圆圆》入选第二届中国艺术节四川分会场演出。

链接：

● 张万全评论文章《达勃河水灌奇葩——简评舞蹈〈月儿圆圆〉〈雪〉》在《第二届中国艺术节四川分会场会刊》（第二期）刊发。

● 1992年，女子独舞《雪》参加由四川省文化厅、四川省舞蹈家协会、四川电视台等单位举办的四川省"思丽丝"杯舞蹈创作大赛，获演出三等奖、优秀创作奖。

《雪》演出照

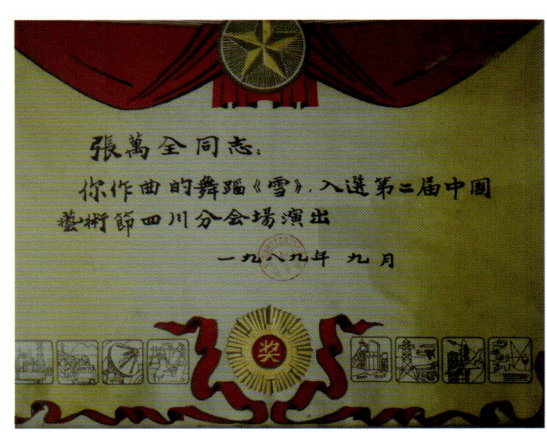

舞蹈作品《雪》入选证书

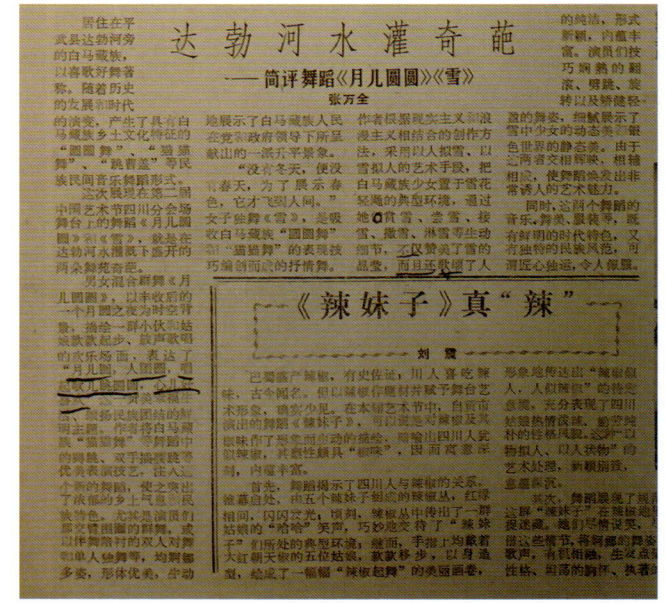

张万全评论文章《达勃河水灌奇葩——简评舞蹈〈月儿圆圆〉〈雪〉》

1990 年

组织作品参加"蓉城之秋"音乐会

绵阳市群众艺术馆组织创作、排演的作品入选四川省第四届"蓉城之秋"音乐会,肖萍、赵卫卫的女声二重唱获表演二等奖,吴淑坤作词、杨玉生作曲的《荡秋千》获创作三等奖,陈晏的女声独唱获表演三等奖。

多部文艺作品在四川省首届少数民族艺术节获奖

绵阳市群众艺术馆组织创作、排演的多部作品在四川省首届少数民族艺术节中获奖。绵阳市群众艺术馆夏蜀光创作编排的白马藏族群舞《月儿圆圆》获创作三等奖、表演三等奖,北川县文化馆计学文创作的歌曲《羌山行》获创作三等奖,羌族双人舞《彩带情》、白马藏族歌手门朝友、羌族歌手黄蓉获表演奖。绵阳市群众艺术馆共组织报送40件美术、书法、摄影作品参展,获二等奖1个、三等奖6个。

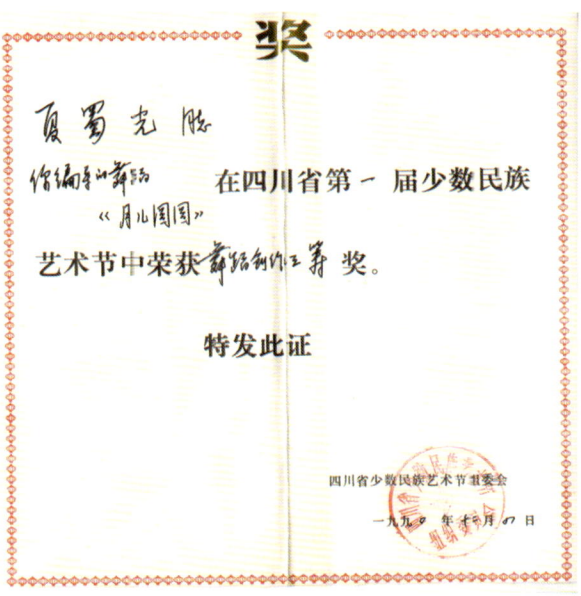

夏蜀光作品《月儿圆圆》获奖证书

《月儿圆圆》演出照

多件美术作品入选省级及国家级展览

绵阳市群众艺术馆组织创作的7件美术作品入选四川省体育美术作品展览。其中,杨坤原的漫画《不到长城非好汉》、吴映强的国画《马到成功》在第二届中国体育美术作品展览展出。

绵阳市群众艺术馆组织创作并选送的张国忠黑白木刻作品《羌家寨》在全国青年版画大展中获鼓励奖。

绵阳市群众艺术馆组织创作的三件儿童书画作品于北京举办的巴蜀儿童书画展展出。

绵阳市群众艺术馆选送张国忠的《吊脚楼》《小摊推》和王久江的《小日子》、耿薰的《蜀柏青青》、唐智的《我们的面礼》以及鲜小云和马力平合作的《织》《扬》在四川省版画展展出。

绵阳市群众艺术馆组织选送的吴映强的《背水姑娘》、奉向阳和曾英杰合作的《花色情思》入选四川省工笔人物画展。

话剧小品《送礼》获全省群众戏剧小品邀请赛三等奖

由绵阳市群众艺术馆张万全、杨本秀表演的话剧小品《送礼》在由四川省文化厅、万县地区文化局、万县地区文联主办的"夔门杯"全省群众戏剧小品邀请赛中获三等奖。

话剧小品《送礼》演出照

参加四川省首届国际标准舞比赛

四川省首届国际标准舞比赛在泸州举行,由绵阳市群众艺术馆选送,夏蜀光指导,马佳、付中华表演的国标舞获三等奖。

承办全省舞蹈创作讲习班

7月26日至8月9日,为期15天的全省舞蹈创作讲习班在绵阳市群众艺术馆举行。学员共有34人,来自绵阳、成都、德阳、遂宁、广元、内江、乐山、自贡、攀枝花、达县、南充、涪陵、万县、宜宾、凉山等15个地(市、州)的群众艺术馆、文化馆。讲习班由四川省群众艺术馆周秉信、四川省歌剧院罗浩、绵阳市群众艺术馆夏蜀光等授课。

承办全省舞蹈创作讲习班

举办群文专业培训班

绵阳市群众艺术馆与绵阳市电大联合举办群众文化专业培训班。截至1992年,参训人员达30人。

编印《中国民族民间器乐曲集成·四川省绵阳市卷》

由绵阳市群众艺术馆杨玉生牵头,在收录了600首乐曲的全市各县(市、区)民族民间器乐曲资料卷的基础上编辑印刷《中国民族民间器乐曲集成·四川省绵阳市卷》。其中,收录了各类民族民间器乐曲319首。1991年重印为16开铅印本。

编印《中国民族民间器乐曲集成·四川省绵阳市卷》

举办全国羌族文化理论研讨会

11月5日,绵阳市群众艺术馆与四川省民协联合举办全国羌族文化理论研讨会。

全国羌族文化理论研讨会

全国羌族文化理论研讨会传统民俗表演

全国羌族文化理论研讨会节目表演

承办全省舞蹈创作讲习班

举办群文专业培训班

绵阳市群众艺术馆与绵阳市电大联合举办群众文化专业培训班。截至 1992 年，参训人员达 30 人。

编印《中国民族民间器乐曲集成·四川省绵阳市卷》

由绵阳市群众艺术馆杨玉生牵头。在收录了 600 首乐曲的全市各县（市、区）民族民间器乐曲资料卷的基础上编辑印刷《中国民族民间器乐曲集成·四川省绵阳市卷》。其中，收录了各类民族民间器乐曲 319 首。1991 年重印为 16 开铅印本。

编印《中国民族民间器乐曲集成·四川省绵阳市卷》

盐亭县举办元宵民俗巡游活动

2月8日，由盐亭县委、盐亭县政府主办，盐亭县委宣传部、盐亭县文化广播电视和旅游局承办的盐亭县元宵民俗巡游活动顺利举行。该活动每两年举办一次，截至2018年，已经连续举办了14届。盐亭县文化馆承担了民俗巡游、专场展演、焰火晚会等活动的策划、编排和现场组织工作。

盐亭县元宵民俗巡游活动

1991年

主（承）办多场美术、摄影作品展

1月5日至22日，为纪念中共十一届三中全会十三周年，绵阳市群众艺术馆举办王文治、史新泽、刘各仙、黄婷四位农民画家作品联展，该活动先后在绵阳市区、梓潼县、安县和三台县举行。

2月9日至18日，由绵阳市文化局、中国民主促进会绵阳委员会主办，绵阳市群众艺术馆、绵阳市书画院、绵阳市美术家协会承办的何多俊画展在市群众艺术馆举行，共展出作品80余件。7月26日至8月4日，本次展览作品在四川省展览馆展出。

绵阳市群众艺术馆与绵阳市食品工业协会、绵阳市摄影协会、绵阳市酒厂联合举办绵阳市首届食品文化节摄影展览，展出作品145件。

由绵阳市文化局主办，绵阳市群众艺术馆与市摄影协会承办的"科学电子城之光"摄影艺术展览在群众艺术馆开展，共展出作品132件。

绵阳市群众艺术馆与遂宁市群众艺术馆、遂宁市美协联合举办遂宁市工笔画展，共展出作品50余件。

主办全市迎春歌咏比赛

2月1日，由绵阳市精神文明办、绵阳市文化局、绵阳市群众艺术馆等单位主办的绵阳市区1991年"迎春歌咏比赛"在绵阳市体育馆举行，来自全市区22家单位的2000多名音乐爱好者参加了本次比赛，由绵阳市群众艺术馆音乐专干张万全作曲的《绵阳市民守则歌》为各参赛队伍必唱曲目。

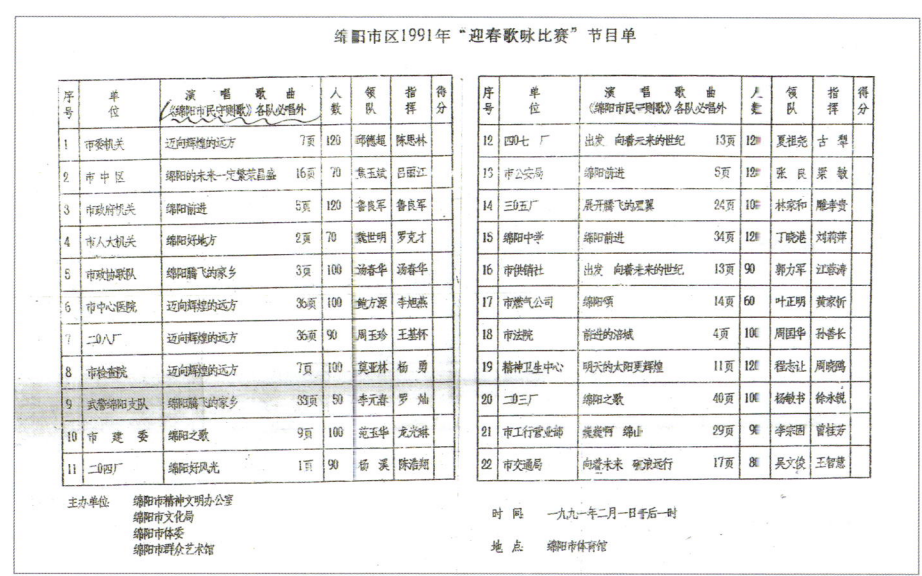

绵阳市区 1991 年"迎春歌咏比赛"节目单

川剧作品获全省性奖项

在四川省文化厅主办的四川省庆祝建党 70 周年暨部分县级剧团振兴川剧调演中,三台县文化馆文学专干秦国庆的作品川剧《鸳鸯梦》获优秀剧本奖,秦国庆获优秀导演奖。

3 件美术作品在四川省美术作品展览中获奖

吴映强的国画《银装素裹》、何多俊的年画《中华好儿女》《中华之光》入选庆祝中国共产党成立 70 周年四川省美术作品展览,获优秀作品奖。

在西南十市通俗歌曲、国际标准舞比赛中获奖

在绵阳市文化局、绵阳市群众艺术馆举办的西南十地市通俗歌曲、国际标准舞比赛中,绵阳市群众艺术馆选送的马佳、付中华获国标舞一等奖,张健、王力获国标舞三等奖,绵阳市群众艺术馆舞蹈专干夏蜀光、华明玮任指导老师。

马佳、付中华表演照

张健、王力表演照

举办全国羌族文化理论研讨会

11月5日,绵阳市群众艺术馆与四川省民协联合举办全国羌族文化理论研讨会。

全国羌族文化理论研讨会

全国羌族文化理论研讨会传统民俗表演

全国羌族文化理论研讨会节目表演

录音录像发行站获省文化厅先进集体表彰

绵阳市群众艺术馆录音录像发行站获四川省文化厅、四川省录音录像发行总站先进集体表彰。

链接：

●绵阳市群众艺术馆录音录像发行站于1988年建立。

刊印《绵阳市曲艺志》

7月，经《中国曲艺志·四川卷》编辑部审定，刊印了《绵阳市曲艺志》。该书为16开铅印本内部资料，系《中国曲艺志·四川卷》的资料卷，黄道德任主编，刘大军任副主编，董志撰稿。全书共计30万字，有照片50幅，收录了流布于绵阳市的24个曲种、641个曲目、33个曲艺机构、226名曲艺艺人、53个演出场所等的相关资料。

《绵阳市曲艺志》

王清贵被评为中国民间文学编纂先进工作者

7月，在国家艺术科学重点研究项目——中国民间文学编纂工作中，北川县文化馆文学专干王清贵因成绩突出，被全国艺术科学规划领导小组、中国民间文艺家协会、中国民间文学集成全国编辑委员会评为先进工作者。

链接：

1987年12月，在《中国民间文学集成·四川卷》普查工作中，王清贵受到四川省文化厅、四川省民族宗教事务委员会、四川省文学艺术界联合会、四川省民间文艺家协会等单位联合嘉奖。

1993年12月，王清贵获四川省委宣传部、四川省文化厅、四川省民族宗教事务委员会、四川省文学艺术界联合会等单位颁发的《中国民间文学集成·四川卷》资料本编辑工作二等奖。

1992 年

多部文艺作品获全省性、全国性奖项

5月，绵阳市群众艺术馆馆长刘大军与黄道德编辑的作品集《绵阳的传说》，绵阳市群众艺术馆杨玉生作曲、吴淑坤填词的《白马姑娘赶歌会》获四川省首届巴蜀文艺奖。

5月，绵阳市群众艺术馆组织选送的任建红、龚清在四川省"希望杯"中华大家唱（卡拉OK）选拔赛中获优秀歌手奖。

《祝愿人民幸福吉祥》（徐崇明作词、作曲）获第二届全国工人歌曲征歌评奖活动银奖。

在四川省文化厅举办的四川省川剧小品调演中，三台县文化馆邹开歧创作的川剧小品《醉乡长审猪》获剧本奖。

在四川省文化厅举办的四川省"魁山杯"群众话剧小品邀请赛中，由绵阳市群众艺术馆选送的《外面的世界》（胡明德表演）获三等奖，绵阳市群众艺术馆获组织奖。

《外面的世界》演出照

13件美术作品入选省级美术作品展览

5月23日，由绵阳市群众艺术馆组织选送的13件美术作品入选四川省纪念《在延安文艺座谈会上的讲话》发表50周年美术作品展览，作品在新建成的四川美术展览馆展出。其中有油画6件：张国忠的《走出低谷》《三个彝胞》和徐小明的《零时发射》、夏雄的《火烧馍》、张洪的《春天的回忆》、李晋魏的《昨夜的风》；中国画4件：王久江的《红土坡秋声》、吴映强的《鸿雁》、吴家勇的《牧》、侯立远的《红果果》；版画2件：张国忠的《晒架》、马力平的《憩》；水粉画1件：温新民的《红柿子》。

链接：

● 1月，绵阳市群众艺术馆获四川省美术家协会颁发的1991年度美术创作组织工作奖。

赴香港参加文化交流

4月，由绵阳市对外文化交流协会和香港美术家协会联合主办的四川绵阳白马风情展在香港举行，绵阳市群众艺术馆受市委宣传部和市文联委托，选送多幅美术作品赴港参展交流。

1993 年

绵阳市群众艺术馆被评定为四川省二级馆

6月，经四川省文化厅评估，绵阳市群众艺术馆成为四川省首批合格群众艺术馆之一，被评定为二级馆。

链接：

● 在本次全省文化馆评定中，三台县文化馆被评定为一级文化馆，绵阳市市中区文化馆被评定为二级文化馆，平武县文化馆、北川羌族自治县文化馆、安县文化馆、盐亭县文化馆、江油市文化馆、梓潼县文化馆被评定为三级文化馆，安县桑枣文化中心被评定为特级文化站，市中区魏城文化中心、三台县灵兴文化中心、盐亭县高灯文化中心、安县清泉文化中心、安县塔水文化中心、安县花荄文化中心、盐亭县富驿文化站、盐亭县冼泽文化站被评定为一级文化站，盐亭县金鸡文化站等32家文化站(中心)被评定为二级文化站(中心)，梓潼县双板文化中心等81家文化站（中心）被评定为三级站（中心）。

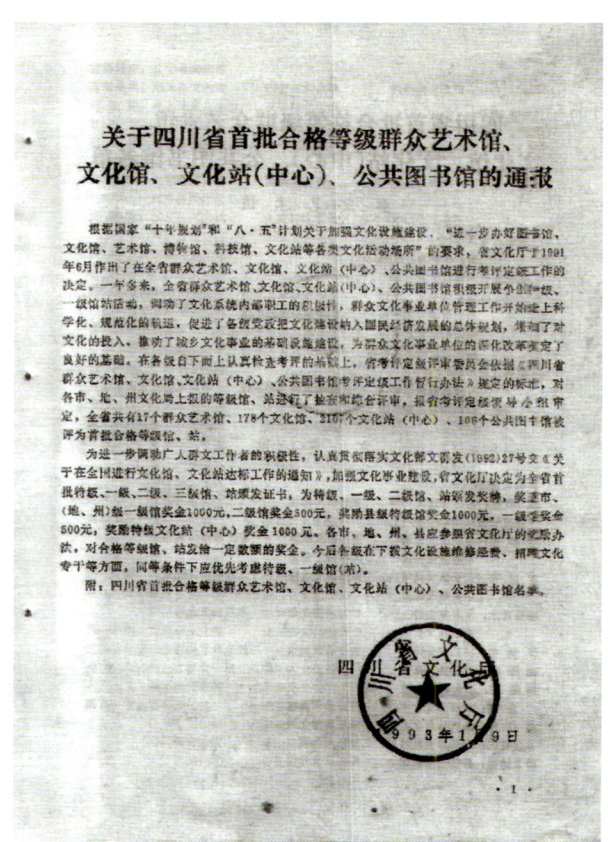

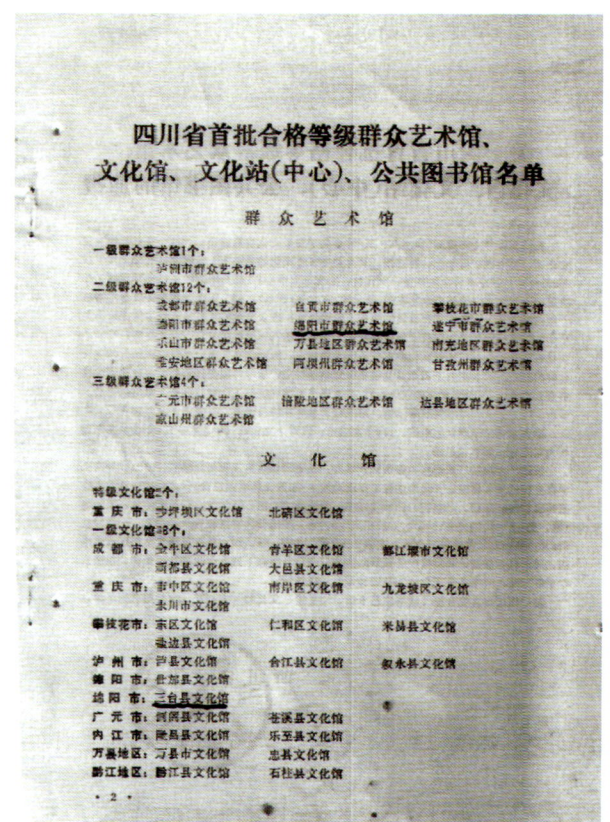

通报文件

举行绵阳市首届残疾人文艺调演

5月10日,由绵阳市文化局、绵阳市民政局主办,绵阳市群众艺术馆、绵阳市残疾人联合会承办的绵阳市首届残疾人文艺调演拉开帷幕。此次调演共有9个代表队参加,参演节目共有27个,评选出14个优秀奖、5个优秀演出奖、5个组织奖。

绵阳市首届残疾人文艺调演1

绵阳市首届残疾人文艺调演2

绵阳市首届残疾人文艺调演3

举办"银河之夏"群众舞蹈大赛

8月1日,绵阳市群众艺术馆、绵阳市文化稽查队、绵阳市银河娱乐宫联合举办了"银河之夏"群众舞蹈大赛。大赛设民族舞、交谊舞、青年自由舞三大类,参赛选手100余名,评出一、二、三等奖共11名,优秀奖16名。

安县举行首届迎新春群众文艺晚会

由安县县委、县政府主办,安县县委宣传部、县文广新局承办的首届安县迎新春群众文艺晚会举行,安县文化馆负责该活动的组织、策划等工作。

链接:

● 截至2017年,该晚会共举办了25届,每届晚会参演人数均在200至500人之间,演出现场的观众多达2万余人,电视观众多达38万人。安县春晚深受群众的喜爱,现在已经是安县广大群众每年不可缺少的文化大餐,是安县公共文化服务工作的重要组成部分,已成为展示安县民族风情、地方特色、时代风貌的年度性演出活动。

安县迎新春群众文艺晚会(2015)

安县迎新春群众文艺晚会(2016)

安县迎新春群众文艺晚会（2017）

歌曲集《昨天、今天、明天》出版

1月，绵阳市群众艺术馆杨玉生和绵阳市文艺创作办公室吴淑坤创作的歌曲集《昨天、今天、明天》由西南交通大学出版社出版。

多件摄影、美术作品入选省级、国家级展览

在四川省文化厅、四川省艺术摄影协会举办的四川省群众艺术馆、文化馆（站）优秀作品展中，由绵阳市群众艺术馆选送的7件作品入选并获奖。其中，袁成松的《田园》获二等奖，《火龙》《花海行》获三等奖；赵志成的《金秋曲》获三等奖，《姑嫂情》《和尚与少女》获优秀奖；杨存贯的《瞧新装》获三等奖。

10月，在四川省美术家协会主办的四川省中国画展览中，绵阳市群众艺术馆组织创作的7件美术作品入选，分别为：刘立喜的《蜀山青》、吴映强的《十面埋伏》、熊华的《背水》和王久江的《高秋图》《远古的图腾》《大山的回声》以及侯立远的《圣土》。其中，两件作品入选文化部"群星奖"美术作品展并获优秀作品奖。

歌曲集《昨天、今天、明天》出版

1994 年

3篇论文提交四川省群众文化与社会主义市场经济理论研讨会

5月19日至21日,四川省群众文化学会、重庆市群众文化学会等单位联合举办了四川省群众文化与社会主义市场经济理论研讨会,绵阳市群众艺术馆赵隆平的《制约文化站发展的内容因素》、三台县文化馆邹开岐的《群众文化与经济建设》、盐亭县文化馆王贤君的《弘扬嫘祖精神、开发蚕丝文化》3篇论文提交讨论。

四川省群众文化与社会主义市场经济理论研讨会

8篇论文提交四川省群众文化、群众文艺理论研讨会

10月25日至27日,全省群众文化、群众文艺理论研讨会举行,绵阳市群众艺术馆和绵阳市群文学会推荐的8篇论文提交讨论。分别为:绵阳市群众艺术馆刘大军的《文化馆在市场经济体制中的角色重塑》;安县文化馆刘佑新的《农村群众文化业务辅导工作亟待加强》;江油市文化馆郭兴隆的《漫谈文化(艺术)馆改革》;三台县文化馆邹开岐的《戏剧面向社会、社会支持戏剧》、赵长松的《浅谈对特殊文化事象的认知与参与》、汪德秀的《戏曲卡拉OK与弘扬民族优秀文化》、赵丽蓉的《浅谈老年合唱团的组织与辅导》、杨朝杰的《抓民间艺人管理 促乡村文化繁荣》。

5部文艺作品入选中国农村文库《农村小演唱》专辑

绵阳市群众艺术馆选送的5部文艺作品入选中国农村文库《农村小演唱》专辑。入选作品有:杨令勋的清音《春到山乡热气高》、廖仲勋的清音《茶馆风情》、陈峻的唱词《两代音》、张荣生的相声《多子泪》、邹开岐的小戏曲《卖龟》。该专辑由四川少年儿童出版社出版发行。

多部文艺作品在四川省第二届少数民族艺术节获奖

9月12日至16日,由四川省民族事务委员会、四川省文化厅主办的四川省第二届少数民族艺术节在康定举办。绵阳市选送的多部文艺作品获奖：马力平的版画《憩》、张国忠的版画《碉楼》获二等奖；杨丽华的草书条幅获二等奖，石恒的行书作品获三等奖；赵志成的摄影作品《祈丰年》获二等奖，闻学峰的摄影作品《山寨歌会》、罗胜利的摄影作品《试羌装》获三等奖；北川县羌族舞蹈《欢乐的羚鼓》、门朝友演唱的《美丽的夺博河》、旦丽萍演唱的《寄到印度洋的祝托》获三等奖。

三台县音乐作品获全国性奖项

在首届全国"黄河杯"行业金曲展评选活动中，三台县音乐作品《三台水泵厂之歌》（贺衡义作词、江传照作曲）获金奖。

多件美术作品入选国家级展览

绵阳市群众艺术馆组织创作的4件美术作品入选第八届全国美术作品展。入选作品有：吴映强的国画《离太阳最近的人》、何多俊年画组画《敬爱的小平》（之一）、马力平和郑廷的版画《晚风》、范敏的版画《夏》。

绵阳市群众艺术馆选送的两件版画作品入选第十一届全国版画展。入选作品分别是马力平和郑廷的《山林》、张国忠的《羌家秋色》。

1995 年

承办绵阳市第七届、第八届文化艺术节

2月，为纪念绵阳建市十周年，绵阳市第七届文化艺术节正式启动，活动历时半个月，全市50余家单位、3000余名专业和业余文艺工作者演出剧目13台、共计15场，观众达2.6万人次，评出7个组织奖、4个特等奖、8个一等奖、7个二等奖。其间，绵阳市群众艺术馆举办了"群文之花"文艺演出暨庆祝绵阳建市十周年文艺晚会，400余人参加了演出。

10月，在绵阳市第四届科技节、第十届秋交会期间，绵阳市举办了第八届文化艺术节，开展了文艺演出、卡拉OK比赛、艺术作品及文物考古图片展、图书展销、电影展映5大类活动。参加文艺演出的专业和业余文艺工作者1000余人，演出共评出特等奖2名、一等奖12名、二等奖5名、创作奖4名、组织奖3名。

"群文之花"文艺演出照1

"群文之花"文艺演出照2

庆祝绵阳建市十周年文艺晚会1

庆祝绵阳建市十周年文艺晚会2

举办肖映梅书法展

2月6日至8日，由绵阳市委宣传部、绵阳市文化局主办，绵阳市群众艺术馆与绵阳市图书馆、绵阳市妇女书画学会、绵阳市富乐山管理处等单位联合承办了肖映梅书法展，展出富乐山管理处青年女书法家肖映梅的书法作品100余件。

举办龚学渊深圳画展绵阳预展

3月22日至25日，由绵阳市委宣传部主办，绵阳市群众艺术馆与绵阳市荣华企业总公司等单位联合承办的著名画家龚学渊先生深圳画展绵阳预展开展。绵阳市委、市政府有关领导及文艺界、企业界的各界人士共150余人出席了活动，此次预展共展出作品100件。

基层文化网点建设再上新台阶

4月8日，涪城区杨家镇文化中心建成。该中心建筑面积约600平方米。

7月5日，游仙区太平乡文化站建成。该中心占地面积1200平方米，建筑面积580平方米，总投资20万元。

三台县两部文艺作品分获全省性、全国性奖项

在四川省文化厅主办的四川省第六届小戏小品大赛中，三台县文化馆文学专干秦国庆编导的戏剧小品《谁该排在前》获导演二等奖。

6月，三台县文化馆创作的《电力工人颂》（贺衡义作词、江传照作曲）获中国工人歌曲新作评选银奖。

川剧《大禹魂》在第四届中国戏剧节获奖

10月，第四届中国戏剧节在成都举行，由杨中泉编剧、绵阳市川剧团演出的大型川剧《大禹魂》获9项奖励。该剧同时获四川省精神文明建设"五个一"工程奖。

链接：

●杨中泉：又名杨忠全，笔名白水，中国戏剧家协会会员，国家一级编剧，先后任绵阳市文艺创作办公室副主任、主任；其作品集《杨中泉剧作选》《聚沙集》由四川文艺出版社公开出版，另有小说、剧评、散文、随笔、古诗词百余篇（首）发表于省市报刊，印行古诗词集《屐痕集》1部。

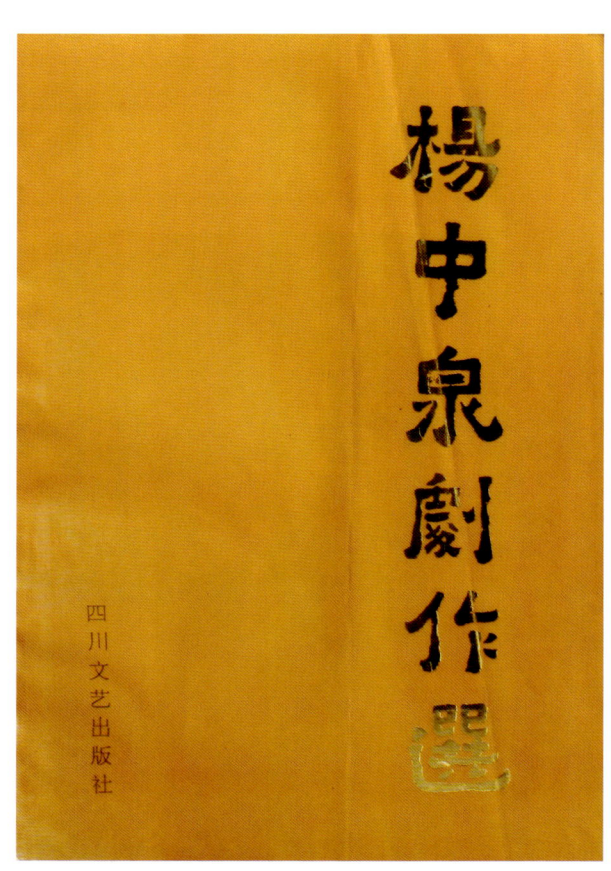

《杨中泉剧作选》

1996 年

多件美术作品入选省级、国家级展览

绵阳市群众艺术馆选送的 5 件美术作品入选第 13 届全国版画展。

绵阳市群众艺术馆选送的 5 件美术作品入选四川省首届中国人物画展，其中两件作品在全国中国人物画展展出。

6 件美术作品获全省性奖项

绵阳市群众艺术馆选送的 25 件美术作品入选四川省纪念红军长征胜利 60 周年美术作品展。其中 5 件作品获优秀奖：吴映强、熊华、顾洪斌的国画《乌江口》和张洪的油画《为了明天》、张国忠的油画《迎接曙光》、徐晓明的油画《雪山情》、何多俊的油画《三军过后尽开颜》。

12 月，在北京中华书画艺术促进会、香港儿童教育体育基金会主办的法国巴黎中国书画大展中，盐亭县文化馆美术专干刘立喜的山水画《蜀山高秋》获优秀奖。

电视剧《唐诗三百首·李白篇》在江油开机

由中国文学艺术界联合会、中国通俗文艺研究会主办，东方影视创作中心拍摄的大型文学艺术系列电视剧《唐诗三百首·李白篇》前 20 集在江油开机拍摄。该剧插曲由著名作曲家王立平作曲，江油市文化馆舞蹈专干游德恭任舞蹈编导，由他编导的古典舞《横江次》《弃妇词》《下终南山》《送孟浩然》《吴宫平台宫女舞》分别在剧中呈现。

设立四川省业余（课余）器乐演奏考级工作站

6 月 26 日，四川省业余（课余）器乐演奏考级委员会绵阳工作站设立，绵阳市群众艺术馆负责该站的日常管理和指导工作。

1997 年

绵阳市群众艺术馆迁建工程破土动工

12 月 17 日，绵阳市群众艺术馆迁建工程奠基仪式在绵阳市高新区火炬东街 51 号举行。

链接：

● 1994 年，绵阳市建委拓宽绵江路建长虹干道，绵阳市群众艺术馆办公楼被全部拆除，绵阳市群众艺术馆租用绵阳市盐业运销公司的两层楼作为临时办公、活动用房。

● 1997 年 3 月 24 日，绵阳市市长办公会议决定新建市群众艺术馆。

● 1998 年 4 月底，绵阳市群众艺术馆馆舍主体施工完成。

● 1999 年 9 月 24 日，坐落于高新区火炬东街 51 号的绵阳市群众艺术馆新馆舍落成开馆。绵阳市群众艺术馆从长虹大道迁址到高新区，并设立高新区文化艺术中心，实行"两块牌子、一套班子"。新馆舍在高新区管委会无偿划拨的 9466.7 平方米（14.2 亩）土地上建成，建筑面积为 7250 平方米。

绵阳市群众艺术馆新址奠基

绵阳市群众艺术馆迁建工程开工仪式

游仙区文化馆挂牌成立

11月25日,绵阳市游仙区文化馆在沈家坝富乐实验中学挂牌成立,从而结束了游仙区自1992年10月建区5年来无文化馆的历史。该馆核定编制人数为5人,借用馆舍1300平方米,可容纳300至400名群众开展文化活动。

《芙蓉溪》杂志创刊

1997年,《芙蓉溪》杂志创刊,该刊由绵阳市游仙区委宣传部主管,绵阳市游仙区教育文化体育局、绵阳市游仙区文学艺术界联合会、绵阳市游仙区作家协会主办,绵阳市游仙区文化馆承办。

《芙蓉溪》为内部文学季刊,以传播文学

艺术为核心，展示文学艺术作品，专注文学艺术新人培养，致力于推动区内文学艺术的发展、推介优秀文学艺术作品。截至2018年，《芙蓉溪》已出版64期，刊登了2600名作家的作品。

《芙蓉溪》

承办四川省社文工作会议

4月2日至4日，四川省文化厅在绵阳市召开19个地市州文化局社文科（处）长暨群众艺术馆馆长、图书馆馆长会议，省文化厅厅长杨启泉、副厅长周国良、社文处处长方国年等领导到会并讲话。会议总结了1996年全省社会文化工作，通报了全省第二批"两馆一站"考评情况，表彰了全省舞蹈新作及第三届群文干部美术作品展览获奖作品。同时，学习了涪城区的小康文化建设经验。

多件美术作品入选省级和国家级展览

绵阳市群众艺术馆推荐的8件作品入选四川省群文系统美术作品展览并获奖。其中，吴映强的国画《十面埋伏》获一等奖，何多俊的油画《冬暖》获二等奖，刘立喜的国画《古镇秋色》获三等奖。

绵阳市群众艺术馆组织选送的何多俊的作品《军魂》、曾英杰的作品《训练归来》入选全国美术作品展览。

绵阳市群众艺术馆组织选送的6件作品入选第四届全国水彩画展，6件作品入选第五届中国艺术节少儿美术书法展，4件作品入选中国美术家协会第十二届新人新作展。

歌曲《酒歌》获创作奖

在中央人民广播电台、中国文联出版社举办的《1997年中国原创音乐歌曲作品集》征集活动中，绵阳市群众艺术馆音乐专干张万全创作的歌曲《酒歌》获创作一等奖。

全市农村文化站文化专干培训班举行

5月19日至25日，绵阳市群众艺术馆举办全市农村文化站文化专干培训班，来自全市农村文化站的60余名文化专干参加了培训。培训开设了群众文化概论、文学、音乐、舞蹈、美术、书法、摄影7门课程，绵阳市文化局领导到会讲话。

绵阳市群众艺术馆音乐专干张万全为学员授课

1998 年

两件美术作品入选全国"群星奖"展览

由绵阳市群众艺术馆组织选送的吴映强的中国画《大江之源》、马力平的版画《生命》入选全国第八届"群星奖"展览。吴映强的中国画《大江之源》后获全国第十一届"群星奖"银奖。

11 件美术、书法、摄影作品在四川省少数民族艺术节获奖

9 月 20 日,四川省第三届少数民族艺术节美术、书法、摄影展在马尔康市举行,绵阳市群众艺术馆组织选送的 11 件作品获奖,绵阳市群众艺术馆获优秀组织工作奖。

两部音乐作品获四川省少儿歌曲创作奖

在四川省文化厅主办的 1998 年四川省少年儿童歌曲评奖活动中,绵阳市群众艺术馆选送的作品《落雨天》(张冰作词、张万全作曲)、《雨中的脚印》(李隆汉作词、张万全作曲)获创作奖。

县文化馆多部文艺作品获全省性、全国性奖项

8 月,在中国美协、四川省美协主办的"西部大地情"全国美术作品展中,盐亭县文化馆美术专干刘立喜的山水画《金秋嫣月碧水人和》获优秀奖。

在《四川农村日报》社主办的"98 之夏'蒲公英奖'"评选活动中,三台县文化馆邹开岐创作的小品《家庭矛盾》获"蒲公英奖"。

在四川省文化厅主办的全省群众戏剧节中,三台县文化馆邹开岐创作的小品《乡长戒酒》获二等奖。

1999 年

多件美术、书法、摄影作品获全省性、全国性奖项

在全国第九届美术作品展览中，绵阳市群众艺术馆组织选送的 12 件作品入选，其中 1 件作品获优秀作品奖，5 件作品入编美术作品展览画册。

在第十四届全国版画展中，马力平和郑廷的版画《金秋》获铜奖。

在文化部群文司、群文学会联合举办的群众美术、书法、摄影大奖赛中，绵阳市群众艺术馆组织选送的 4 件作品获金奖，5 件作品获银奖，3 件作品获铜奖，4 件作品获优秀奖。

在四川省庆祝中华人民共和国成立 50 周年美术作品展览中，绵阳市群众艺术馆选送 75 件作品参展，其中 1 件获金奖，1 件获银奖，6 件获铜奖。

在四川省美术家协会主办的"迎澳门回归 99 年祖国颂"巴蜀大地中国山水画、油画风景画大展中，绵阳市群众艺术馆组织选送的 8 件作品入选，3 件获优秀奖。

歌曲《山里的岁月》获全省性创作奖

在四川省文化厅主办的 1999 年四川省"杞酒杯"新人新作演唱比赛中，绵阳市群众艺术馆张万全作曲的歌曲《山里的岁月》获创作特别奖。

18 篇文章入选《中国民俗文化大观》

《中国民俗文化大观》编委会主编的《中国民俗文化大观》由吉林人民出版社正式出版。该书是"中国民俗大系"丛书的第一部专著，为二十世纪中国民俗学研究的重要成果。三台县文化馆文学专干赵长松的《四川狮灯赞彩》《梓州小吃》《川江船工号子》等 18 篇文章入编该书，其内容大多取材于四川民俗。

2000 年

第五届中国艺术节优秀摄影作品预展举行

5 月 23 日，第五届中国艺术节优秀摄影作品预展在绵阳市群众艺术馆举行。

参加连云港美术、书法作品交流展

11 月 7 日，绵阳市群众艺术馆与江苏省连云港市群众艺术馆联合举办美术、书法作品展，连云港市艺术摄影作品巡展"山光水色大陆桥"在绵阳市群众艺术馆开展。

链接：

● 2001 年 4 月 18 日至 21 日，绵阳市群众艺术馆选送 66 件美术、书法作品参加连云港交流展览，同时，举办绵阳市建设成就摄影展，刘立喜个人画展和两地美术、书法交流笔会，并与连云港市群众艺术馆签订了友好合作协议。

绵阳市群众艺术馆选送作品参加连云港市交流展览

参与第四届农民运动会开、闭幕式工作

10月29日至11月4日,由农业部、国家体育总局、中国农民体育协会主办、四川省人民政府承办的中华人民共和国第四届农民运动会在绵阳举行,全国共有包括来自台湾民间体育队的3300名运动员参加了13个大项、410个小项的比赛项目。绵阳市群众艺术馆积极参与本届运动会开幕式、闭幕式的策划、组织、表演工作。

安县举办"中国春社·睢水踩桥"民俗活动

2000年立春后第五个"戊日",由安县睢水镇主办、安县文化馆指导的"中国春社·睢水踩桥"民俗巡游祭祀活动如期举行,该活动充分展示了该县的优秀传统民间民俗文化。该活动每年举行一次,巡游内容有龙灯、狮子灯、蚌壳舞、采莲船、腰鼓队、威风锣鼓队等。该民俗活动每年吸引游客20万人以上。

安县举办"中国春社·睢水踩桥"民俗活动1

安县举办"中国春社·睢水踩桥"民俗活动2

安县举办"中国春社·睢水踩桥"民俗活动3

安县举办"中国春社·睢水踩桥"民俗活动4

县（市、区）馆多部文艺作品获全国性奖项

在中国文联、中国民间文艺家协会主办的首届中国民间文艺山花奖评选活动中，三台县文化馆赵长松参与创作的专题片《美哉，川北狮灯》获山花奖。

在文化部、中国美术家协会主办的全国群众美术大赛中，涪城区文化馆美术专干吴映强的中国画《十面埋伏》获金奖。

在文化部、中国群众文化学会主办的全国群众书画摄影大展中，涪城区文化馆美术专干张国忠的黑白木刻《昆仑雪》获金奖。

在中国美术家协会主办的第十四届全国新人新作展中，梓潼县文化馆美术专干耿薰的美术作品《母亲》获优秀奖。

在《民族团结》杂志社主办的全国少数民族征文大赛中，盐亭县文化馆周贤中的作品《白马山寨夫妻小学》获二等奖。

链接：

● 吴映强：四川省广元市人，中国美术家协会会员，国家二级美术师，曾任四川省美术家协会副主席、绵阳市美术家协会主席等职务。其作品曾入选第七、八、九届全国美术作品展览，在全国性美术作品展览中获金、银、铜奖等奖项。1990年，荣获四川省团委、四川省青联颁发的"为'七五'建设做贡献'先进青年'"光荣称号。1997年，中央电视台（CCTV-7）文艺部为其做了题为《吴映强的西藏情结》的专访。

● 张国忠：山西省保德县人，中国美术家协会会员，中国版画家协会会员，国家一级美术师，曾任四川省美术家协会副主席、四川美术馆副馆长、四川省政协书画研究院油画艺术委员会主任等职务。其作品曾入选第九、十、十一届全国美术作品展览，在文化部、中国文联等主办的全国性美术作品展览中获金、银、铜奖等奖项。其作品被中国油画博物馆、上海美术馆、浙江美术馆、深圳美术馆、四川美术馆等机构收藏。

黑白木刻《昆仑雪》

中国画《十面埋伏》

绵阳市艺术学校划归绵阳市群众艺术馆管理

绵阳市艺术学校划归绵阳市群众艺术馆管理，同时接受市教委的行业管理。

链接：

● 1993年9月，绵阳市艺术学校建立，主办单位为绵阳市歌舞团，性质为职业高中，首期招收80名初中毕业生，设有音乐、舞蹈、声乐、器乐4个专业，学制为2年（小学毕业生学制为5年），校址在绵阳市歌舞团。

● 1995年7月，四川省教育委员会下发〔1995〕94号文件，批准其转为中专性质的绵阳市艺术学校。绵阳市艺术学校设立舞蹈、影视表演两个专业，在省内招收应届初中毕业生，学生在绵阳市艺术学校毕业后可获得国家承认的中专学历。

2001年

小品《一个秋天的故事》获全国"群星奖"

12月17日，由绵阳市群众艺术馆、安县文化馆联合打造的戏剧小品《一个秋天的故事》赴广州参加文化部举办的第十一届全国"群星奖"戏剧小品决赛，荣获全国"群星奖"，实现了绵阳市群众戏剧小品创作演出在全国性大奖上"零"的突破。

链接：

● 涪城区文化馆馆长刘伟平的论文《关于农村家庭文化建设的思考》在第十一届全国"群星奖"群众文化科研成果评奖中获铜奖。

小品《一个秋天的故事》演员合影

小品《一个秋天的故事》剧照

两件美术作品获全省性奖项

4月,绵阳市群众艺术馆选送的14件水彩画作品入选四川省水彩画展,刘云生的《西部的召唤》获金奖,陈利的《母亲》获银奖。

多件美术作品入选省级、国家级展览

7月,绵阳市群众艺术馆选送的13件作品入选四川省纪念建党80周年美术作品展览,其中,两件作品入选纪念建党80周年全国美术作品展览。

10月,绵阳市群众艺术馆选送的两件作品入选第五届全国体育美术作品展览。

在文化部、中国群众文化学会和台湾中华文化艺术基金会举办的第一届"爱我中华"中国画、油画大展在北京举行,江油市文化馆美术专干邓亚江创作的油画《藏童——扎西多吉》入选。

文艺节目获文化部"蒲公英奖"

8月6日,文化部主办的第二届全国"蒲公英奖"评选活动决赛在南京举行,绵阳市群众艺术馆选送的节目《青藏高原》(绵阳市艺术学校学生陈维演唱)获"蒲公英奖"金奖。

成、渝、绵三市书画作品联展举行

5月23日至6月1日,成、渝、绵三市书画作品联展举行,共计展出120件作品。作品5月23日在绵阳首展,随后在成都、重庆巡回展出。

成都、重庆、绵阳三市书画作品联展现场图

江油市举行"李白故里之夏"系列文化活动

5月，由江油市委、市政府主办，江油市委宣传部、市文广新局承办，江油市文化馆协办的"李白故里之夏"系列文化活动顺利举行。该活动主要内容有社区文艺展演、少儿专场、歌手大赛、广场舞大赛、美术书法摄影展等。该活动已连续举办17年，年均服务群众近10万人次。

"李白故里之夏"系列文化活动1

"李白故里之夏"系列文化活动2

首期《群文选萃》刊印

绵阳市群众艺术馆与绵阳市文艺创作办公室共同组织创作、编辑、刊印了专供基层文化馆（站）演出使用的戏剧、小品、曲艺、歌词专辑《群文选萃》（第一期），收编了2001年新创作的6个小戏、11个小品、4个曲艺、10首歌等。

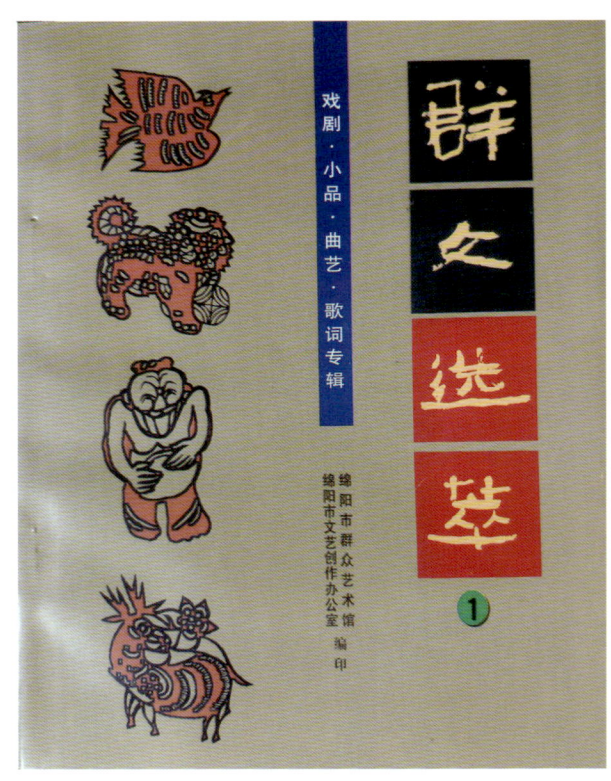

《群文选萃》（第一期）

2002年

举办"桃花仙子"选拔赛

3月18日至22日，绵阳市群众艺术馆、绵阳电视台、江油市文化旅游局、江油市青莲旅游经济开发区联合举办的"李白故里桃花节"系列群众文化活动暨绵阳市"桃花仙子"选拔大赛在江油市青莲镇举行。活动历时5天，300余名选手参赛，经过预赛、决赛，评选出"桃花仙子"冠军、亚军、季军各1名，十佳选手10名，优秀选手20余名，活动吸引了绵阳市内外10余万游客到青莲古镇观光旅游。

"桃花仙子"选拔赛决赛

承办首届广场群众文化活动周

5月23日至6月3日，由绵阳市群众艺术馆承办的绵阳科技城首届广场群众文化活动周举行。活动周期间举行了美术、书法、摄影作品展览，共展出美术、摄影作品各100件，书法作品50件；还举行了校园、军旅、企业、旅游等7个专场群众文艺演出，演职人员逾2000人。

绵阳科技城首届广场群众文化活动周1

绵阳科技城首届广场群众文化活动周2

新世纪首届群众文化理论研讨会召开

11月18日,绵阳市群众艺术馆组织召开绵阳市新世纪首届群众文化理论研讨会暨群众文化学会第四届代表会,50人参会。会议共收到理论文章31篇,在会上交流宣读22篇,向四川省社会文化论坛理论研讨会推荐优秀论文6篇。

多件文艺作品获全省性、全国性奖项

3月,在《北京文学》月刊社、老舍文艺基金会联合主办的首届老舍散文大奖赛中,绵阳市群众艺术馆文学专干陈永乐的散文《老巷》获优秀奖。

5月,在中国美协、四川省美协主办的"纪念毛泽东延安文艺座谈会讲话60周年"全国美术作品展览中,盐亭县文化馆刘立喜的山水画《万源古镇秋意浓》获优秀奖。

10月16日至19日,由四川省民委、四川省文化厅主办的四川省第四届少数民族艺术节美术、书法、摄影作品展览在绵阳市举行。绵阳市群众艺术馆组织选送的作品有6件获一等奖,10件获二等奖,16件获三等奖。

链接:

● 10月16日,四川省第四届少数民族艺术节美术、书法创作交流笔会在绵阳市群众艺术馆举行。全省10余个市(州)的40余名美术、书法家欢聚一堂,现场挥毫泼墨,切磋交流。

昂首开启新征程
（2003—2018）

2003 年

绵阳市农村青年歌手大奖赛成功举办

7月10日至11日，绵阳市群众艺术馆组织承办了全市农村青年歌手大奖赛，全市500余人报名参赛，48名歌手参加了全市决赛。

举办群众文艺专干培训

7月21日至24日，绵阳市群众艺术馆举办了全市群众文艺专干音乐、舞蹈创作培训班，邀请四川省内外知名专家授课。来自绵阳市群众艺术馆、各县（市、区）文化馆、企业、学校、乡镇（街道）等单位的100余名学员参训。

举办绵阳市第二届群众文化理论研讨会

9月16日，绵阳市群众艺术馆和绵阳市群众文化学会举办了新世纪绵阳市第二届群众文化理论研讨会，会议研讨了绵阳市基层文化建设的有关理论与实践的问题，共收到县（市、区）理论文章48篇，评选出一等奖论文4篇、二等奖论文9篇、三等奖论文10篇。

论文《新时期社区文化工作研究》入编文化馆年会论文集

全国部分省市文化（艺术）馆发展战略研讨会第十八届年会在新疆米泉市举行，绵阳市群众艺术馆李德怀的论文《新时期社区文化工作研究》入编本次年会论文集。

北川县《羌魂——羌族萨朗舞曲精选》《风从羌山来》光盘出版

10月，由北川羌族自治县县委、县政府出品，县文化馆策划组织制作的《羌魂——羌族萨朗舞曲精选》VCD光盘、《风从羌山来》CD光盘由四川音像出版社出版发行。《羌魂——羌族萨朗舞曲精选》收录了《勒嘿萨朗》《纳果勒》《若音波》《哆嗦刹》等20余首萨朗舞曲，《风从羌山来》中收录了《太阳里走来的羊角花》《羌山大禹情》等13首歌曲。

链接：

● 2016年10月，由北川羌族自治县县委、县政府出品，县文化馆策划组织制作的《阿哥阿妹唱羌山》DVD光盘由云南音像出版社出版发行，光盘中收录了《望羌年》《又见北川美》《羌山情等你来》等24首歌曲。2018年5月，由北川羌族自治县县委、县政府出品，县文化馆策划组织制作的《大美羌城》DVD光盘出版发行，光盘中收录《云朵情》《阿妹俏来阿哥傻》《请到羌山喝咂酒》等11首歌曲。

绵阳市文化馆成立

10月22日，根据绵阳市机构编制委员会《关于成立绵阳市文化馆的批复》（绵编发〔2003〕110号），绵阳市群众艺术馆与绵阳市文艺创作办公室合并，组建绵阳市文化馆。绵阳市文化馆为市直属全额拨款事业单位。

绵阳市文化馆内设办公室、文艺活动部、文艺创作指导部、美术（书法、摄影）部、产业指导与培训辅导部等5个中层机构；核定事业编制人数为26名，领导职数3名，中层领导职数5名，业务干部15名，工勤人员3名；经费形式为核定收支、定项补助；绵阳市文化馆主要负责人按副县级干部配备。

绵阳市文化馆的主要职责是：承担全市群众文化活动的组织、指导工作；培训各行业群众文艺骨干；抢救、收集、整理全市民间文化艺术遗产；制定全市文艺创作规划；组织指导全市文艺创作和审查修改文艺作品，对重点作品进行加工，组织文艺作品参加全国、省、市级比赛，报送评奖作品，组织市群众文化学会开展各项活动。

链接：

● 2007年1月15日，根据绵阳市机构编制委员会办公室《关于调整市文化馆编制结构的批复》（绵编办发〔2007〕2号）精神，同意绵阳市文化馆调减1名业务干部编制人员，调增1名工勤编制人员。

● 2015年12月28日，根据绵阳市机构编制委员会《关于重新核定绵阳市文化广播影视新闻出版局所属部分事业单位事业编制的通知》（绵编发〔2015〕95号）的精神，重新核定绵阳市文化馆事业编制。核定后，绵阳市文化馆事业编制人数为20人，工勤编制被全部收回。

北川举行羌族自治县成立庆典暨庆羌年活动

10月25日，北川羌族自治县成立庆典暨庆羌年活动举行，其间开展了祭祀、非遗项目展示展演、民族歌舞展演、"禹风羌韵"美术（书法、摄影）作品展、"羌城之夜"萨朗篝火晚会及民俗文化展演、非遗生产性保护产品展览等活动。北川羌族自治县文化馆负责了本次活动的非遗和歌舞节目展演、美术（书法、摄影）作品展等工作。

链接：

● 1987年农历十月初一，四川省民委在成都举行了庆祝羌年大会。自此以后，羌族地区就统一以每年的农历十月初一为羌年，开展庆祝活动。

● 1988年，茂县、汶川、理县、北川4县政府联合举办了为期4天的日麦节（羌历年）活动。同年，该活动被阿坝藏族羌族自治州人民政府确定为羌族同胞的法定节日。1991年，该活动在北川举行。

● 2013年11月，北川羌族自治县文化馆组织举行了万人萨朗舞会，一举创造了规模最大的萨朗吉尼斯世界纪录。

● 2017年11月，庆羌年活动被中国文化馆年会组委会评为2017全国文化馆（站）优秀群众文化品牌。

北川庆羌年篝火晚会（2011）

北川庆羌年活动——万人跳萨朗（2013）

承办亚洲国际邮票展览广场文艺演出

11月20日至24日，第16届亚洲国际邮票展览在绵阳市国际会展中心举行，绵阳市群众艺术馆承办了此次活动的广场文艺演出。

举行首届社区文艺展演

11月20日至24日，由绵阳市群众艺术馆承办的绵阳市首届社区文艺展演活动举行，活动期间在绵阳城区各大广场举行了为期五天的广场文艺演出，在绵阳市少年宫举办了社区美术、书法、摄影作品展览。

亚洲国际邮票展广场文艺演出

2004 年

举办少儿书画大奖赛

6月1日，由绵阳市委宣传部主办，绵阳市文化馆、太平洋保险公司承办的"庆六一·太平洋寿险杯"少儿书画大奖赛在铁牛广场举行。来自绵阳市各学校的802名少年儿童参加此次活动，共评出3个金奖、6个银奖、9个铜奖。

上海·绵阳美术书法作品交流展在上海开展

6月26日,由上海市群众艺术馆、绵阳市文化馆共同主办的"上海·绵阳美术书法作品交流展"在上海市开展,两市美术家、书法家的120件作品参展。10月26日至11月1日,该展在绵阳市举行。

第六届亚洲龙舟锦标赛在绵阳举行

10月25日至29日,第六届亚洲龙舟锦标赛在绵阳举行。在此期间,绵阳市文化馆承办了本次活动开幕式的民间文艺表演、戏曲专场演出、群众歌舞精品展演等系列群众文化活动。

第六届亚洲龙舟锦标赛开幕式

第六届亚洲龙舟锦标赛期间的广场群众文艺展演

绵阳市文艺创作座谈会召开

2月11日，绵阳市文化馆组织召开绵阳市文艺创作座谈会，来自全市相关单位的文艺工作者20余人参加了会议。四川省剧目工作室主任张建蓉、绵阳市人大常委会副主任、绵阳市文联主席吴因易、绵阳市委宣传部副部长胡科出席会议并讲话。

举办非遗保护与开发研讨会

8月18日，绵阳市文化馆、绵阳市民间文艺家协会举办了绵阳市非物质文化遗产保护与开发研讨会。会议邀请近30名民间文艺专家、群众文化工作者、文物工作者和新闻记者参会，四川省民协副主席、四川大学文学与新闻学院毛建华教授、四川省民协副秘书长孟燕、绵阳市委宣传部副部长胡科到会指导。

多件美术作品入选省级、国家级展览

8月，由绵阳市文化馆组织选送的5件美术作品入选全国美术作品展览，33件作品入选四川省美术作品展览，3件作品入选纪念邓小平诞辰100周年美术作品展览。

3件作品在四川省群众声乐舞蹈大赛获奖

3月1日至4日，四川省群众声乐舞蹈大赛在成都举行。绵阳市文化馆选送的声乐作品《风从羌山来》获声乐表演铜奖，舞蹈作品《一个都不能少》获舞蹈创作、表演银奖，舞蹈作品《桃花带露浓》获表演铜奖。

《只有一个中国》获"中国民歌百首金歌"金奖

在中国音乐家协会《歌曲》杂志编辑部、中国民族声乐学演创研中心主办的全国第五届"东方之春"中国民族歌曲演创大奖赛中，绵阳市文化馆选送的《只有一个中国》（张万全作曲、邓成彬作词）荣获"中国民歌百首金歌"金奖。

《绵阳市文化艺术志》获奖

3月，由四川科学技术出版社出版发行的《绵阳市文化艺术志》荣获四川省第十次地方志系统优秀成果一等奖。该书由黄昌林任编写领导小组组长，赖松廷任副组长，陈永乐任主编、总纂，陈永乐、王均、陈国勋、刘晚峰负责采集资料，龙伦匡审稿。

话剧小品《天边的彩霞》获四川省"群星奖"

7月2日，由绵阳市文化馆选送的话剧小品《天边的彩霞》获四川省"群星奖"一等奖。

2005 年

三台县举行元宵民俗活动

农历正月十五，由三台县委、县政府主办，三台县委宣传部、县文广新局承办，三台县文化馆协办的三台县第一届"欢欢喜喜过大年 正月十五民俗大巡游"成功举办。活动内容包括建中高跷、婚嫁民俗、乐加火龙等本地民俗文化和非遗文化展示。截至2018年，该活动已经连续举办了14届。

三台县举行元宵民俗活动 1

三台县举行元宵民俗活动 2

承办绵阳市首届群众声乐大赛

6月15日至22日,绵阳市文化馆承办了绵阳市首届群众声乐大赛,大赛设少年组、青年组、中老年组和组合组,共89名歌手参加比赛,最终评出7个一等奖、18个二等奖、25个三等奖、39个优秀奖。

承办第十七届中国西部商品交易会美术、书法、摄影作品交流展

9月6日至9日,绵阳市文化馆承办了第十七届中国西部商品交易会美术、书法、摄影作品交流展,共计400余件作品参展。

第十七届中国西部商品交易会开幕式

三市美术、书法、摄影联展开幕

11月,绵阳、遂宁、广元三市建市20周年美术、书法、摄影作品交流联展在绵阳市文化馆举行,三市文化馆从上千件报送作品中遴选出222件佳作参展。

举办绵阳科技城第二届广场群众文化周活动

11月11日至21日,绵阳市文化馆在城区举办绵阳科技城第二届广场群众文化周活动,共组织6台群众性精品文艺演出,展出了300件书画和摄影精品。

三台县举行新年音乐会

12月30日,由三台县委、县政府主办,三台县文化馆、县音乐家协会、县电视台承办的三台县新年音乐会在县电视台录播厅举行,录播后在县电视台播出,取得了良好的收视率。截至2018年,三台县新年音乐会已经连续举办了13届。

三台县新年音乐会(2016)

三台县新年音乐会（2017）

开展艺术人才信息库资料征集工作

7月至10月，绵阳市文化馆开展了全市社会文化艺术人才信息库档案资料征集工作，征集到全市223名社会文化艺术人才的个人档案，含250张艺术照片、49张光盘、39册个人专著。

罗胜利获"全国文化系统先进个人"称号

9月，北川羌族自治县文化馆罗胜利被文化部、人事部授予"全国文化系统先进个人"荣誉称号。

张万全音乐作品获全国创作金奖

在中国群众文化学会主办的中国首届群众创作歌曲大赛中，绵阳市文化馆选送的歌曲《祖国万岁》（张万全作曲、王雪明作词）荣获金奖，并入选中国群众文化学会主编的《神州歌海——中国首届群众创作歌曲大奖赛获奖作品集》，由中国广播电视出版社出版。

在中国社会音乐研究会主办的2005年全国歌曲作品征集评比活动中，绵阳市文化馆选送的《电信员工之歌》（张万全作曲、邓欣作词）获二等奖。

肖林舞蹈作品获四川省声乐舞蹈大赛铜奖

在四川省文化厅主办的四川省声乐舞蹈大赛中，江油市文化馆舞蹈专干肖林编导的舞蹈《桃花带露浓》获铜奖。

2006 年

铁牛特色文化社区项目启动

6月13日，绵阳市文化馆与涪城区铁牛社区、天青苑川剧团共建的绵阳市铁牛特色文化社区项目正式启动，绵阳市文化馆馆长温芬参加授牌仪式。根据规划，铁牛文化社区将打造成为集看戏、观光、休闲为一体的传统文化特色示范社区。

绵阳市铁牛特色文化社区授牌仪式

《新农村文化建设指南》公开出版发行

8月，绵阳市文化馆组织编撰的《新农村文化建设指南》由中国文史出版社出版。该书由绵阳市委宣传部拨付专项资金5万元，温芬、李德怀任主编，王子文、陈永乐任副主编，全市10余名文化专业人员参与撰稿，共分7个章节，共计28万字。该书在绵阳市第十一次哲学社会科学优秀成果评奖活动中获优秀奖。

林海参加援非文化交流工作

8月10日至10月20日，绵阳市文化馆副馆长林海受文化部派遣，前往中非共和国参加援非文化交流活动，把具有中国特色的大型广场文体表演推介到中非共和国，加强了中非两国文化交流。

链接：

● 2008年4月至8月，林海再次参加援非文化交流活动。

《新农村文化建设指南》

举办厄立特里亚舞蹈培训班

非洲国家独立日大型庆典演出现场演员留影

三台县举行"百花映春"文学艺术界联欢篝火晚会

1月14日,由三台县委宣传部、三台县文学艺术界联合会主办,三台县文化馆承办的三台县"百花映春"文学艺术界联欢篝火晚会在老西街文化馆举行。截至2018年,该晚会已连续举办了13届。

三台县文学艺术界联欢篝火晚会1

三台县文学艺术界联欢篝火晚会 2

三台县举行中秋诗歌吟诵会

2006 年中秋，由三台县委、县政府主办，三台县委宣传部、县文广新局承办，三台县文化馆协办的三台县第一届文学艺术界中秋诗歌吟诵会在三台县老西街文化馆广场举行，三台县文学艺术联合会等社会文艺团体及广大文艺爱好者参加了此次活动。此后，每年中秋佳节，三台县都要举办中秋诗歌吟诵会。截至 2018 年，该活动已连续举办 13 年，为县内文学爱好者提供了展示和交流的平台。

三台县文学艺术界中秋诗歌吟诵会 1

三台县文学艺术界中秋诗歌吟诵会 2

相声《说假》获奖

8月，中国人民银行四川省系统文艺调演在成都举行，由绵阳市文化馆选送的节目相声《说假》代表绵阳参赛并获优秀奖。

23件美术、书法、摄影作品在四川省少数民族艺术节获奖

10月23日，由四川省文化厅、四川省民委主办，乐山市人民政府承办的四川省第五届少数民族艺术节开幕。绵阳市文化馆组织创作的38件美术、书法、摄影作品参展，获2个一等奖、4个二等奖、17个三等奖。

龚小膑获中国书法家协会活动两个奖项

10月，由中国书法家协会主办的全国首届行书大展、草书大展评选结果在浙江义乌揭晓，专家评委从28874件来稿中评选出草书获奖作品15件、行书获奖作品30件。绵阳市文化馆龚小膑同时获得行书三等奖和草书三等奖。

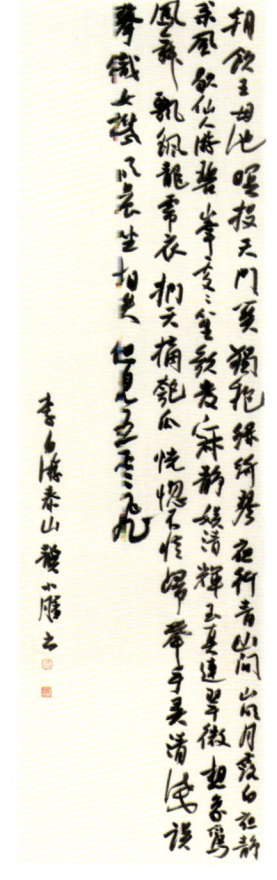

龚小膑书法作品

县（市、区）文化馆多部文艺作品获全省性、全国性奖项

在中国美协主办的全国中国画作品展中，游仙区文化馆美术专干华林创作的中国画《轮回》获优秀奖。

在四川省委、省政府主办的全省经济普查文艺调演中，安县文化馆沈兴国创作的小品《经普轶事》获一等奖。

2007 年

绵阳市文化馆艺术花园开建

4月，绵阳市文化馆对原绵阳市群众艺术馆迁建工程二期项目重新规划，启动了艺术花园建设项目。项目共投入60万元，建成后的绵阳市文化馆艺术花园室外面积达2000平方米，室内建筑面积600平方米，露天实景舞台200平方米。艺术花园集展览、广场文艺演出、文艺培训辅导、艺术沙龙、园林观光、电影放映和文化休闲等功能于一体，满足了市民公益性文化活动的需要，完善了公共文化服务。

邻里守望——文化志愿者进社区交流活动（2014）

绵阳市文学创作研讨会召开

4月，绵阳市文化馆召开全市群众文化系统文学创作研讨会，来自全市各县（市、区）的30余名文学创作骨干参加了会议。

绵阳市文化馆文艺培训中心正式挂牌

6月25日，绵阳市文化馆文艺培训中心在中心城区国美大厦六楼正式开班。该中心面向全市社会文艺团体和文艺爱好者，开展包括舞蹈、形体、声乐、朗诵、戏剧表演、器乐、书法等在内的文艺培训。

链接：

● 2010年12月13日，绵阳市文化馆着力打造十五分钟文化圈，将文艺培训中心搬迁至绵阳市安昌路33号华西证券三楼。

话剧小品《花谢花开》获多个省级奖项

9月28日，在四川省第十一届戏剧小品大赛中，绵阳市文化馆选送的话剧小品《花谢花开》一举囊括了优秀演出奖、优秀演员奖、优秀编剧奖和优秀导演奖等奖项，并入选了闭幕式优秀剧目汇报演出。

链接：

● 2008年，该剧入选全国首届"新农村、新文化、新风貌"小品展演，获二等奖。

游仙区两部文艺作品获全国性奖项

在中国文学艺术基金会主办的黎昌第五届青年中国画年展中，游仙区文化馆美术专干华林创作的中国画《冻土地带》获三等奖。

在中国大众音乐协会主办的第三届全国校园歌曲大赛中，游仙区文化馆唐永建作曲的《放飞理想》获二等奖。

2008年

积极参与抗震救灾和灾后重建工作

"5·12"大地震发生后，绵阳市文化馆第一时间组织文艺演出小分队，深入地震灾区进行了60余场慰问演出，协助北川县和安县打造了"风从羌山来"和"不屈的脊梁"两台主题文艺演出，参与了绵阳市委、市政府慰问救援部队和援建单位、灾后重建重大工程开工典礼等演出活动，创作了诗歌《中国力量》《心中的军礼》《心手相牵》，散文《羌山的记忆》，歌曲《山花花》，话剧小品《承诺》等一系列以弘扬抗震救灾精神为主题的文艺作品。同时，绵阳市文化馆积极组织捐款捐物，全馆职工共捐款3400元，捐赠衣物50余件，为九洲体育馆安置点送去价值2000余元的急救物资。

绵阳市慰问抗震救灾援建者感恩演出　　绵阳市文化馆文艺小分队在九洲体育馆举行灾后慰问演出

绵阳市文化馆文艺小分队在地震灾区慰问演出

绵阳市文化馆被评为国家一级文化馆

在文化部组织开展的第二次全国文化馆评估定级工作中,绵阳市文化馆被评为国家一级文化馆,四川省地市级文化馆中共有3家被评为国家一级文化馆。

链接:

● 继2008年后,绵阳市文化馆分别于2011年、2015年被文化部评为国家一级文化馆。

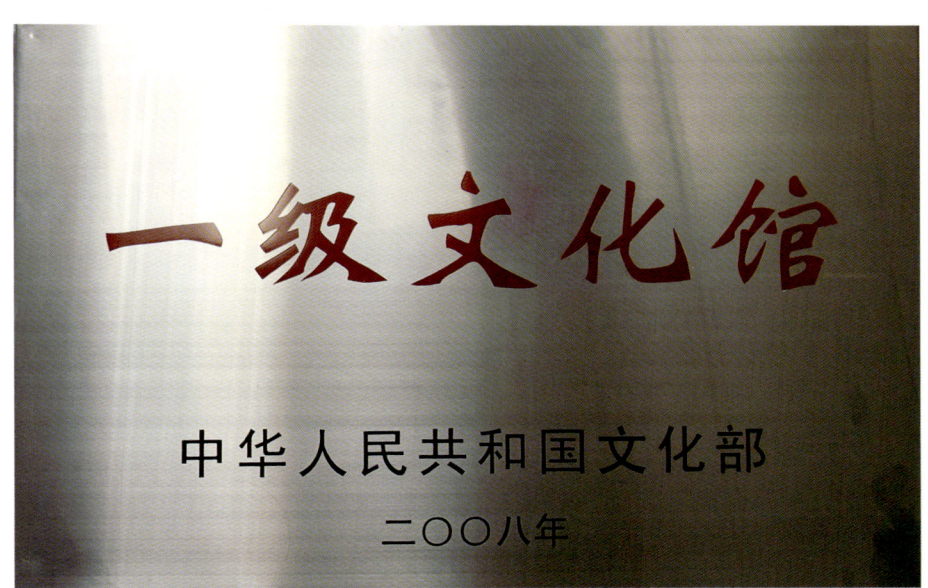

文化部颁发的一级文化馆标牌

参加迎奥运主题文艺演出

8月4日,绵阳市委、市政府在绵阳九洲体育馆举办了奥运圣火展示活动,绵阳市文化馆组织北川羌族皮鼓萨朗队等8个业余演出团队,共800余名演员参加了演出。

奥运圣火展示活动

两部音乐作品获全国性奖项

在中国大众音乐协会主办的"感动中国"——全国第二届新创歌曲、歌词大赛中，游仙区文化馆唐永建作曲的歌曲《我们和你在一起》获一等奖。

同年，在中国大众音乐协会、音乐生活杂志社等主办的2008"中国杯"新创作歌曲、歌词、音乐论文暨歌手演唱评选活动中，绵阳市文化馆张万全作曲的《只有一个中国》《噢，老百姓》荣获作曲二等奖。

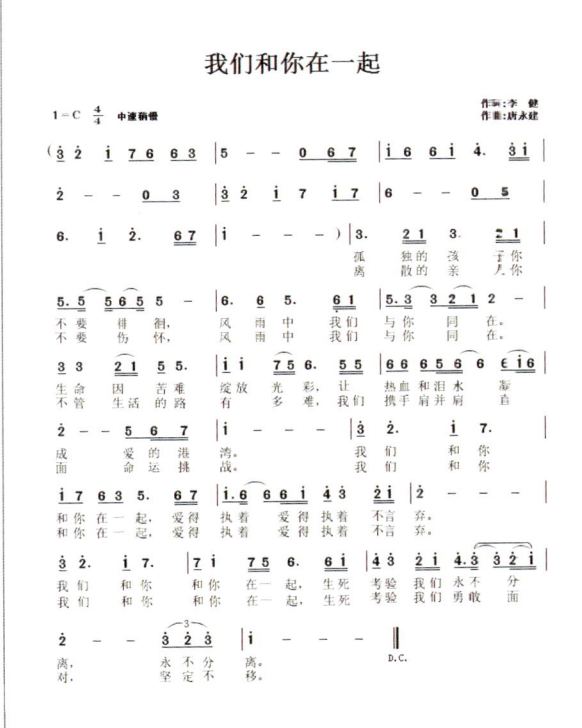

唐永建音乐作品《我们和你在一起》　　　　张万全获奖证书

多部文艺作品获四川省"群星奖"

在四川省第十四届"群星奖"比赛中，绵阳市共获得5个一等奖、3个二等奖和3个三等奖。其中，绵阳市文化馆组织创作的小品《花谢花开》获得戏剧组一等奖，绵阳市文化馆书法专干龚小膑的《草书条幅》获得书法组一等奖，涪城区文化馆选送的吴映强和杨晓芸的国画《书香门第》、杨丽华的书法作品《草书中堂》和刘政的摄影作品《年轮》获一等奖。舞蹈《祈福》、方晓的篆刻作品和沈佑民的摄影作品《青林口高抬戏》获二等奖。张清万的《行草横幅》、贾宗强的摄影作品《嘉阳小火车》和殷德辉的摄影作品《卤味人生》获三等奖。

论文获全国二等奖

6月，在中国群众文化学会和浙江省文化厅主办的全国综合文化站论坛论文评奖活动中，绵阳市文化馆敬悦的论文《乡镇文化站建设与改革研究》荣获二等奖。

2009 年

绵阳市文化馆被评为"全国文化系统先进集体"

11月24日，国家人力资源和社会保障部、文化部在北京人民大会堂召开全国文化系统先进集体和先进个人表彰大会，绵阳市文化馆被授予"全国文化系统先进集体"称号，绵阳市文化馆馆长温芬参会领奖。

全国文化系统先进集体表彰大会

全国文化系统先进集体奖牌

承办"5·12"周年纪念文艺活动

5月12日,绵阳市文化馆承办的"五月的鲜花"——绵阳市"5·12"抗震救灾周年纪念群众广场文艺活动在五一广场举行。绵阳市文化馆组织创作的歌曲《折翅的山鹰》、舞蹈《感恩的尔玛人》等节目参与了活动。

《感恩的尔玛人》演出照

安县举办首届山歌会

由安县县委宣传部、安县文广新局主办,安县文化馆承办的首届安县山歌会在晓坝镇举行。首届山歌会演唱曲目皆为当地流传的经典山歌或灾后重建过程中劳动人民自创歌曲,内涵丰富,从不同侧面反映当地人民乐观、勤劳、勇敢、坚毅的个性特征,有独唱、齐唱、对唱、小合唱、联唱、说唱等表演形式,极富地方特色。截至2018年,安县山歌会连续举办了6届,成为安县群众文化品牌活动。

安县山歌会演出照1

安县山歌会演出照2

三台县举办梓州大舞台

由三台县委、县政府主办，三台县委宣传部、县文广新局承办，三台县文化馆协办的梓州大舞台在三台县老西街文化馆举行。该活动以弘扬与传承传统文化、传播群众文化为宗旨，展示三台县公共文化服务免费开放艺术成果，年均惠及群众20余万人，已连续举办了10余年。

三台县梓州大舞台演出照 1

三台县梓州大舞台演出照 2

三台县梓州大舞台演出照 3

三台县梓州大舞台演出照4

舞蹈《生命的礼赞》获全国一等奖

由中华医学会骨科学分会主办的国际骨科年会交流演出在北京举行，绵阳市文化馆为绵阳市骨科医院创作的舞蹈《生命的礼赞》（宋雨田编导），代表西南片区参演，荣获一等奖。

舞蹈《生命的礼赞》参加国际骨科年会交流演出

多部文艺作品获全省性、全国性奖项

1月，在文化部民族民间文艺发展中心主办的"和谐中华"全国青少年迎新春电视晚会评奖中，盐亭县文化馆舞蹈专干陈永兵创作的藏族舞蹈《火车开过家门口》获金奖。

11月，在四川省文学艺术界联合会主办的四川省第六届巴蜀文艺奖评选活动中，游仙区文化馆华林创作的国画作品《轮回》获美术作品奖；12月，该作品在中国美术家协会主办的全国中国画作品展中获优秀奖。

在文化部、中国美协主办的纪念"5·12"大地震一周年全国美术作品展览中，涪城区文化馆美术专干张国忠创作的油画《汶川人》获优秀奖。

在四川省文化厅主办的四川省第十二届"中国人寿杯"戏剧小品比赛中，安县文化馆组织创作的小品《欢乐农家》参赛，唐虎获优秀导演奖、编剧奖，沈兴国、石薇获优秀表演奖。

2010 年

极重灾区安县灾后重建馆舍投入使用

5月,辽宁对口援建交钥匙工程重点项目之一安县文化馆(后改名为安州文化馆)建成投入使用,占地面积4000平方米,固定资产817.29万元,灾后重建投入资金885.56万元,拥有各类功能室和艺术培训室15个。

安州文化馆

小品《大年三十》获全国"群星奖"

5月12日,第十五届全国"群星奖"决赛在广州举行,由绵阳市文化馆、安县文化旅游局共同打造的话剧小品《大年三十》获全国"群星奖"作品奖,这是绵阳市文化馆继小品《一个秋天的故事》之后荣获的第二个全国"群星奖"。

小品《大年三十》演出照

奖牌

多部文艺作品获全省性奖项

9月,在四川省文化厅、四川省民族宗教事务委员会主办的四川省第六届少数民族艺术节中,北川羌族自治县文化馆组织创作的歌曲《海誓山盟》(李富胜作词、张黎作曲)获三等奖。

11月,在四川省民族宗教事务委员会、四川省体育局主办的四川省第十三届少数民族体育运动会展演中,北川羌族自治县文化馆的非遗表演《羌族推杆》获二等奖。

在四川省首届中老年舞蹈大赛中,由绵阳市文化馆共建团队——绵阳市老年大学艺术团表演的舞蹈《感恩的尔玛人》获金奖。

《海誓山盟》演出照

参加首届中华经典诵读活动

在绵阳市委、市政府主办的首届中华经典诵读活动中,绵阳市文化馆随绵阳市督导组到县(市、区)检查活动开展情况,并承担了部分节目的编排辅导工作。由绵阳市文化馆创作演出的情景诗歌朗诵《穿越时空的爱恋》代表市直机关工委参赛,获全市总决赛特等奖。

链接:

● 2011年至2018年,中华经典诵读活动每年定期举行,成为绵阳市群众文化品牌活动。

● 2016年12月,绵阳市中华经典诵读活动获四川省十佳文化志愿服务项目表彰。

盐亭县举办嫘祖故里大舞台活动

5月1日,由盐亭县委宣传部、盐亭县文化广播电视和旅游局主办,盐亭县文化馆承办的嫘祖故里大舞台在盐亭县文化广场举行。该活动源于盐亭县百姓大舞台活动,以展示盐亭嫘祖文化元素为宗旨,满足百姓精神文化需求为目的。目前,该活动已连续举办10年,累计演出700余场次。

盐亭县嫘祖故里大舞台演出照

2011年

极重灾区北川县、平武县灾后重建馆舍投入使用

5月,山东省援建的北川羌族自治县文化馆馆舍在北川新县城永昌大道正式建成,占地面积3000平方米,建筑面积3008平方米,土建投资1600万元,设备投资400多万元,馆内拥有可容纳200人的小剧场1个,各种活动功能室10余个。

10月,改建后的平武县文化馆投入使用。该馆在原平武中学综合大楼的基础上经加固维修而成,由河北省投入灾后重建资金1200万元,建筑面积2500平方米,馆内设有多功能演艺厅、艺术展示厅、舞蹈培训室、音乐培训室、美术培训室、书法培训室、棋类培训室、合唱培训室、综合培训室、文学创作室、龙州书画院、非遗展示厅等。

北川羌族自治县文化馆全景

平武县文化馆原办公地点

平武县文化馆新馆

重启绵阳市迎春诗会

2011年春,绵阳市文化馆举办第十届迎春诗会活动,本次活动以"我和春天有个约会"为主题,体裁包括现代诗、古体诗、散文诗等,共收到来自全国各地300余名诗人的作品,参赛者中年龄最小的作者仅8岁。经过专家评委的严格评审,共有76首诗歌获奖,获奖作品结集出版。

第十届迎春诗会(2011)

第十一届迎春诗会(2012)

第十二届迎春诗会(2013)

第十六届迎春诗会（2017）

第十七届迎春诗会（2018）

历届迎春诗会获奖作品集

链接：

● 绵阳市迎春诗会是绵阳市文化馆于1986年发起的一项群众文化活动，在连续举办9届后，于20世纪90年代初停办。自2011年重启至2018年，绵阳市迎春诗会连续举办了8届，成为绵阳极有影响力的群众文化品牌活动，被绵阳市委、市政府列为元旦春节系列文化活动之一。

承办绵阳市第二届中华经典诵读活动

4月29日，绵阳市第二届中华经典全民诵读暨中华经典诵读园开园仪式在绵阳市文化馆举行。在本届中华经典诵读活动中，绵阳市文化馆承担了组织、辅导和演出等工作，共承办了25场擂台赛，先后评选出40个周冠军、48个周亚军、32个周季军。由绵阳市文化馆打造的节目《春之畅想》代表绵阳市文化新闻出版局晋级总决赛，获家庭组冠军，绵阳市文化馆被绵阳市中华经典诵读组委会授予特等组织奖。

绵阳市第二届中华经典全民诵读启动仪式

绵阳市第二届中华经典诵读大赛颁奖晚会

参加第三届中国成都国际非物质文化遗产节

5月，第三届中国成都国际非物质文化遗产节举行，绵阳市文化馆打造了特色鲜明的绵阳展览馆，举行了"精彩纷呈绵州情"主题日文艺演出活动，与四川音乐学院绵阳艺术学院联合打造的羌族舞蹈《北川羌韵》获本次活动"太阳神鸟"金奖，绵阳市文化馆被组委会评为组织工作一等奖。

链接：

● 2012年6月29日，根据中共绵阳市委机构编制委员会《关于设立绵阳市非物质文化遗产保护中心的批复》（绵编发〔2012〕135号）文件，绵阳市非物质文化遗产保护中心成立，为绵阳市文化广播影视新闻出版局管理的事业单位。同年，绵阳市文化馆将非遗相关工作移交绵阳市非物质文化遗产保护中心。

参加四川首届残疾人文化艺术节

5月,四川省首届残疾人文化艺术节在绵阳举行,绵阳市文化馆参加了"感恩奋进·绽放生命"开幕式大型文艺演出。由绵阳市文化馆编排、指导的参赛节目,共获得2个一等奖、5个二等奖和6个三等奖,总名次居全省第一。

四川省首届残疾人文化艺术节

梓潼县举办首届海峡两岸文昌文化交流活动

经国台办批准,由四川省台办和绵阳市人民政府主办,绵阳市台办、梓潼县人民政府承办的首届海峡两岸文昌文化交流活动在梓潼县举办。梓潼县文化馆承担了"文昌出巡"等非遗展演活动的策划、编排和现场组织工作。

链接:

● 2016年至2018年,该活动连续举办了三届,活动期间举行了七曲山大庙开庙仪式、海峡两岸文昌祭祀大典、海峡两岸文昌文化交流研讨会、国家级非遗项目文昌洞经古乐演奏会、非物质文化遗产展演、"文昌杯"华语诗歌大赛等多项文化活动。

海峡两岸交流活动之文昌祭祀大典

梓潼县非遗展演

"文昌杯"华语诗歌大赛颁奖晚会

电影《刀见笑》公映

3月17日,由安县文化馆文学专干何长安(笔名:安昌河)的短篇小说《菜刀传奇》改编的电影《刀见笑》在全国公映。该电影由中国电影集团公司发行,乌尔善任导演,张雨绮、安藤政信、游本昌等领衔主演。

新农村文艺专刊《蒲公英》创刊

4月,新农村文艺专刊《蒲公英》创刊,该刊由绵阳市文化新闻出版局主管、绵阳市文化馆主办,为绵阳市广大基层群众服务,开设诗歌、小说、散文、音乐、舞蹈、美术、书法、摄影、戏剧等栏目。

链接:

● 至2018年12月,《蒲公英》共编印14期。

《蒲公英》期刊

摄影作品《大北川剧照》在中国军事博物馆展出

8月,由中宣部、国家发改委、四川省委、甘肃省委、山西省委联合举办的汶川地震灾后恢复重建大型图片展在中国军事博物馆举行,绵阳市文化馆宋雨田的摄影作品《大北川剧照》入展。

《大北川剧照》

音乐作品《当今中国》获两项全国性奖项

在中国大众音乐协会、当代音乐艺术院、中国音乐文化促进会主办的庆祝中国共产党成立九十周年"唱支颂歌给党听"全国原创音乐征评活动中,绵阳市文化馆选送的歌曲《当今中国》(李官明作词、倪朝晖作曲)获三等奖。该作品同时获中国少数民族音乐学会主办的"感动中国"全国第六届新创词曲大赛二等奖。

少儿合唱团在第四届中国少年儿童合唱节中获奖

1月，由文化部、海南省政府主办的第四届中国少年儿童合唱节在海南省海口市举办，绵阳市文化馆少儿合唱团演唱的原创作品《祝福世界》（瞿琮作词、倪朝晖作曲）入围决赛，获本届活动"小黄鹂杯"奖。

链接：

● 2008年，绵阳市文化馆组建绵阳市少儿合唱团，这是绵阳市第一支以公益性为特色的少儿合唱团。45名具有声乐潜质的少年儿童为首批合唱团成员，成员中年龄最大的11岁，最小的只有6岁。少儿合唱团系绵阳市文化馆馆办团队，绵阳市文化馆音乐专干何亚君任团长，音乐专干倪朝晖任艺术指导，李艺任指挥。该团主要组织绵阳市中小学生开展公益性、普及性合唱教学和展演，多次参加省、市级大型文艺演出。

● 2010年，绵阳市文化馆少儿合唱团原创音乐童话剧《春天的家园》参加绵阳市春节联欢晚会。

《春天的家园》演出照

荣获第十届"山花奖"

4月，在中国文联、中国民间文艺家协会主办的首届中国原生态民歌盛典暨中国民间文艺第十届"山花奖"民族民间音乐类评选活动中，北川羌族自治县文化馆羌族酒歌《尔玛西惹木》获展演金奖，江油市文化馆非遗项目汉族民歌《薅秧歌》、北川羌族自治县文化馆羌族民歌《玛之》获展演银奖。

北川县获"中国民间文化艺术之乡"称号

11月，北川羌族自治县获文化部授予的"2011—2013中国民间文化艺术之乡"称号。

链接：

2007年7月，北川羌族自治县被中国民间文艺家协会命名为"中国大禹文化之乡"。

2018年7月，北川羌族自治县获四川省文化厅授予的"2018—2020四川省民间文化艺术之乡（大禹文化之乡）"称号。

2014年12月，北川羌族自治县获文化部授予的"2014—2016中国民间文化艺术之乡"称号。

2012年

绵阳市委书记罗强调研群众文化工作

8月7日,绵阳市委书记罗强到绵阳市文化馆文艺培训中心调研群众文化工作。

绵阳市委书记罗强调研群众文化工作

极重灾区江油市灾后重建馆舍投入使用

10月28日,河南省援建的江油大剧院投入使用。新建的江油大剧院是集江油市文化馆、中坝剧场、川剧团、电影院、非物质文化遗产展览馆、民俗文化展览馆、艺术培训基地为一体的综合性群众文化艺术中心,由江油市文化馆统一管理使用。江油大剧院占地面积17110平方米,建筑面积17934平方米,含剧场、多功能厅、川剧厅、电影厅、室外文化广场、非物质文化遗产陈列展示厅、排练厅、阅览室、展览室、陈列室、艺术培训中心教室等。

链接:

● 2012年9月,绵阳2012旅游发展大会暨首届感恩文化节在北川新县城体育中心拉开帷幕。同时,由绵阳市委、市政府和四川省社科院共同主办的"2012中国·北川感恩文化论坛"在北川隆重举行。

● 2013年5月,由绵阳市委、市政府主办,绵阳市委宣传部、市文广新局等单位承办的绵阳市第二届感恩文化节在安县拉开帷幕。

● 2014年5月,绵阳市第三届感恩文化节在江油启动。来自河南、河北、山东、辽宁的援建工作者代表与江油、北川、安县、平武的群众代表一起,重温难忘的援建岁月,共同见证绵阳感恩奋进、振兴发展的辉煌成就。

● 2015年5月,由绵阳市委、市政府主办,绵阳市委宣传部和平武县委、县政府承办的绵阳市第四届感恩文化节在平武举行。来自河北、河南、山东、辽宁的援建代表们汇聚平武,一起重温援建情,感受新变化。

● 2016年5月,由绵阳市委、市政府主办的绵阳市第五届感恩文化节在绵阳市铁牛广场正式启动。绵阳市四大班子领导，来自山东、河北、辽宁、河南等地的援建代表和市民代表近5000人参加启动仪式。

江油大剧院

《人民日报》头版刊载《温芬的期盼》

10月23日，《人民日报》头版刊载了《深化走转改 喜迎十八大》党代会前表心愿系列报道《温芬的期盼》。该报道反映了绵阳市群众文化活动的新貌，道出了基层文化工作者的心声。

《人民日报》头版刊载《温芬的期盼》

绵阳市文化馆志愿服务大队成立

2月,绵阳市文化馆志愿服务大队成立。大队在全市范围内招募文化志愿者,为其注册登记,建立电子档案,制定管理办法,对文化志愿者进行规范化管理。

链接:
● 2016年,绵阳市文化馆志愿服务大队被绵阳市精神文明委、绵阳市志愿者服务总队评为2015年度优秀志愿服务组织。

绵阳市文化志愿者服务启动仪式

参加喜迎(庆)党的十八大系列活动

10月25日,由绵阳市委、市政府主办的"高举旗帜跟党走"绵阳市喜迎(庆)党的十八大系列活动在铁牛广场启动。绵阳市文化馆组织承办了歌舞专场、戏剧专场、小戏小品专场、民乐专场、广场舞展演、专场音乐会共计6场主题演出活动。

喜迎(庆)党的十八大系列活动——群众歌咏晚会

喜迎（庆）党的十八大系列活动——歌舞专场

喜迎（庆）党的十八大系列活动——戏剧专场

喜迎（庆）党的十八大系列活动——广场舞展演

少儿清音《成都是个好地方》获奖

6月9日,由四川省委宣传部、四川省文联主办,四川省曲协承办的"花开的声音"第五届全国少儿曲艺大赛四川赛区选拔赛暨首届四川省少儿曲艺大赛展演在成都举行,绵阳市文化馆曲艺队表演的少儿清音《成都是个好地方》获一等奖,绵阳市文化馆获优秀组织奖,刘清明获园丁奖。该节目代表四川省参加了第五届全国少儿曲艺大赛。

链接:

● 2013年7月,在第六届全国少儿曲艺大赛四川赛区选拔赛暨第二届四川省少儿曲艺大赛中,绵阳市文化馆曲艺队表演的少儿清音《放风筝》获二等奖,绵阳市文化馆获优秀组织奖。

● 2015年7月,在第七届全国少儿曲艺大赛四川赛区选拔赛暨第三届四川省少儿曲艺大赛中,绵阳市文化馆曲艺队表演的少儿清音《江姐上华蓥》(选段)获一等奖。

● 2017年8月25日至27日,在第八届全国优秀少儿曲艺节目展演四川赛区选拔赛暨第四届四川省少儿曲艺大赛中,绵阳市文化馆曲艺队表演的少儿清音《峨眉茶》获一等奖。

绵阳市文化馆曲艺队演出照

两件作品在全国新农村文艺展演活动中获奖

9月,由中国群众文化学会、四川省文化厅、达州市委、达州市政府主办的第二届全国新农村文化艺术展演活动在达州市举行。绵阳市文化馆创作编排、绵阳市老年大学艺术团表演的羌族舞蹈《北川绣娘》获"金土地奖"最佳演出奖。在本次活动论文评选中,绵阳市文化馆文学专干唐瑞兵(笔名:白鹤林)的论文《当好群众文化的策划人——从民营剧团的发展思考新农村文化建设》获优秀奖。

链接:

● 2015年,舞蹈《北川绣娘》获四川省"金秋乐"中老年舞蹈大赛金奖。

《北川绣娘》演出照

男声合唱团在嘉陵江合唱节获奖

10月16日,第三届中国嘉陵江合唱节在南充市举办,绵阳市文化馆男声合唱团获合唱节铜奖。

链接:

● 2014年,绵阳市文化馆男声合唱团参加第四届中国嘉陵江合唱节,再次获得铜奖。

平武县获四川省首届传统民歌大赛优秀奖

在四川省委宣传部、四川省文学艺术界联合会、四川省文化厅联合主办,四川省民间文艺家协会、四川省非遗保护中心、中共泸州市纳溪区委、泸州市纳溪区人民政府共同承办的"唱响山歌"——四川首届传统民歌大赛中,平武县选送的白马原生态山歌(演唱:王勇、白伦早等)获得优秀奖。

两件美术、书法作品获全国性奖项

在文化部主办的全国"群星璀璨"美术、书法、摄影作品展中,由绵阳市文化馆组织选送的绵阳市文联龚小腆的书法作品获银奖,游仙区文化馆美术专干华林的中国画《天地吉祥》获铜奖。

中国画《天地吉祥》

"绵州群文"丛书项目启动

由绵阳市文化馆、绵阳市群众文化学会推出的"绵州群文"丛书之《萧赛、王展电影戏剧作品辑》刊印,标志着"绵州群文"丛书项目正式启动。

链接:

● 至2018年,"绵州群文"丛书之《川剧第二码头——绵阳天青苑川剧团》《放飞梦想 幸福童年——第四届中国诗歌节绵阳少儿作品选》《窝托泉——文化志愿者张仁诚文选》等相继出版。

"绵州群文"丛书

2013年

小品《两个人的车站》获全国"群星奖"

10月,在第十届中国艺术节"群星奖"戏剧门类作品比赛中,由绵阳市文化馆、安县文广新旅局、安县文化馆联合打造的话剧小品《两个人的车站》荣获"群星奖"。该作品是本届艺术节中四川省唯一获此殊荣的戏剧小品类节目,也是绵阳市文化馆继《一个秋天的故事》《大年三十》之后第三次荣获国家级政府奖。同时,《两个人的车站》在四川省第十四届戏剧小品(小戏)比赛中,一举获得最佳剧目奖、最佳导演奖、最佳编剧奖、最佳演员奖。

小品《两个人的车站》演出照

第一届中国艺术节"群星奖"奖牌

天青苑川剧团获全国表彰

11月，由中宣部办公厅、文化部办公厅及新闻出版广电总局办公厅组织的第五届"全国服务农民、服务基层文化建设先进集体"表彰会在北京举行，绵阳市文化馆馆联团队——绵阳市天青苑川剧团荣获"双服务"先进集体荣誉。

链接：

● 2006年6月10日，天青苑川剧团建立，全团共有演职人员45人，周永秀任团长，周祥新任业务团长。该团租用绵阳市涪城区铁牛街10号1500平方米铁牛社区用地，拥有剧场及经营用房建筑面积1000平方米。剧团年平均演出420场，进社区、进学校、送文艺下乡演出约100场。有可供演出的大戏剧目1700余个、折子戏600余个，其中保留剧目100余个。

● 2009年，天青苑川剧团获四川省首届服务农民、服务基层文化建设"先进民营文艺表演团体"称号。

● 2010年10月，现代川剧《他与羌山同在》在绵阳首演，该剧取材于山东省援建工作先进典型人物崔学选的事迹，由天青苑川剧团打造。

● 2012年，中国非物质文化遗产研究院授予天青苑川剧团"中国非物质文化遗产教育传承基地"称号。同年，该团受中国音乐学院邀请，赴中国音乐学院传习川剧打击乐。

● 2013年，在中国四大名楼之一的越王楼重建开楼仪式上，绵阳市文化馆和天青苑川剧团共同打造的原创大型新编历史川剧《越王楼》首演。

● 2015年，天青苑川剧团参加中央电视台戏剧频道《一鸣惊人》栏目，获最佳组织奖、最佳原创奖、最佳团队银奖。

天青苑川剧团参加央视春节戏曲晚会节目录制（2018）

《光明日报》头版报道绵阳市天青苑川剧团（2012）

首届"百馆联动"活动举行

9月9日至12日,"蜀道牵手·群文出彩"2013川陕甘公共文化服务区域协作"百馆联动"活动在广元市举行。此项活动旨在加强毗邻地区公共文化服务区域协作,由陕西省汉中市、甘肃省陇南市及四川省广元市、绵阳市、广安市、南充市、巴中市、遂宁市三省八市共同发起,各省市轮流举办,每年一届,内容包括文艺巡演、书画摄影联展、高端文化论坛、"群文之星"联评及文艺采风等活动。

链接:

● 2014年9月17日至21日,"情系嘉陵江·共筑中国梦"川陕甘渝"百馆联动"活动在南充市举行。

● 2015年5月25日至30日,川陕甘渝晋公共文化服务区域协作"百馆联动"活动在陕西省汉中市举行。

● 2016年8月18日至21日,"美丽陇南 魅力无限"第四届川陕甘渝"百馆联动"活动在甘肃省陇南市武都区举行。

● 2017年10月16日至18日,第五届巴人文化艺术节暨川陕甘渝黔"百馆联动"活动在巴中市举行。

● 2018年9月27日至29日,"群文荟德阳"第六届川陕甘渝黔晋蒙"百馆联动"活动在德阳市举行。

盐亭县举办群众文化艺术节

9月5日,由盐亭县委、盐亭县政府主办,盐亭县委宣传部、盐亭县文化广播电视和旅游局承办的盐亭县群众文化艺术节顺利举行。该活动内容包括综艺节目演出,舞蹈、声乐、器乐、美术、书法、摄影比赛等。目前,该活动已经成功举办了4届。

盐亭县群众文化艺术节演出照

承办四川省民营剧团发展学术研讨会

11月,由四川省艺术研究院、四川省川剧理论研究会主办,绵阳市文化馆承办的川剧保护与扶持暨民营剧团发展学术研讨会在绵阳市召开。来自四川、重庆、贵州等地的专家学者、剧团从业人员等120人参会,中国剧协副主席沈铁梅、绵阳市人大教科文卫副主任苈淑梅等中国戏剧"梅花奖"得主登台表演。

四川省民营剧团发展学术研讨会

沈铁梅与蒋淑梅联袂演出

"羌山音画"主题音乐会四川省巡演圆满举行

12月24日，绵阳市文化馆与西南科技大学文学与艺术学院共建团队爱攀萨克斯管重奏团"羌山音画"主题音乐会四川省巡演最后一场演出在北川影剧院奏响。此次四川省巡演活动由绵阳市文化广播影视新闻出版局、西南科技大学联合主办，绵阳市文化馆与西南科技大学校团委、西南科技大学文学与艺术学院、绵阳市音乐家协会共同承办。在历时4个多月的巡演中，爱攀萨克斯管重奏团分别在绵阳中学实验学校、南充职业技术学院、四川文理学院、四川师范大学、中国工程物理研究院、西南科技大学和北川羌族自治县举行了7场音乐会，观众总人数达8千余人，是绵阳市校地共建团队组织的首次大规模全省巡演。

链接：
● 爱攀萨克斯管重奏团成立于2008年9月，为绵阳市文化馆、西南科技大学文学与艺术学院共建团队，西南科技大学文学与艺术学院音乐系系主任吴元会副教授任团长。该团自成立以来先后参加了绵阳市、四川省以及全国性演出上百场，曾先后获得四川省第七届、第八届大学生艺术节总决赛器乐类专业组三等奖，2013年首届成都雅马哈萨克斯管四重奏邀请赛专业组优秀奖，2014年中韩国际艺术节最佳演奏奖等奖项；先后被《中国青年报》《四川日报》《绵阳日报》《绵阳晚报》等媒体报道。

倪朝晖音乐作品获全国性奖项

4月，在中国少数民族音乐学会主办的第七届全国新创词曲选拔活动中，绵阳市文化馆选送的歌曲《走向太阳》（石启荣作词，倪朝晖作曲）获创作一等奖。

6月，在中国儿童音乐学会主办的"儿歌爷爷杯"全国首届少儿歌曲大赛中，绵阳市文化馆选送的歌曲《祝福世界》（瞿琮作词，倪朝晖作曲）获创作二等奖。

原创音乐作品受邀赴台交流并获奖

6月，由台北爱乐文教基金会主办的"艺述中国"第三届"合·和"文化两岸音乐节在台湾新北市政府多功能集会堂举行，由绵阳市文化馆选送的原创器乐作品《羌寨素描》（倪朝晖作曲，吴元会、张仲禹等演奏）、《越王楼歌》（倪朝晖作曲，刘萍、康薇嘉演奏）获最佳创作奖、表演金奖，绵阳市文化馆获优秀组织奖。

参加首届四川省民歌大赛获银奖

9月，在四川省文化馆、四川省群众文化学会、四川省音协主办的"放飞梦想·石海之约"首届四川省民歌大赛中，北川羌族自治县文化馆选送的作品羌族民歌《阿斯达呀》获银奖。

《阿斯达呀》演出照

《车行途中》封面

白鹤林、灵鹫获鲁藜诗歌奖

在《中国文化报》社、天津市文化广播影视局等单位主办的第二十二届"东丽杯"全国鲁藜诗歌奖评选中,绵阳市文化馆唐瑞兵(笔名:白鹤林)的诗集《车行途中》获诗集类一等奖,系本次活动中四川省唯一获得一等奖的作品。绵阳市文化馆阳艳(笔名:灵鹫)的诗歌《灵鹫的诗》获全国鲁藜诗歌奖单篇类三等奖。

三台县举行农村文艺调演活动

由三台县委、县政府主办,三台县委宣传部、县文广新局承办,三台县文化馆、县电视台协办的三台县第一届农村文艺调演顺利举行。全县62个乡镇选送节目参演,包含歌曲、舞蹈、戏曲、小品等多种形式。该活动每两年举行一届,截至2018年已举行了3届,每届惠及群众40余万人次。

三台县农村文艺调演演出照

三台县举办"舞动梓州 美丽三台"广场舞大赛

7月,由三台县委、县政府主办,三台县委宣传部、县文广新局承办,三台县文化馆协办的"舞动梓州 美丽三台"三台县第一届广场舞大赛在县人民政府广场举行。比赛历时3个多月,分初赛、复赛、决赛,每场比赛都有近千人参加。2014年,第二届广场舞大赛举行。此后,该赛每两年举办一届,截至2018年已成功举办4届。

县(市、区)馆多部文艺作品获全省性、全国性及国际性奖项

9月,在四川省文化厅主办的"舞动民族魂 唱响中国梦"四川省首届群众广场舞大赛中,江油市文化馆选送的舞蹈《行云流水》(肖林编导)获三等奖。

11月,在四川省舞蹈家协会、四川省舞蹈艺术协会主办的四川省第五届金秋乐舞蹈大赛中,江油市文化馆选送的舞蹈《踏春》(肖林、张萧萧编导)获表演金奖。

11月,在四川省社科院、原成都军区政治部主办的"长征杯"暨纪念毛泽东诞辰120周年书画展中,梓潼县文化馆美术专干罗智婉的书法作品获一等奖。

在法国国家艺术行业联合会主办的第十九届法国国际非物质文化遗产博览会中,平武县文化馆选送的谢成飞的《白马风情》系列剪纸(共5幅)获金奖。在由世界艺术家联合总会、中国文化艺术研究交流中心、世界华人艺术家协会等主办的美国纽约国际艺术博览会中,谢成飞的剪纸《百福百寿图》《龙》获金奖。

白鹤林入选首届四川十大优秀青年诗人

3月19日,由四川省作家协会主办的四川省首届十大优秀青年诗人评选活动在中国罗江诗歌节揭晓,绵阳市文化馆文化专干唐瑞兵(笔名:白鹤林)入选。

白鹤林荣获"首届四川十大优秀青年诗人"称号

2014 年

举办绵阳市首届戏曲演员大赛

4月22日至24日,由绵阳市文化馆、绵阳市戏剧曲艺杂技家协会、涪城区文化馆主办的绵阳市首届戏曲演员大赛在天青苑川剧团举行,来自绵阳市的近80位戏曲爱好者和戏曲演员参加了复赛和决赛。绵阳市委宣传部常务副部长胡科,市文联党组书记、副主席马培松,市文广新局副局长李大勇、喻海燕,市文联党组成员、副主席杨荣宏等领导出席决赛及颁奖仪式。

绵阳市首届戏曲演员大赛颁奖仪式

"梅花奖"得主蒋淑梅登台演出

参与中国诗歌节策划、组织、演出等工作

7月16日至19日，第四届中国诗歌节在绵阳举行，绵阳市文化馆参与了启动仪式、诗歌广场朗诵会、诗歌专场演出等文化活动的策划、组织和演出工作。

同时，绵阳市文化馆策划、制作了《放飞梦想 幸福童年》第四届中国诗歌节绵阳少儿原创歌曲MV专辑，作为诗歌节指定礼品赠予参会领导、专家和嘉宾。该专辑面向全社会征集歌词并择优选用，专辑收录的歌曲均由绵阳市音乐家协会组织全市重点作者谱曲，由全市中小学推荐优秀学生歌手演唱。

第四届中国诗歌节启动仪式群众文化展演活动

首届"幸福中国梦·社区大舞台"成功举办

8月28日晚，由绵阳市委宣传部、绵阳市文广新局、绵阳市精神文明办主办，绵阳市文化馆承办的首届"幸福中国梦·社区大舞台"群众合唱、舞蹈大赛在铁牛广场拉开帷幕。该活动系2014年绵阳市文化惠民活动之一，参赛队伍共计400余支，参演人数达8000余人，活动深入绵阳市各县、乡（街道）、村（社区），观众达数十万人。

"幸福中国梦·社区大舞台"演出照

绵阳市首届社区文化节举行

12月27日晚,绵阳市首届社区文化节文艺展演颁奖晚会在绵州大剧院举行,绵阳市委副书记张锦明,绵阳市委常委、宣传部部长张学民,副市长赵琪,市政协副主席艾尚林等领导观看晚会并为获奖节目颁奖。本次社区文化节自11月启动,由绵阳市委宣传部、绵阳市文广新局、绵阳市民政局主办,各县、市、区(园区)、科学城办事处和绵阳市文化馆协办,绵阳市文化馆负责本次活动的文艺展演及颁奖晚会的策划组织工作,各县、市、区(园区)选送的26个优秀节目参加了展演。

绵阳市首届社区文化节演出照

平武县首届民族广场舞大赛举行

由平武县委宣传部、县文广旅局主办,县文化馆参与承办的首届民族广场舞大赛在报恩寺广场圆满举行。截至2018年,该活动已连续举办5届。

平武县民族广场舞大赛(2018)

央视《乡村大世界》节目走进平武

3月，央视第七频道《乡村大世界——走进平武》在平武县南坝镇连心广场录制。本次活动由平武县人民政府主办，县文化馆组织节目排演。

《乡村大世界——走进平武》通过娱乐化的艺术形式，全方位地介绍了平武的民俗风情、生态旅游、特色美食、农业产业以及民间奇人、绝活绝技，展现了平武生态、低碳、绿色的新形象，展示了平武人民勤劳热情、积极向上的精神风貌。

央视《乡村大世界》节目在平武录制1

央视《乡村大世界》节目在平武录制2

倪朝晖音乐作品获两项国际性大奖

2月，由亚洲国际音乐联盟、世界华人音乐家协会、中国国际华人艺术家协会主办的2014亚洲国际音乐节在香港举行，绵阳市文化馆倪朝晖创作的室内乐《水墨写意——江上泛舟》荣获音乐节器乐作品征评作曲金奖。

7月，在韩国全罗北道省政府、韩国艺总全北联合会主办的庆祝中韩建交22周年暨中韩国际艺术节中，绵阳市文化馆倪朝晖创作的室内乐《羌寨素描》获最佳创作奖。

链接：

● 倪朝晖：四川绵阳人，上海音乐学院硕士，中国音乐家协会会员，中国录音师协会会员，四川省政府专家库评审专家，四川音乐学院硕士生导师，西南科技大学、四川文化艺术学院客座教授，四川省群众文化学会理事，绵阳市群众文化学会副会长，绵阳市文化馆创研部主任。先后承担新编历史川剧《越王楼》、大型舞台版清唱剧《欧阳修》、18集大型电视纪录片《走过的路》等大型剧目及第四届全国农运会、第四届中国诗歌节、中央电视台"激情广场"、首届李白诗歌奖等大型活动的音乐创作及制作，个人音乐作品先后获文化部、国家广电总局、中国文联、中国音协等单位主办的全国性文艺创作征评活动及多项国际性文艺创作征评活动大奖，先后获全国校园歌曲优秀曲作家（中国音乐家音像出版社颁发）、四川省戏剧创作优秀工作者（四川省文化厅颁发）、绵阳市文化艺术专业领军人才（绵阳市人才工作领导小组颁发）等称号表彰。

倪朝晖音乐作品《水墨写意——江上泛舟》

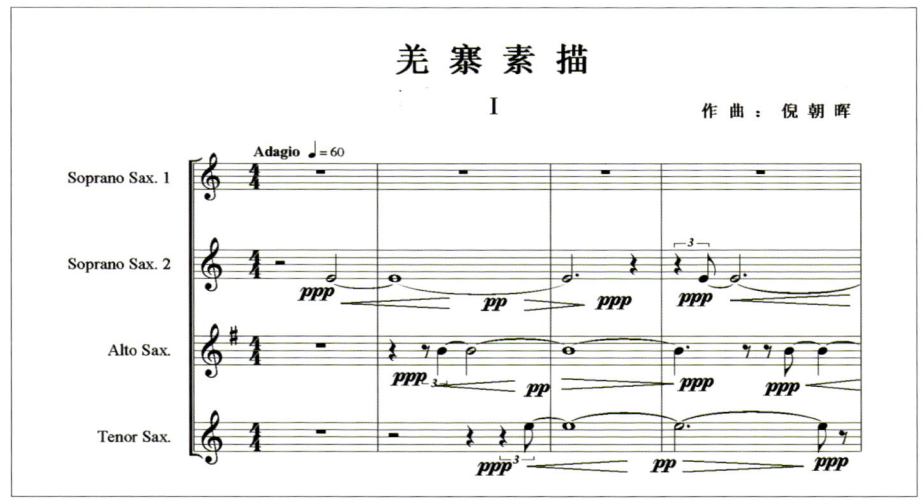

倪朝晖音乐作品《羌寨素描》

羌族民歌《尼莎》获西南民歌邀请赛铜奖

8月，在四川省文化馆、重庆市群众艺术馆、云南省文化馆等主办的"天籁之音·石海之约"西南民歌邀请赛中，北川羌族自治县文化馆选送的作品羌族民歌《尼莎》获铜奖。

5件作品在四川省首届农民艺术节暨民间艺术节获奖

10月11日,由四川省委宣传部、四川省委农工委、四川省文化厅共同主办的四川省首届农民艺术节暨民间艺术节在达州举行,绵阳市文化馆、安县文广新局、安县文化馆共同打造的小品《石榴树下》、三台县文化馆创作的舞蹈《武·悟》获得一等奖,绵阳市文化馆、绵阳市非遗中心打造的舞蹈《白马响铃舞》、平武县文化馆选送的歌曲《美在白马》获得二等奖,绵阳市文化馆选送的方言诗朗诵《孕妇》获得三等奖。

舞蹈《武·悟》演出照

两件作品在省少数民族艺术节获奖

在第七届四川省少数民族艺术节中,绵阳市文化馆选送的舞蹈《白马响铃舞》(吴波编导,绵阳市老年大学艺术团表演)获创作一等奖,北川羌族自治县文化馆徐正斌的摄影作品《口弦姑娘》获三等奖。

舞蹈《白马响铃舞》演出照

言子获"东丽杯"短篇小说优秀奖

在天津市东丽区人民政府主办的第二十三届"东丽杯"全国梁斌小说奖评奖中,绵阳市文化馆组织报送的向燕(笔名:言子)的短篇小说《挽歌》获短篇小说类优秀奖。

话剧《咱们的牛校长》获省"五个一工程"奖

在四川省委宣传部主办的四川省第十三届精神文明建设"五个一工程"奖评选活动中，由安县文广新局副局长唐虎编导、安县文化馆排演的话剧《咱们的牛校长》获"五个一工程"奖。

舞蹈《又见萨朗女》获四川省中老年舞蹈比赛金奖

在四川省舞蹈家协会主办的第六届四川省中老年舞蹈比赛中，安县文化馆选送的舞蹈《又见萨朗女》（吴波、石薇编导）获金奖。

2015年

绵阳市文化馆被授予"第一批绵阳市文化艺术专业领军团队"荣誉称号

在第一批绵阳市文化艺术专业领军人才（团队）评选工作中，经绵阳市人才工作领导小组组织评审，绵阳市文化馆被授予"绵阳市第一批文化艺术专业领军团队"荣誉称号。

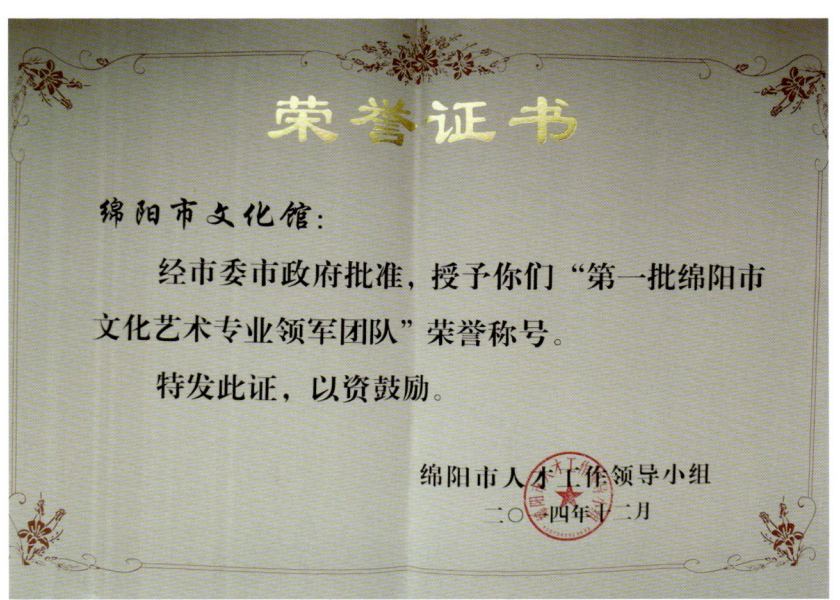

第一批绵阳市文化艺术专业领军团队荣誉证书

曹文龙被评为全国"艺德标兵"

12月，在中国教科文卫体工会全国委员会组织开展的全国职工职业道德建设（艺德标兵）评选表彰活动中，绵阳市文化馆副馆长曹文龙被评为全国"艺德标兵"。此次评选活动中，全国共有73名"艺德标兵"受到表彰，其中有10名被评为"艺德楷模"。

精准扶贫工作成效显著

2015年年底，绵阳市文化馆在三台县潼川镇解放村的精准扶贫工作启动，全馆职工积极参与，为两户帮扶家庭捐款捐物，修缮危房，制订脱贫计划，与解放村党支部共商文化扶贫及解放村新风建设，设计村文化广场舞台背景，谋划村文艺团队建设等，全面推进各项精准扶贫工作。截至

2017年年底，绵阳市文化馆的两户对口帮扶家庭人均年收入均超过3600元，成功脱贫。

为两户对口帮扶家庭修缮危房（2016）1

为两户对口帮扶家庭修缮危房（2016）2

为解放村统规统建房开展外墙面美化工作（2017）

为解放村村民进行广场舞培训（2017）

重阳节慰问帮扶家庭（2018）

送文化下乡活动（2018）

"三阳开泰"群文艺术展演启动

1月29日,德阳、绵阳、资阳三市文化馆联合承办的"三阳开泰"群文艺术展演在德阳市文化馆拉开帷幕。2月5日,三市群文艺术展演,三市美术、书法作品联展及交流笔会在绵阳举行。

"三阳开泰"群文艺术展演演出照

举办首届社区春节联欢会

2月7日下午,由绵阳市委宣传部、绵阳市文广新局、绵阳市民政局主办,绵阳市文化馆、绵阳市高新区普明街道办事处、绵阳市高新区火炬东街社区承办,绵阳市商业银行高新技术开发区支行协办的"邻里情·欢乐年"首届社区春节联欢会在绵阳市文化馆圆满举行。至2018年年底,绵阳市社区春节联欢会连续举办了四届。

绵阳市首届社区春节联欢会(2015)

绵阳市第三届社区春节联欢会（2017）

"四川·平武绿茶文化节"举行

3月，"四川·平武绿茶文化节"在平武县豆叩镇隆重开幕。绵阳市委常委、宣传部部长张学民以及绵阳市、平武县等相关部门领导出席开幕仪式。平武县文化馆组织了本次活动的文艺演出，来自四面八方的游客齐聚豆叩镇，体验了一场以茶为主的饕餮盛宴。

平武为"贡茶之乡"，茶树种植历史悠久，平武绿茶以其优异品质闻名遐迩。截至2017年，"四川·平武绿茶文化节"已连续举办4届。

"四川·平武绿茶文化节"活动现场（2015）

古筝音乐剧《越人歌》首演

5月26日晚，由绵阳市文化馆共建团队文采筝乐团、绵阳市艺术学校联合打造的大型古筝音乐剧《越人歌》在绵州大剧院成功首演。该剧由绵阳市著名作家吴因易担任文学顾问，绵阳市文化馆馆长温芬担任总策划，青年编剧苏东峰担任编剧、导演，作曲家倪朝晖任音乐总监兼作曲，胡皓鑫、黄幻叶担任主演，文采担任古筝领奏和独奏。

古筝音乐剧《越人歌》演出剧照

古典舞专场"锦瑟·忆流年"圆满演出

5月27日晚,绵阳市惠民演出季系列演出——雷健古典舞教学成果展示专场"锦瑟·忆流年"在绵州大剧院圆满演出,此次演出由绵阳市委宣传部、绵阳市文化广电新闻出版局联合主办,绵阳市文化馆承办,来自雷健各教学班的200余名学员参演。该演出以中国女性服饰变迁为主线,通过古典舞的演绎,展示了上至先秦、下至民国不同时代的女性风采,由绵阳市文化馆文艺培训中心骨干教师雷健担任策划及舞蹈编导。

古典舞专场"锦瑟·忆流年"演出照1

古典舞专场"锦瑟·忆流年"演出照2

承办科技城合唱邀请赛

6月29日至7月1日，由绵阳市委、市政府主办，绵阳市文化馆参与承办的中国科技城合唱邀请赛在绵州大剧院圆满举行，来自全国的16支参赛队伍同台竞技，绵阳市爱乐合唱团、绵阳师范学院"梦之声"合唱团、三台梓州合唱团等5支合唱团参加了比赛，推动了绵阳市群众文化的进一步发展和繁荣。比赛期间，组委会还在铁牛广场举办了惠民展演活动，让群众成为文化活动的主体。

举办中国唱法绵阳片区选拔赛暨中秋歌会

9月，第三届中国唱法绵阳片区选拔赛暨中秋歌会在越王楼广场举行，绵阳市文化馆参与本次活动的组织和节目推荐工作，46名歌手报名参赛，共评选出8名歌手参加全国比赛，获得4个金奖。

国内首部算法作曲与MAX/MSP研究领域专著出版

9月，国内首部算法作曲与MAX/MSP研究领域专著《算法作曲理论与实践》由国家一级出版社西南师范大学出版社出版，该书由绵阳市文化馆音乐专干倪朝晖独立撰写，被选定为四川音乐学院研究生教材，获绵阳市社科联第十五次社会科学评奖优秀成果奖。

《算法作曲理论与实践》

多部文艺作品获全省性、全国性、国际性奖项

7月，在四川省文学艺术界联合会和四川省美术家协会主办的"大山大水·大美四川美术创作工程"评选活动中，游仙区文化馆华林的中国画作品《东山顶上》获优秀作品奖。

8月，在中国大众音乐协会主办的"放飞中国梦"全国大型音乐展演评选活动中，绵阳市文化馆选送的歌曲《梦腾飞的地方》（刘峰、刘世平作词，倪朝晖作曲）获作曲金奖。

8月24日至26日，在四川省文化馆、四川省音乐家协会、宜宾市文广新局主办的四川省第二届天籁之音石海之约民歌大赛中，江油市文化馆选送的《重华美》获得三等奖，《花腰带》和《喜欢江油你就来》获优秀奖。

10月，在《中国文化报》社、天津市文化广播影视局、天津市东丽区人民政府主办的第二十四届"东丽杯"全国孙犁散文奖评奖中，绵阳市文化馆选送的散文《热电厂：关于夜的涅槃》（作者：阳艳，笔名：灵鹫）获得单篇类二等奖。

10月，在四川省委宣传部、四川省文化厅主办的首届四川艺术节暨第十五届戏剧小品（小戏）比赛中，江油市文化馆文在军、任本秋创作的川剧小品《看》获剧目奖、编剧奖。

10月，在中华诗词研习会、中国诗词创作院、《诗词家》杂志社主办的"美丽中国"首届全国旅游诗词大赛中，梓潼县文化馆罗智婉的诗歌《游七曲山大庙》获二等奖。

10月，在四川省舞蹈家协会主办的四川省第七届金秋乐舞蹈大赛中，江油市文化馆郭云爽、段好军编排的舞蹈《羊角花开》获金奖。

12月，在中华散文网、华夏博学国际文化交流中心主办的中华散文网第二届中外诗歌散文邀请赛中，绵阳市文化馆文学专干罗成岗创作的散文《去九寨约会》获一等奖。

同年，在阿拉伯联合酋长国迪拜文化部主办的世界华人艺术精品大展中华文化精髓系列展"风骨——中国艺术群展"中，平武县文化馆选送的谢成飞的剪纸作品《百蝶寿》《南海观音》获金奖，剪纸作品《毛泽东肖像》（50张1组）获银奖。

团队获多项全省性、全国性表演奖

4月，在国家大剧院举行的第六届全国中老年合唱邀请赛中，绵阳市文化馆馆办团队风信子女声合唱团荣获金奖。

5月，绵阳市文化馆馆办团队爱乐合唱团在"永恒的旋律"全国艺术展演中获金奖，在第四届黄河大合唱全国合唱邀请赛中获优秀奖。

链接：

● 绵阳市文化馆馆办团队风信子女声合唱团成立于2013年7月，由来自绵阳市的业余音乐爱好者组成。合唱团自成立以来，多次参加各种演出和比赛。2014年6月，由该团成员组成的"开心姐妹组合"登上中央电视台"星光大道"。2017年，"开心姐妹组合"荣获第七届全国中老年才艺大赛最佳表演奖。

● 绵阳市爱乐合唱团成立于1998年，是绵阳市第一支由社会各界合唱爱好者组成的业余合唱团。2014年重组后，成为绵阳市文化馆馆办文艺团队，现任团长为何亚君，艺术总监、常任指挥为车维。合唱团成立以来，多次参加省市、全国文艺活动和比赛。2004年7月，绵阳市爱乐合唱团获第七届中国合唱节比赛优秀奖。2015年，该合唱团获科技城合唱邀请赛铜奖。

绵阳市文化馆爱乐合唱团参加第四届黄河大合唱全国合唱邀请赛

北川羌族自治县文化馆入选第二批数字文化馆建设试点单位

7月，北川羌族自治县文化馆被文化部纳入第二批数字文化馆建设试点单位。

2016 年

温芬被评选为四川省"三八红旗手"

在四川省妇联组织的四川省"三八红旗手"评选活动中，绵阳市文化馆党支部书记、馆长温芬同志被评选为2016年度四川省"三八红旗手"。

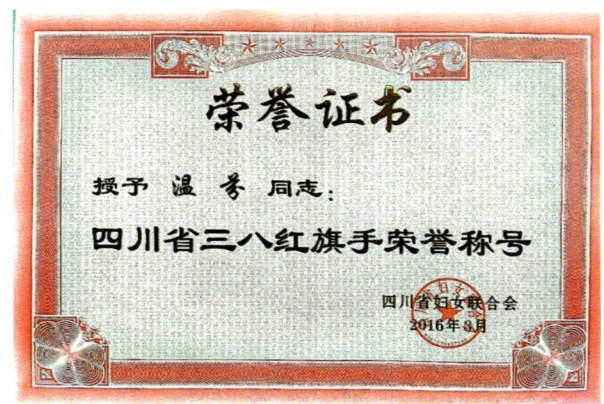

荣誉证书

海峡两岸嫘祖文化交流活动暨华夏母亲嫘祖故里祭祖大典活动在盐亭县举办

3月17日至18日，由四川省台办、四川省文联、绵阳市人民政府和四川省嫘祖文化促进会等共同主办的华夏母亲嫘祖故里祭祖大典暨盐亭嫘祖文化旅游活动周活动在盐亭举办。本次活动包括海峡两岸著名书画家采风笔会、嫘祖文化研讨会、华夏杰出女性（盐亭）峰会、《嫘祖颂》大型音乐情景歌舞史诗、华夏母亲嫘祖故里祭祖大典和中国绵阳科技城（盐亭）投资推介会，盐亭县文化馆负责本次活动的策划执行工作。截至2018年，该活动已连续举办4届。

华夏母亲嫘祖故里祭祖大典

文昌洞经古乐文化交流团赴台交流

8月1日至8日，经国务院台办批准，受台湾新竹县政府、中华大学、环球唱片等多家单位邀请，绵阳市文广新局、绵阳市文化馆组织的绵阳市文昌洞经古乐（国家级非遗项目）文化交流团赴台交流。活动期间，绵阳市文化交流团与新竹县政府、中华大学在新竹县竹东树杞林文化馆演艺厅成功主办了海峡两岸首届文昌洞经古乐音乐会，演奏曲目既有重新编曲的文昌洞经古乐传统经典作品《水龙吟》《小开门》《雁鹅过青天》，也有《越王楼歌》《大庙寻踪》等新创作品。绵阳市文化馆馆长温芬、绵阳市文化馆创研部主任倪朝晖、西南科技大学文学与艺术学院音乐系主任吴元会先后在中华大学做了"文昌民俗与古今乡愁""文昌洞经古乐的艺术价值及其传承与创新""洋为中用——西洋乐器在文昌洞经古乐发展中的运用、价值及思考"等专题学术讲座。此次交流为台湾同胞再现了千年古乐的魅力，受到两岸媒体和学者的广泛关注。

绵阳市文化交流区团长李大勇与台湾新竹县县长邱镜淳互赠礼品

海峡两岸首届文昌洞经古乐音乐会演出照

三台县举办春节文化惠民活动

1月，由三台县委、县政府主办，三台县文化馆承办的春节文化惠民活动——2016年三台县"欢欢喜喜迎新年 百姓舞台七天乐"在三台县梓锦广场举行。为时七天的活动包含了戏剧专场、器乐专场、综艺专场、梓州最强音、三台K歌王等专场演出。

三台县春节文化惠民活动演出照

安州区举办文化惠民戏剧周活动

6月14日,由安州区委宣传部、安州区文广旅局主办,安州区文化馆、绵阳市戏剧曲艺杂技家协会承办的"安州大舞台"文化惠民戏剧演出周活动在安州区文化广场启动。该活动旨在展示优秀传统文化,传承文化经典,进一步丰富群众的文化生活,打造"安州大舞台"文化活动精品,实现文化共享。截至2018年,该活动已连续举办3年。

安州区文化惠民戏剧周活动演出照1

安州区文化惠民戏剧周活动演出照 2

安州区文化惠民戏剧周活动演出照 3

三台县梓州艺术讲堂开讲

9月，由三台县文广新局主办、三台县文化馆承办的三台县梓州艺术讲堂在三台县老西街文化馆小剧场举行，邀请四川省文化馆音乐舞蹈部副主任罗涛授课，来自全县62个乡镇及街道办的分馆负责人、文化站站长、文艺骨干和艺术爱好者近千人参与此活动。截至2018年，梓州艺术讲堂已连续开展3年，平均每年12期，邀请到数十名专家授课，内容涉及戏剧、剪纸、歌曲、舞蹈、声乐、曲艺、美术、书法等艺术领域和公共文化服务体系建设、群众文化活动组织等多方面内容。

三台县梓州艺术讲堂1

三台县梓州艺术讲堂2

绵阳市文化馆文化志愿服务工作获省级表彰

12月,在四川省群众文化学会和四川省文化馆共同组织开展的四川省十佳文化志愿服务评选活动中,绵阳市文化馆文学专干敬悦获得2016年四川省"十佳文化志愿者"称号,绵阳市文化馆培训中心获得2016年四川省"十佳文化志愿组织"称号,绵阳市中华经典诵读、绵阳市天青苑川剧团"送戏剧下基层"被评为2016年四川省"十佳文化志愿项目"。

链接：

● 2013年开始，国家正式实施"三区"文化人才支持计划，从文化人力资源方面对这些地区进行支持和帮助，绵阳市文化馆长期承担本计划的实施工作。

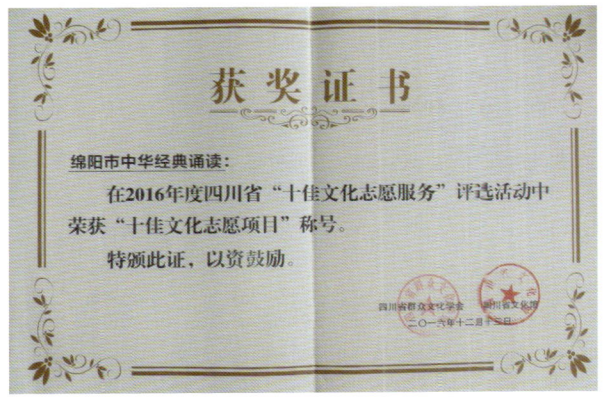

绵阳市中华经典诵读活动获奖证书

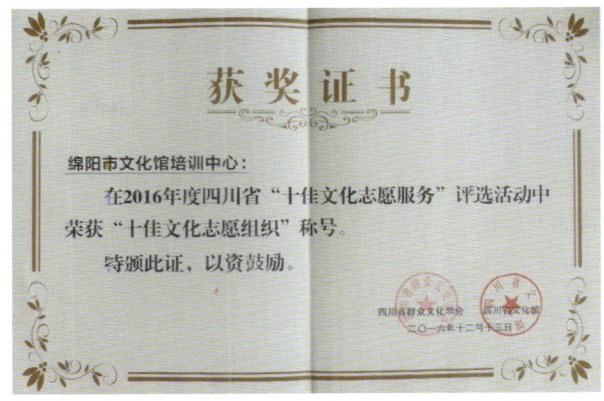

绵阳市文化馆培训中心获奖证书

小品《石榴树下》入围全国"群星奖"决赛

10月16日，由文化部主办的第十一届中国艺术节暨第十七届"群星奖"决赛在陕西省西安市拉开帷幕。绵阳市文化馆、安州区（原安县）文广新局、安州区文化馆共同打造的戏剧小品《石榴树下》入围本次决赛，系代表四川省参赛的唯一一部戏剧小品。

链接：

● 2015年10月，由绵阳市文化馆、安县文广新局、安县文化馆共同打造的小品《石榴树下》获首届四川艺术节暨第十五届戏剧小品（小戏）比赛优秀剧目奖，唐虎获最佳编剧奖、最佳导演奖，主演赵忠志、梁冰川获最佳表演奖。

《石榴树下》入围第十七届"群星奖"决赛

《石榴树下》演出照

多篇论文在全省性、全国性征文活动中入选或获奖

3月，绵阳市文化馆倪朝晖撰写的论文《关于新时期全民艺术普及对策的思考》、安县文化馆沈兴国和牟意撰写的论文《普及文化艺术 共享文化成果》入编四川省公共文化服务省级课题成果集《公共文化治理研究——四川省文化馆"十三五"规划重大课题调研成果集》（天地出版社出版）。

11月，在中国群众文化学会主办、张家港市文广新局承办的"繁荣群众文艺创作大家谈"征文活动中，绵阳市文化馆馆长温芬撰写的论文《诠释"群星奖"戏剧小品的审美密码》获优秀奖。此次活动共评选出45篇优秀文章，四川省共4篇论文榜上有名。

多部文艺作品获全省性、全国性奖项

8月，在中华散文网、华夏博学国际文化交流中心主办的中华散文网第三届中外诗歌散文邀请赛中，绵阳市文化馆文学专干罗成岗创作的散文《孤独是一种情怀》获三等奖。

8月，在亚洲教科文研究会、中国非物质文化遗产促进会主办的韩中校园艺术节暨中国非物质文化遗产首尔星光盛典中，盐亭县文化馆陈永兵编排的非遗表演《蚕娘》获金奖。

11月，在四川省第二届残疾人艺术节比赛中，绵阳市文化馆舞蹈专干宋雨田、涪城区文化馆舞蹈专干夏熹编导的舞蹈《小戏迷》获银奖。同时，该作品获四川省第二届中小学川剧传习普及展演一等奖及创新奖，该团队员还受邀参加了四川卫视少儿春晚。

11月，在四川省舞蹈家协会指导、四川省舞蹈艺术协会主办的四川省"金秋乐"群众舞蹈展演中，绵阳市文化馆选送的舞蹈《那年风华》获金奖。

在中国文联、中国民协主办的"岭南杯"2016中国（广东）民间工艺博览会中，涪城区文化馆美术专干黄英的剪纸作品《中秋故事》获铜奖。

在《中国文化报》社、天津市文化广播影视局主办的第二十五届"东丽杯"全国鲁藜诗歌奖评选活动中，涪城区文化馆文学专干杨晓芸的组诗《扶疏调》获单篇类三等奖。

舞蹈《小戏迷》演出照

团队和个人获多项全省性表演奖

5月25日至27日，由四川省音乐家协会、南充市委宣传部、南充市文联主办的首届四川流行音乐（声乐）邀请赛在南充大剧院举行，绵阳市文化馆音乐专干陈黎明获本届邀请赛银奖。

10月20日，由四川省民政厅、四川省老龄办、四川省直机关工委联合主办，《晚霞报》社、四川老年大学、四川省老年大学协会协办的2016年四川省中老年合唱比赛在成都西南剧场举行，绵阳市文化馆共建团队——绵阳市老年大学合唱团获四川省中老年合唱比赛一等奖。本次活动共有来自四川省各市（州）和省直机关的38支代表队共2000多名中老年选手参加比赛，6支团队获一等奖，10支团队获二等奖，16支团队获三等奖。

2017 年

在全国文化馆评估定级工作中再创佳绩

在第四次全国文化馆评估定级工作中，绵阳市文化馆系统再创佳绩。绵阳市文化馆、涪城区文化馆、三台县文化馆、安州区文化馆、梓潼县文化馆、江油市文化馆被评定为国家一级文化馆；盐亭县文化馆、北川羌族自治县文化馆、平武县文化馆被评定为国家二级文化馆；游仙区文化馆被评定为国家三级文化馆。

文昌洞经古乐文化交流团受邀赴台交流

3月，经国务院台办批准，受台北市文化教育交流发展协会邀请，绵阳市文化馆、梓潼县文化馆等单位组团，赴台湾进行文化交流。交流团与台北市文化教育交流发展协会就传统文化进行了专题交流座谈，在高雄市先后举行了两场文昌洞经古乐（国家级非遗项目）传统与新创曲目专场演出。

文昌洞经古乐文化交流团赴台交流演出照

赴德参加中德建交45周年庆典文化交流

7月，受欧洲大众国际文化交流协会、德国黑明根市政府邀请，在绵阳市委宣传部、绵阳市文广新局的指导下，绵阳市文化馆、绵阳市音协、西南科技大学文学与艺术学院等单位组团，赴德国参加庆祝中德建交45周年音乐庆典活动。交流团先后在德国斯图加特市、黑明根市举办了两场禹羌音乐专场音乐会，交流团团长舒树东、副团长倪朝晖、领队吴元会分别做了"神秘而古老的禹羌文化""从传统的羌民族音乐到当代音乐音响风格的建构""对古乐器的改革、思考与探索"等禹羌音乐文化专题讲座，赢得国际友人的广泛好评，交流团演奏的《快乐的萨朗跳起来》（倪朝晖作曲）获音乐节最佳作曲奖和最佳演奏奖。

赴德参加中德建交45周年庆典文化交流

"雅乐迎春"民乐专场音乐会圆满举行

1月10日,由绵阳市委宣传部、绵阳市文广新局主办,绵阳市文化馆、游仙区文广新旅局承办的2017年绵阳市"雅乐迎春"民乐专场音乐会在绵州大剧院圆满举行。绵阳市文化馆国乐团、绵阳市游仙区富乐民族乐团演奏的《春节序曲》《天仙配幻想曲》《水龙吟》等乐曲赢得阵阵掌声。

链接:

● "雅乐迎春"专场音乐会自2013年以来已连续举办5届,该活动系绵阳市委宣传部、绵阳市文广新局主办,绵阳市文化馆承办的全市性群众文化品牌活动。

● 绵阳市文化馆国乐团成立于2011年,系绵阳市文广新局主管、绵阳市文化馆下设的馆办文艺团队,成员均为绵阳市的专业艺术家和资深音乐人,首任艺术总监为殷士林,现任艺术指导为倪朝晖,常任指挥为江传照、倪朝晖。乐团现有乐员40余人,乐种齐全,编制规范,具有较高的演奏水平。自组建以来,乐团曾先后参加"中华长歌行·我们的节日"、绵阳市新年音乐会等演出活动,受到社会各界的高度评价。

"雅乐迎春"民乐专场音乐会演出照(2017)

举办"中华长歌行·我们的节日"元宵活动

2月,由绵阳市委宣传部、绵阳市精神文明办、绵阳市文广新局主办,绵阳市文化馆承办的2017年"中华长歌行·我们的节日"元宵活动在铁牛广场举行。

链接:

● 2012年至2018年,"中华长歌行·我们的节日"系列活动连续举办了7年。该活动为依托元宵、清明、端午、中秋、重阳等传统节日开展的公益性文艺演出,弘扬了中华优秀传统文化。

"中华长歌行·我们的节日"端午节惠民文艺演出（2012）

"中华长歌行·我们的节日"元宵节合唱音乐会（2015）

"中华长歌行·我们的节日"清明节惠民文艺演出（2015）

"中华长歌行·我们的节日"元宵节惠民文艺演出（2017）

"中华长歌行·我们的节日"重阳节惠民文艺演出（2018）

援藏专场文艺演出"情满壤巴拉"圆满举行

4月，绵阳市启动援建藏区壤塘县的文艺创作项目，绵阳市文化馆负责专场文艺演出"情满壤巴拉"和壤塘县县歌的创作及音乐制作。8月，专场文艺演出"情满壤巴拉"在壤塘县成功演出。11月，为本场演出量身打造的音乐小品《情满壤巴拉》赴乐山参加了四川省戏剧小品比赛。

音乐小品《情满壤巴拉》演出照

开展"喜庆十九大"系列文化活动

10月，绵阳市文化馆、绵阳各县（市、区）文化馆组织的"喜庆十九大"系列文化活动启动。绵阳市文化馆先后组织参加了第五届巴人文化艺术节暨川陕甘渝黔"百馆联动"绵阳专场文艺展演、"喜庆十九大 颂歌献给党"重阳节孝老爱亲文艺演出、"欢庆十九大 奉献者之歌"常青藤颐养院慰问演出活动、"欢庆党的十九大胜利召开"戏曲专场演出、《剑南文学》喜庆十九大暨纪念创刊四十周年文艺演出等活动。

第五届巴人文化艺术节暨川陕甘渝黔"百馆联动"绵阳专场文艺展演演出照

绵阳市"喜庆十九大 颂歌献给党"重阳节孝老爱亲文艺演出

绵阳市"欢庆党的十九大胜利召开"戏曲专场演出

三台县"喜迎十九大"艺术成果展演

涪城区"喜庆十九大 颂歌献给党"群众歌咏活动

大型舞台清唱剧《欧阳修》首演

10月20日,大型舞台版清唱剧《欧阳修》在第六届全国音乐心理学学术研讨会开幕式上首演,来自全国40余所高校的领导、专家、学者及观众1000余人在绵阳师范学院行知音乐厅观看了本剧的演出。该剧由绵阳市文化馆、涪城区文联、涪城区文广新局、绵阳师范学院音乐与表演艺术学院等单位共同打造,获2018年四川省音乐产业项目扶持,入选四川省11个重点打造的音乐品牌。该剧由张景川、钟诚编剧,倪朝晖作曲,唐翰章、梁珊主演。

《欧阳修》演出剧照1

《欧阳修》演出剧照2

《欧阳修》海报

《欧阳修》节目单

秋之韵模特艺术团应邀参加羌历年庆典演出活动

11月18日，由四川省文化厅举办的首届国家级羌族文化生态保护区实验成果展暨羌历年庆祝活动在阿坝州茂县举办，绵阳市文化馆秋之韵模特艺术团应邀赴茂县中国古羌城，参加"羌年"庆典开幕仪式活动，展示古老羌绣与现代服饰的完美融合。

链接：

●绵阳市文化馆秋之韵模特艺术团成立于2005年，常任艺术总监为雷健，现有团员30名。自建团以来，常年参加绵阳市各类文艺惠民演出，成为绵阳市群众文化舞台上一道靓丽的风景。2010年，模特团在"夕阳秀"走进厦门暨东南地区中老年艺术邀请赛中，以原创节目《羌绣霓裳》摘取牡丹金奖、最佳舞台风采奖和最佳编导奖。2013年，该团在四川新丝路魅力模特大赛中获集体组亚军。2017年11月，该团在126文化创意园举办了十二周年盛典暨物事花朵服装新品发布会。

秋之韵模特艺术团成员合影

长篇小说《羞耻帖》出版

7月，安州区文化馆文学专干何长安（笔名：安昌河）的长篇小说《羞耻帖》由四川人民出版社出版。截至2018年年底，何长安的《断裂带》《我将不朽》《亡者书》等多部长篇小说先后公开出版。

多篇论文在全省性、全国性活动中获奖

9月，在四川省群文学会、四川省图书馆学会主办的"小康社会的现代公共文化服务体系建设"主题学术论文征集评选活动中，绵阳共有六篇论文获奖，并入编《成都市"小康社会的公共文化服务体系建设"高峰会议论文集》。其中，《浅议文化馆加强对特殊群体服务的必要性与发展方向》（江油市文化馆文在军、丁余科著）、《浅议"互联网+"时代下文化馆发展策略和机遇》（梓潼县文化馆刘艳琳著）获得二等奖；《关于新时期条件下全民艺术普及机制创新的思考》（绵阳市文化馆倪朝晖著）、《浅议民间传统文化保护工作对策——以梓潼县文化馆为例》（梓潼县文化馆潘丽著）、《公共文化服务均等化视野中的基层群众文化工作》（江油市文化馆王可盈著）、《民族民间艺术保护与传承——北川羌族自治县非物质文化遗产探索》（北川羌族自治县文化馆徐正斌、郑玉萍著）获得三等奖。

10月，在川陕甘渝黔毗邻地区文化馆、群众艺术馆共同举办的第五届川陕甘渝黔"百馆联动"学术论文征集活动中，绵阳市文化馆选送的5篇论文入选《第五届川陕甘渝黔"百馆联动"学术论文集》。入选论文分别为：《加

强群文创作，留住文化馆人的明天》（绵阳市文化馆罗成岗著）、《传统戏曲艺术在当代青少年中的推广与传承——以成都戏曲童萌工作室为例》（绵阳市文化馆敬悦著）、《文化馆的公众参与研究——论全民艺术普及开展群众文化活动的对策建议》（安州区文化馆沈兴国著）、《新形势下的公共文化服务——探索文化扶贫新模式》（北川羌族自治县文化馆徐正斌著）、《新形势下盐亭公共文化服务现状和策略》（盐亭县文化馆李伟著）。

11月，在中国群众文化学会、张家港市政府联合举办的"让子孙后代记得住乡愁"主题征文活动中，《城镇化进程中的传统文化保护》（绵阳市文化馆罗成岗著）获优秀论文奖。该活动共征集到来自全国18个省（区、市）的130多篇文稿，最终评出50篇优秀文章。这些文章被汇编成册，正式出版。

12月，在2017年中国文化馆年会论文评选活动中，绵阳市文化馆组织报送的作品共有3篇获奖。其中，《浅议"互联网+"时代下文化馆发展策略和机遇》（梓潼县文化馆刘滟琳著）获二等奖；《关于新时期条件下全民艺术普及机制创新的思考》（绵阳市文化馆倪朝晖著）、《立足传统文化保护、推动社区文化建设》（绵阳市文化馆罗成岗、唐瑞兵著）获三等奖。

多部文艺作品获全省性、全国性奖项

1月，在中国诗歌学会、四川省作协主办的2017"文昌杯"华语诗歌大赛中，梓潼县文化馆姜合的诗歌《梓潼道中》获二等奖。

8月，在四川省教育厅主办的2017四川省大学生艺术节中，萨克斯重奏《越王楼歌》（绵阳市文化馆倪朝晖作曲）获器乐类专业组三等奖；情景朗诵《一封家书》（绵阳市文化馆敬悦编导）获语言类业余组二等奖。

9月，在第二十六届"东丽杯"全国梁斌小说奖评奖活动中，绵阳市文化馆选送的任继红作品《温暖的手铐》获短篇小说一等奖。

11月，在四川省文化厅主办的四川省第二届农民艺术节暨"群星奖"比赛中，由绵阳市文化馆组织创作的歌曲《爱你如初》（温芬作词，车维作曲，陈黎明、程喜演唱）获音乐类二等奖；舞蹈《小戏迷》（宋雨田编导）获舞蹈类三等奖；四川清音《峨眉茶》（魏宝懿演唱）获曲艺类优秀奖；摄影作品组照《戏剧人生》（高怡摄影）在本届美术、书法、摄影作品展中获三等奖。

11月，在四川省文化厅指导，四川省文化馆、四川省音乐家协会、宜宾市文广新局主办的四川省第三届民歌大赛中，绵阳市文化馆选送的音乐作品《千古李白》（马培松作词，倪朝晖作曲，白真诚演唱）获优秀奖。

团队和个人获多项全省性、全国性表演奖

5月31日至6月2日，中国首届"嘉陵江之春"C-POP流行音乐节四川赛区决赛在广安市举行，来自四川省各市（州）的近150名选手同台竞技。绵阳市优秀青年歌手仔玛扎西组合获银奖，肖文及绵阳市文化馆音乐专干陈黎明获独唱组铜奖。

11月，第八届"中华颂·长丰杯"全国小戏小品曲艺大展在安徽省合肥市长丰县举行，该活动由中国文联民间文艺艺术中心、中国民协民间戏曲艺术委员会、合肥市文广新局和长丰县人民政府共同主办，江油市文化馆和江油市川剧团联合创作的小戏小品《审英雄》（刘峰、刘世平编剧，税建明、文在军导演，刘长青等主演）获优秀剧目金奖。

平武县获第六届中国成都国际非遗节优秀表演奖

6月，第六届中国成都国际非遗节在成都举行，由平武县人民政府主办、县文化馆组织的12个非遗项目参加了展演，并获本次非遗节优秀表演奖。

平武县参加第六届中国成都国际非遗节展演（2017）

林海获"感动绵阳十大人物"称号

4月，由绵阳市精神文明办主办，绵阳市广播电视台承办的2016年度"道德的力量"感动绵阳十大人物、十大最美绵阳人、十佳志愿者评选颁奖活动在绵阳市广电中心举行，绵阳市文化馆林海获得"感动绵阳十大人物"称号。

倪朝晖、文在军、何长安同志获"绵阳市文化艺术专业领军人才"称号表彰

7月，在绵阳市第二批文化艺术专业领军人才（团队）评选工作中，经绵阳市人才工作领导小组组织评审，绵阳市文化馆倪朝晖、江油市文化馆文在军、安州区文化馆何长安（笔名：安昌河）获第二批"绵阳市文化艺术专业领军人才"称号表彰。

涪城区志愿服务典型获四川省文化厅表彰

在四川省文化厅举行的2017年度四川省文化志愿服务典型评选活动中，绵阳市涪城区文化馆和绵阳市涪城区文化志愿者协会主办的"涪城区传统文化培训季"活动荣获"2017年度四川省文化志愿服务典型"表彰。

北川县"欢庆羌年"入选文化部优秀群众文化品牌

11月，中国文化馆年会在安徽省马鞍山市举行，北川县"欢庆羌年"入选文化部优秀群众文化品牌。

2018 年

四川省委宣传部副部长陈华调研绵阳群众文化工作

6月21日，四川省委宣传部副部长陈华到绵阳市文化馆调研公共文化服务工作。绵阳市委常委、宣传部部长张学民，绵阳市文广新局局长胡科以及相关领导陪同调研。

陈华（右一）同志调研绵阳群众文化工作

数字音乐体验厅竣工揭牌暨校地共建签约仪式举行

6月22日，绵阳市文化馆数字音乐体验厅竣工揭牌暨校地共建签约仪式在绵阳市博物馆举行，该体验厅是全国文化馆系统中首家集音乐科技与艺术体验于一身的"33.2声道全息数字音乐体验厅"，也是四川省首家由市（州）文化部门与四川音乐学院、数字媒体艺术四川省重点实验室签约共建的全民艺术普及示范基地。

绵阳市文化馆数字音乐体验厅揭牌暨校地共建签约仪式

绵阳市文化馆主要领导换届任职会议圆满举行

7月25日，绵阳市文化馆主要领导换届任职会议在绵阳市文化馆举行，绵阳市委宣传部常务副部长何长鹰、市委宣传部副部长温芬、市文广新局局长胡科及党组成员、四级调研员张延和等领导出席会议。会上，市委宣传部干部科科长郑盼盼宣读了市委《关于任命邱兰同志为绵阳市文化馆馆长的决定》。

绵阳市文化馆主要领导换届任职会议

绵阳市文化馆馆长会议召开

8月9日，绵阳市文化馆馆长会议暨全市文化馆系统学习贯彻省委十一届三次全会、市委七届五次全会精神会议在绵阳市文广新局举行，绵阳市文广新局党组成员、四级调研员张延和，市文广新局文艺科科长王伟到会指导，市文化馆全体干部职工及各县（市、区）文化馆馆长、副馆长参加会议。

2018年绵阳市文化馆馆长会议召开

绵阳、甘孜两馆开展学习交流活动

8月20日，甘孜州文化馆一行20人在刘骧馆长的带领下到绵阳市文化馆开展了学习交流活动。两地文化馆同仁对公共文化服务体系建设、总分馆制的建设和运行管理以及全面推行全民艺术普及和免费开放服务的创新发展等进行了探讨和交流，并就加强绵阳和甘孜两地群文艺术交流力度和资源互通共享达成意向和共识。

开展"大学习、大讨论、大调研"专题理论学习活动

9月21日，为深入学习党的十九大精神和习近平新时代中国特色社会主义思想，落实绵阳市文广新局2018年理论学习中心组学习实施意见，推进"两学一做"常态化、制度化，绵阳市文化馆组织全馆职工开展"大学习、大讨论、大调研"专题理论学习活动。

召开绵阳市"三区"人才项目工作上半年总结会

8月29日，绵阳市文化馆组织召开了绵阳市"三区"人才项目工作上半年总结会。

链接：

● 2011年，中央组织部等十部门联合印发了《关于印发〈边远贫困地区、边疆民族地区和革命老区人才支持计划实施方案〉的通知》（中组发〔2011〕23号），绵阳市启动了该人才项目工作，根据绵阳市文化广电新闻出版局工作安排，绵阳市文化馆负责该项目的志愿者招募、培训、考评及管理工作。

参加成、德、绵、眉四地音乐交流活动

1月20日，2018成都、德阳、绵阳、眉山四地文化馆精品合唱团联动交流音乐会在德阳举行，绵阳市文化馆爱乐合唱团应邀参加，本次音乐会旨在推进"成德同城·文化共享"，加强区域文化交流互动，展现文化馆公共文化服务成果。

话剧《暗恋桃花源》在绵公演

1月25日和26日，由绵阳市文化馆、绵阳市广播电视台和1109剧社联合排演的话剧《暗恋桃花源》在绵阳市虹苑剧场公演两场，观众达2500余人。

话剧《暗恋桃花源》演出照

绵阳文化馆文艺小分队走进平武锁江

2月1日上午，由绵阳市委宣传部主办、绵阳市文化馆承办的送文艺下乡慰问演出在平武县锁江羌族乡举行，绵阳市文化馆文艺小分队用丰富的文艺节目为基层群众送温暖。

2018年军地联欢晚会圆满举行

2月27日，绵阳2018年军地联欢晚会在六三八二〇部队圆满举行，晚会由绵阳市委、市政府主办，绵阳市委宣传部、市文广旅局承办，绵阳市文化馆负责本次晚会节目的策划、编导和执行等工作。

2018年军地联欢晚会演出照

2018年元宵民俗文艺演出圆满举行

3月2日，由绵阳市文化馆承办的绵阳市2018年元宵民俗文艺演出在铁牛广场圆满举行。

2018年元宵民俗文艺演出

举办绵阳市第三届羌绣大赛

3月26日,由绵阳市文化馆、绵阳市羌绣产业推进办公室等单位共同举办的绵阳市第三届羌绣大赛在平武县豆叩禅茶小镇拉开帷幕,来自平武、北川的60名绣娘参加了比赛。

绵阳市第三届羌绣大赛现场

迎五一文艺进社区活动圆满举行

4月28日下午,由绵阳市文学艺术界联合会、绵阳市文化馆、沈家坝北街社区联合主办的喜迎五一国际劳动节文艺进社区活动在沈家坝北街社区广场举行,丰富多彩的文艺节目吸引了社区居民驻足观看,演出现场掌声阵阵,热闹非凡。

壤塘锅庄示范展演活动在绵阳成功举办

6月8日,由中共壤塘县委、壤塘县人民政府、中共绵阳市委宣传部、中共绵阳市委统战部、绵阳市援藏办、绵阳市文广新局、绵阳市旅发委主办,绵阳市文化馆参与承办的壤巴拉锅庄示范展演在绵阳市人民公园广场成功举办。

壤塘锅庄示范展演活动在绵举行

文化志愿者慰问退伍军人

7月31日上午，为纪念中国人民解放军建军91周年，绵阳市文化馆组织文化志愿者服务队在高新区火炬东街社区举行了慰问演出，社区退伍军人、军属及居民共同观看了演出。

文化志愿者慰问退伍军人

游仙区非遗项目参加川北大木偶"熊猫队长"交接仪式

8月23日，由四川省（南充）大木偶剧院制作的川北大木偶"熊猫队长"交接仪式在南充市举行，该木偶曾在韩国平昌冬奥会闭幕式《2022相约北京》节目中成功亮相。游仙区市级非遗项目"高空杂技"原创节目《印象太极》受邀参加本次活动的演出。

参加涪江文化艺术节

9月19日，由遂宁市委、遂宁市政府主办的"走进新时代"庆祝改革开放40周年系列文化活动——第四届涪江文化艺术节在遂宁开幕。本届艺术节活动含开幕式、闭幕式、颁奖晚会、唱响涪江、多彩涪江、画说涪江、光影涪江、乡愁涪江八项活动。由绵阳市文化馆共建团队——绵阳市老年大学艺术团表演的羌族舞蹈《绣春》受邀参加开幕式演出。

绵阳市文艺精品亮相涪江文化艺术节

举行中秋群众文艺演出

9月22日晚,由绵阳市文联、绵阳市文化馆、绵阳市音协主办,绵阳市文化馆共建团队文采筝乐团承办的2018"月下诉筝情"中秋古筝音乐会在富乐山巅富乐阁广场举行。

9月25日,由绵阳市委宣传部、绵阳市文明办、绵阳市文广新局主办,绵阳市文化馆承办的"中华长歌行·我们的节日"绵阳市2018中秋群众文艺演出在五一广场举行。

"月下诉筝情"中秋古筝音乐会演出照

绵阳市2018中秋群众文艺演出

参加第六届"百馆联动"展演

9月28日下午,第六届川陕甘渝黔晋蒙"百馆联动"精品文艺专场展演绵阳专场在绵竹国家玫瑰公园举行。绵阳市各级文化馆为来自川陕甘渝黔晋蒙等地的观众献上了精心打造的10个原创节目,展现了绵阳群众文化的风采和成果。

参加四川省广场舞展演

10月10日,由四川省委宣传部指导,四川省文化厅、四川省体育局、广安市政府主办的"越舞越好看"庆祝改革开放40周年四川省群众广场舞展演活动在广安体育馆举行。绵阳市文广新局选送、绵阳市文化馆指导的广场舞《走进新农村》(三台县文化馆演出)获本次展演第二名,《欢乐的萨朗》(北川羌族自治县文化馆演出)获本次展演第三名。

"越舞越好看"庆祝改革开放40周年四川省群众广场舞展演

主办孝老爱亲送文化下乡文艺演出

10月13日上午,由绵阳市文化馆主办的孝老爱亲送文化下乡文艺演出在常青藤颐养院广场开演。老人们欢聚一堂,喜迎重阳佳节。

"越舞越好看"广场舞比赛举行

11月18日,由绵阳市委宣传部、绵阳市文广新局、绵阳市教体局主办,绵阳市文化馆、四川广电网络绵阳分公司承办的2018富民银行杯"越舞越好看"庆祝改革开放40周年群众广场舞总决赛在铁牛广场举行,25支队伍同台竞技。

"越舞越好看"广场舞比赛

承办 2019 新年合唱音乐会

12月28日，庆祝改革开放40周年绵阳市2019新年合唱音乐会在虹苑剧场举行，本次音乐会是绵阳市2019年元旦春节系列文化活动之一，由绵阳市委宣传部、绵阳市文广新局、绵阳市音乐家协会承办，绵阳市文化馆全程负责本次音乐会的节目策划、指导等工作。

绵阳市2019新年合唱音乐会

风信子女声合唱团音乐会举行

12月，由绵阳市文广新局主办，绵阳市文化馆承办的庆祝改革开放40周年绵阳市文化馆风信子女声合唱团音乐会在绵阳市文化馆数字音乐体验厅举行。

绵阳市文化馆风信子女声合唱团音乐会

绵阳首届青少儿"金话筒"电视大赛落幕

12月,由绵阳市委宣传部指导、绵阳市广播电视台主办,绵阳市文化馆、绵阳市广电传媒公司承办的绵阳首届青少儿"金话筒"电视大赛决赛在绵阳电视台演播大厅圆满举行。

绵阳首届青少儿"金话筒"电视大赛

音乐剧《邓稼先》入选四川省舞台艺术重点作品计划

由绵阳市文化馆和绵阳市艺术剧院有限责任公司联合打造的音乐剧《邓稼先》入选2018年四川省舞台艺术现实题材创作重点作品计划,系本次四川省入选的10部作品中唯一一部音乐剧作品。

两部大型剧目入选四川省音乐产业发展扶持项目

由绵阳市文化馆牵头策划、创作和打造的两部大型清唱剧《穿越浪漫与现实的对话——李白与杜甫》和《欧阳修》入选2018年四川省音乐产业发展扶持项目,系四川省重点打造的11个音乐品牌项目中仅有的两部清唱剧作品。

举行纪实文学《乱世枭雄传奇》作品研讨会

3月,由绵阳市作家协会主办、绵阳市文化馆、绵阳市群众文化学会承办的纪实文学《乱世枭雄传奇》作品研讨会在新知图书绵阳书城举行。该书是由绵阳市文化馆退休职工陈永乐编著的一部纪实文学作品,于2017年12月由团结出版社出版。此前,陈永乐编著的《谭德政》《绵阳文化旅游大观》《剧海帆踪》《绵阳是个好地方》先后公开出版。作品《老巷》获《北京文学》杂志社主办的首届老舍散文大奖赛优秀奖,个人先后获1989年艺术科学国家重点研究项目《艺术集成志书》省、市(地、州)编纂工作先进个人,2003年四川省第十次地方志系统优秀成果一等奖,2008年《四川省志·川剧志》编纂工作先进工作者称号及奖项。

多期文艺骨干系列培训班圆满举行

1月至12月,绵阳市文化馆先后举办声乐、合唱指挥、广场舞、民族舞蹈、模特、信息及公文写作等12期公益性基层文艺骨干培训班。来自绵阳市文化馆馆办(共建、馆联)团队的2000余名基层文艺骨干参加了免费培训。

绵阳市群众文艺骨干暨文化志愿者培训班开班

绵阳市群众文艺骨干民族舞蹈培训班开班

多期文艺骨干系列培训班圆满举行

基层群众文艺骨干民族舞培训班

基层群众文艺骨干信息及公文写作培训班

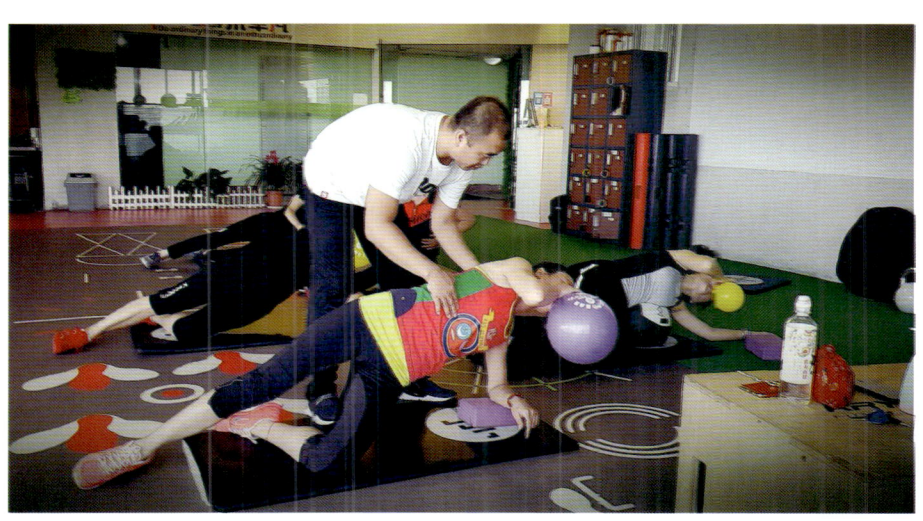

模特培训班

《白马响铃舞》获四川省广场舞大赛季军

1月20日,"越舞越好看"四川省第二届全民广场舞全省决赛在四川交通职业技术学院拉开帷幕,由全省层层选拔出的22支舞队角逐六项大奖,绵阳市文化馆共建团队——绵阳市老年大学艺术团表演的舞蹈《白马响铃舞》获本次大赛季军。

绵阳市老年大学合唱团获全国中老年合唱艺术节金奖

4月21日至24日,由中国老年学学会老年文化委员会、"七彩夕阳"全国中老年文化活动组委会主办的第九届全国中老年合唱艺术节暨第九届全国中老年合唱之星邀请赛在国家大剧院举行,由绵阳市文化馆音乐干部车维担任指挥的绵阳市老年大学合唱团获得本次比赛金奖。

绵阳市老年大学合唱团获全国中老年合唱艺术节金奖

爱乐合唱团获全省合唱展演优秀合唱团奖

9月6日,由四川省文化厅主办的"蜀人原乡·放歌梦想"纪念改革开放40周年四川省第三届群星合唱展演活动在资阳市举行。经初评,共23支团队进入本次活动集中展演,绵阳市文化馆爱乐合唱团成功入围,并获优秀合唱团奖。

爱乐合唱团参加四川省第三届群星合唱展演活动

多部作品在四川省少数民族艺术节获奖

10月26日,由四川省文化厅、四川省民族宗教事务委员会主办的四川省第八届少数民族艺术节舞台艺术精品大赛业余组比赛在宜宾市举行。绵阳市文化馆选送的羌族舞蹈《绣春》(罗涛、宋雨田、杨雨坤编导,绵阳市老年大学艺术团表演)、表演唱《脱贫路上赶春光》(温芬作词,倪朝晖作曲,宋雨田编导,叶子瑞、陈淼、郑文婷等表演)同时获决赛优秀奖。

在此届少数民族艺术节乡村艺术大展评选活动中,绵阳市文化馆选送的《将进酒》(绵阳市文化馆曹文龙创作)获书法类优秀作品奖,版画《羌山组画》(北川羌族自治县文化馆唐鲲创作)获美术类优秀作品奖,《喜临门》(三台县文化馆刘小红摄影)获摄影类优秀作品奖。

舞蹈《绣春》演出照

表演唱《脱贫路上赶春光》演出照

两部小品在全国小戏小品曲艺大展中获奖

11月14日,"中华颂·长丰杯"第九届全国小戏小品曲艺大展在安徽省合肥市举行。绵阳市文化馆、安州区(原安县)文广新局、安州区文化馆共同打造的话剧小品《石榴树下》获优秀剧目金奖,唐虎获优秀编剧奖、优秀导演奖,赵忠志、梁冰川获优秀演员奖。

同时,江油市川剧团、绵阳社区大学共同创作的川剧《祭英雄》获优秀剧目金奖,刘长青、陈会明、曾小梅、谢青成获优秀演员奖。

《石榴树下》演出照

《石榴树下》荣誉证书

茉莉花组合获中老年文化艺术节二等奖

12月2日,在南京市精神文明办等单位主办的第六届南京中老年文化艺术节"银发传奇"全国总决赛中,全国16座城市的280多个艺术团参赛,绵阳市文化馆馆办团队茉莉花组合获二等奖。

安州花城律动舞队获全国广场舞比赛6个奖项

12月18日至20日,由国家体育总局社会体育指导中心等主办的2018年全国社会体育指导员交流展示大会在重庆市举行。代表四川省参会的绵阳安州花城律动舞队表演的广场舞《辣妹子》获2018年全国社会体育指导员交流展示大会广场舞一等奖、健身秧歌一等奖、全民健身项目创新奖、团队风采奖、优秀编排奖、社会体育指导员工作典型单位等6个奖项。

《辣妹子》演出照

积极参与中国文化馆年会及"百馆联动"征文活动

绵阳市文化馆组织选送10余篇论文参加中国文化馆年会和2018年第六届川陕甘渝黔晋蒙地区文化馆"百馆联动"征文活动。其中，《论合唱艺术在群众文化活动中的功能及作用——以绵阳市爱乐合唱团二十年发展为例》（绵阳市文化馆何亚君著）、《围绕品牌效应做强群众文化——以绵阳市文化馆迎春诗会活动为例》（绵阳市文化馆敬悦著）、《文化馆服务"精准扶贫"：思路、方法与途径》（涪城区文化馆黄雪蓓著）、《公共文化服务体系建设中文化馆的作用——以绵阳市涪城区文化馆为例》（涪城区文化馆王放著）、《群众合唱对群众文化发展的影响——以绵阳市涪城区文化馆为例》（涪城区文化馆王淳冉著）、《文化馆如何保障弱势群体的文化权益》（平武县文化馆赵耘著）、《县级文化馆馆办团队建设的思考》（三台县文化馆陈晓著）、《在传统文化的历久弥新中找到文化自信——三台县文化馆作品〈暖年〉创作实践》（三台县文化馆李叶著）8篇论文入选《第六届川陕甘渝黔晋蒙地区文化馆"百馆联动"系列活动论文集》（内刊）。

多部文艺作品获全国性奖项

4月，在中国诗歌学会、河南省作协主办的杜甫国际诗歌征文大赛中，梓潼县文化馆文学专干唐瑞兵（笔名：白鹤林）的诗歌《东津：献给杜甫的短歌（二首）》获三等奖。

7月，在第二届全国少数民族优秀声乐作品展演中，北川羌族自治县文化馆创作的歌曲《云多情》获入围奖。

9月，在文化部、陕西省政府主办的第五届丝绸之路国际艺术节美术邀请展中，北川羌族自治县文化馆唐鲲的版画《羌山欢舞》获三等奖。

12月，由中国计划生育协会主办的"我青春·我健康"全国青春健康舞台剧大赛总决赛在北京举行。西南科技大学排演、绵阳市文化馆指导的小品《爱，往前一步》（敬悦编剧、导演）获二等奖。

北川县紫霞村等获"四川省文化扶贫示范村"称号

1月,北川羌族自治县紫霞村、金龟村荣获"2017年四川省文化扶贫示范村"称号。12月,北川羌族自治县树坪村、流溪村、九成村、安棉村、大安村、开茂村、大包村获"2018年四川省文化扶贫示范村"称号。

盐亭县获"中国民间文化艺术之乡"称号

3月,文化部和旅游部组织开展的2018—2020年度"中国民间文化艺术之乡"评审命名工作正式启动,经评审,四川地区共有11个县(市、区)、乡镇入选,盐亭县(嫘祖文化)名列其中。

群文结硕果

优秀论文选

绵阳市群文系统优秀文艺作品目录

绵阳市群文系统优秀理论成果目录

优秀论文选

根扎在群众中　花开在舞台上
——三台县群众戏剧创作演出活动纪实

□　邹开歧

今年 3 月初，三台县人民政府两年一届奖励文艺创作的表彰会上，获奖的戏剧作品占所有获奖作品的三分之一以上。5 月初，三台县供销合作社创作演出的话剧小品《好媳妇》赴京参加全国供销合作总社汇报演出。1996 年 8 月，绵阳市文化局、市文联在三台召开的大型文艺作品讨论会上讨论的 5 部大戏中，就有 4 部来自三台。党的十一届三中全会以来，三台县在市级以上报刊发表和参加市级以上文艺汇演的戏剧作品达 100 部以上。1990 年，三台县群众戏剧节成功举办。1991 年，三台县川剧团创作演出的大型古装传奇故事剧《鸳鸯梦》参加四川省振兴川剧汇报演出，获得 12 项奖励，被赞"县级剧团演出了省级水平"。三台年年有新作问世，年年有新作获奖。在这片土地上，已经形成了群众写、群众演、群众看的良好戏剧环境。而这种环境的培育，离不开以下几个因素。

深厚的历史根基

早在 1927 年，三台县立小学师生就合演了话剧《终身大事》和《孔雀东南飞》。从 1940 年开始，内迁三台的东北大学师生就先后上演了《雾重庆》《北京人》《日出》《国家至上》《家》《草木皆兵》《雷雨》《祖国在召唤》等话剧。新中国成立前夕，三台的进步组织东河文艺社排演了《王二小过年》《祭金元卷》《农家乐》，以发动群众，迎接解放。1950 年，三台县城的小学教师组成文工队，到各乡镇巡回演出《白毛女》《兄妹开荒》《夫妻识字》《土地还家》……

合作化时期，三台县以农业合作社为单位，先后组建了 200 多个农村俱乐部，演出了《不能走那条路》《春风吹到诺敏河》……

★该论文发表于《四川戏剧》杂志 1997 年第 4 期。

1959年，三台县以区为单位，成立了15个文工团，县上举办新中国成立10周年文艺调演，历时三天，演出112个节目，戏剧节目占三分之一。一位公社干部创作的小歌剧《公休日的早晨》由四川人民出版社出版了单行本。

1964年春天，三台县的群众戏剧创作和演出，出现了新中国成立以来的第一个高潮。三台县专业和业余作者在主管文化的县委书记和县长的领导下深入生活，写出了一批反映现实的剧本，如大型话剧《第二个起点》《广阔天地》《共同前进》《干江坝的春天》和大型川剧《并肩前进》以及小型川剧《天高任鸟飞》《搬家》《爹妈的心事》等。

群众戏剧深厚的历史根基不仅有利于培育广大群众对戏剧的热爱，而且让历届的党政领导看到了群众戏剧所产生的积极作用，能够自觉地支持群众戏剧的健康发展。

三台县的党政领导有着重视群众戏剧的优良传统

深厚的历史积淀使三台这片土地上形成了肥沃的戏剧土壤。党的十一届三中全会的雨露阳光，给三台的群众戏剧带来了蓬勃生机。三台县委、县政府领导重视戏剧创作和演出，不仅仅是说在口头上、写在文件上，而且抓住了繁荣戏剧的关键环节，扎扎实实地做工作，如给剧作者设"娘家"、给剧本找出路、给精品添后劲，被称为繁荣戏剧的"三部曲"。

根据业余作者分散在各条战线、各部门的实际情况，为了让剧作者有一个聚集的地方，为了使业余创作队伍有人组织，业余演出有人指导，三台县于1979年成立了县文联，1992增设了创作办公室。三台县文联长期以来坚持年初开会谈规划、落实创作任务，年中开会讨论作品，年末总结检阅成果。同时，三台县文联还给作者印发稿笺、资料，对有困难的农村业余作者还补贴书报费，所以大家都说"三台的剧作者，既有娘家又有奶"。

作品写出来了，如果不能发表或演出，作者便会丧失创作热情，因此三台的文化主管部门特别注重给剧本找出路。只要剧本写成了，就召开作品讨论会，同时请绵阳市文化局文艺创作办公室派员指导。对于经过修改的作品，一方面组织专业或业余演出，另一方面向省、市戏剧刊物推荐。凡是县里举办文艺晚会，或是专业剧团送文化下乡活动，都尽量排演本县创作的剧目。1996年，三台县川剧团就排演了6个由本县作者创作的现代小戏下乡演出。

繁荣群众创作的目的是出佳作、出精品。一旦有了基础较好的作品，就加大人力和物力投入，为出精品添后劲。

1985年，农民业余作者赵德样、唐之龙创作的小戏《有口难言》初稿写成后，因此剧基础好，县里就安排文化馆辅导干部重点辅导，拨出专款，由县川剧团安排最好的导演和演员进行排演，并向省里推荐。此作品在当年全国农村业余戏剧创作评奖中获得三等奖。

1991年，三台县川剧团一位年轻编剧创作了大型古装传奇故事剧《鸳鸯梦》，工作人员在讨论初稿时，一致认为此剧有前途。主管文化的副县长组织人修改剧本，同时通过县财政协调资金。县文化局局长坐镇剧团组织排练，又请省上的专家来三台指导。最终，该剧赴成都参加振兴川剧调演获得成功。

1995年，三台县文化局主管艺术的副局长钟树勋创作了小戏《谁该排在前》，三台县政府出财力，文化部门出人力，以高标准进行二度创作。经过精心的加工排练，此作品在全省小戏小品调演中获得了二等奖。

1996年，潼川供销社一位干部创作了反映本行业日常的小话剧《好媳妇》。为了把这个戏改好，文化部门派员辅导剧本修改，派剧团的导演进行排导，又组织编导人员和演员去供销社定点联系的村社参观访问；县供销社提供资金，采取边演出、边征求意见、边修改的办法，使这个戏越改越好。1997年5月，此话剧代表四川省供销社参加全国供销合作总社文艺汇演。

为了鼓励多出作品、出力作、出精品，1993年以来，三台县委、县政府先后出台了多项奖励文艺创作的政策，奖励经费由县财政列支，在文化宣传基金中支付。

植根于群众之中的创作队伍

在三台，戏剧创作人员不是为文化部门所独有，而是分布在各行各业，植根于群众之中。常年坚持业余戏剧创作的，有年逾古稀的长者，也有20出头的后生，有行政机关的领导干部，有小学教员，有种地的农民，有普通工人，有待业青年……他们既是社会生活的参与者，又以剧作者的敏锐眼光来观察社会生活，用手中的笔来描绘社会生活。

20世纪80年代初期，一批来自农村的剧作者创作了大量反映农村生活的小戏，如《两亲家赶场》《犟拐拐植树》《假精灵请医》《栽秧酒》《三上门》《接专家》《林茂情深》《有口难言》《三争妈》《收"双提"》等。

后来，三台县的业余戏剧创作和演出由农村向城市转移，出现了多姿多彩的行业戏剧、校园戏剧。万宝全商场职工先后编演了《柜台之外》《约会》《希望你满意》《好媳妇》《过年》等话剧小品。其中，《希望你满意》被绵阳电视台录制成电视小品公开播放，《好媳妇》被选送去北京演出，《过年》参加了绵阳市供销系统文艺调演并获奖。扳手厂编演了《男子汉大丈夫》《找对象》《取经》，税务局编演了《母女俩》《猜不着》，粮食局编演了《真与假》，交通局编演了《医院门口》，保险公司编演了《除夕之夜》《666和999》《悔不当初》，工商局编演了《管》，公安局编演了《欠你一半银月》。学校剧、课本剧更是精彩纷呈，在1990年举办的三台县第二届中小学文艺调演中，参演的各类戏剧节目就有33个。

社会的广泛支持

由于剧作者创作的剧目大多反映本行业、本部门的人和事，又由本部门、本单位的人来演，自然受到本单位领导和群众的积极支持。

1990年，为了落实群众戏剧节的几台演出，三台县政府办公室把有创作剧目的单位领导通知到县长会议室开会，仅花了一个多小时就把几台戏的演出单位落实了，没有一个单位伸手向县政府要经费。

如今，县里举办大型演出活动，无须费多大精力，自然有单位来报节目。这些单位，为了把戏演好，出力又出钱，不仅给演员提供排练时间，还到剧团请导演，花钱制作服装、添道具、搞舞美。演出时，单位领导搞后勤，参加布景，有的单位还给作者和演员发奖金。

由于业余作者创作的剧目都基于群众最关心和熟悉的事，尽管这些剧本还非常"业余"，演出也特别"业余"，但因为都是群众自己演自己的戏，自己看自己的戏，观众也无可挑剔。业余作者、业余演员通过创作和演出，表现自我并体现自身的价值，他们不计名、不计利。

这种企业、机关自己的作者写自己单位的戏，自己的演员演自己的戏，通过舞台上的演出来宣传自己单位、塑造自己单位社会形象的方式，把三台的群众戏剧活动推向了高潮，形成了长盛不衰的发展势头。

文化馆服务模式的创新实践研究
——以安县文化馆为例

□ 牟意 沈兴国

公共文化服务体系建设是当前文化建设的重中之重，而基层文化服务模式则是其中关键的一环，它直接影响着公共文化服务的效率，制约着公共文化服务的整体水平。

近年来，安县全面推进覆盖全县、惠及全民的公共文化服务体系建设，初步形成了以中心城区县级文化馆为主体，乡镇综合文化站为支撑，村级文化大院、社区文化室以及文化专业户为补充的农村公共文化服务体系，成功打造出以安县春节联欢晚会、安县山歌会为代表的具有浓郁地方特色的重大节庆和民间特色文化活动，以"睢水·春社踩桥"为代表的一系列民俗文化品牌，推出了群众音乐会、戏剧演出周等特色惠民文化项目，个别优秀文艺作品也走上了全国舞台。

尽管安县新农村公共文化服务体系已初步形成，但面对基层公共文化资源分散的现实，安县公共文化服务仍出现服务不均等、效率低下等问题。在新时期，作为公共文化服务体系重要组成部分的安县文化馆，理应不断创新服务方式，提升服务效能，通过形式多样的公共文化活动，切实保障群众的文化权益。因此，在总结常态服务模式的基础上，安县文化馆对特色基层文化基地建设模式、校地合作模式、馆团协作模式等进行了有益探索，使基层文化服务模式朝着特色化、多元化、长效化方向发展。

一、常态服务模式及问题

经过数十年的发展建设，安县文化馆的一些基础性、特色化的公共文化服务已发展成常态化服务，服务水准不断提升，服务范围不断扩大，现已形成品牌化服务、阵地式服务、流动式服务、派驻式服务等常态化服务模式。

（一）常态服务模式

1. 品牌化服务

从安县甚至全市文化馆的情况来看，安县春节联欢晚会是一项典型的文化馆品牌服务。该晚会是安县一年一度的综艺性文艺演出，展现着喜庆、团圆、和谐，凸显民风民情，反映着安县日新月异的变化。平均每年演职人员在200～500人，演出现场观众多达2万余人，每年都由安县电视台进行现场直播，并在全市录制播放，电视观众多达30万人，受到观众的喜爱。文化馆的群文工作者每年都承担着策划编排、辅导、现场指挥等演出工作。经过连续22年的锤炼，晚会已是安县广大群众每年不可缺少的文化大餐，成为全县的精品文化活动。

除此之外，文化馆还通过安县山歌会、群众音乐会等品牌活动开展服务，并根据群众文化需要及时代特征，不断打造新的文化活动品牌。

2. 阵地式服务

安县文化馆一直致力于开展多种类型的馆办文化艺术活动。通过展览、辅导、培训等形式，使群众免费参与文化活动、享受文化服务。在常态化的阵地式服务中，文化馆不断创新服务内容，不仅新增国学艺术培训等免费培训项目，还在展品内容、布展设计等方面不断改进，提高馆办展览的水平。

---

*该论文在中国文化馆协会、银川市人民政府主办的2016年中国文化馆年会征文活动中获三等奖。

每年到馆参加舞蹈、音乐、美术、书法、摄影等各类活动的群众逾2万人次，这不仅丰富了群众的文化生活，更孕育了不少优秀作品。

3. 流动式服务

流动式服务主要体现为送文化下乡类活动，典型如"三下乡"文艺演出、"幸福中国梦·社区大舞台"等。"三下乡"文艺演出已经连续举办十余年，每年在十余乡镇演出，参加演员平均每年约80余人，观众平均每年20余万人。这类活动在一定程度上激发了乡镇群众参与文化活动的热情，有助于实现群众的文化参与权、文化创造权。

4. 派驻式服务

根据文化馆职能要求，文化馆负有指导基层文化站业务工作，辅导、培训基层文化干部的职责。为更好地推动基层文化建设，安县文化馆一直坚持业务干部派驻制度，并据此定期对各业务干部的辅导情况进行考核。多年来，安县文化馆深入乡镇、村、文化大院举办各类培训，实现人均逾60天/年的基层辅导频次。

（二）常态服务模式的问题

常态服务模式是安县文化馆在多年的群众文化实践中逐渐摸索出来的，被群众广泛接受并认可，但仍存在一些问题：

1. 活动组织单向化

当前，送文化下乡已成为基层文化工作的常态，但文化下乡多采用单向型活动组织形式，部分群众虽参与其中，却仍未走出"我办你看"的传统套路；同时，有的送文化活动脱离当地群众需要，内容陈旧，节目老套，导致公共文化资源浪费，这种以"送文化"为主体的公共文化供给模式，已经越来越不能满足人民群众的需要。鉴于此，多途径创新送文化下乡的内容与形式，以进一步激发人民群众的文化创造力，便成为群文工作者面临的挑战。

在新时期，群文工作者亟须转变工作方式，跳出"送文化"的概念框架，变单向组织为双向参与，变"送文化"为"种文化"或"建文化"，引导人民群众自发活动、自建文化。

2. 特殊化服务缺乏

群众文化服务具有普遍性，其服务对象具有非排他性。文化馆现有针对少年儿童、老年人的文化艺术培训，但缺乏面向特殊人群如残障人士、留守儿童的专项文化服务。我国当前正处于社会转型期，特殊群体生存状态尤其值得社会各界关注。因此，除了面向普通群众提供文化服务外，文化馆还应给予特殊群体重视和关怀，这也是构建和谐社会、推进文化建设的重要方面。

二、服务模式创新实践

根据当前群众文化工作呈现出的特点及问题，安县群文工作者认真研究，积极探索基层文化服务的新模式，逐步向特色化、协作化、延伸化等高层次服务发展。

（一）特色基层文化基地服务模式

安县下辖15镇、3乡，各乡镇都分别设立了文化站。其中花荄、桑枣、秀水、塔水等镇因人口集中和群众文化基础良好，其群众文化活动一直较为活跃，但其他乡镇则在硬件建设和软件服务上都相对薄弱。经过反复的调查研究，安县文化馆确立了"一村一特色，一镇一品牌"的特色基层文化基地建设方案。

根据各乡镇的独特文化优势，命名、授牌了桑枣镇书法美术示范点、晓坝镇剪纸培训基地、兴仁乡特殊教育学校的残疾人群众文化活动基地等15个基层文化活动基地。

特色基层文化基地的建设是在原有的派驻式服务基础上的创新与完善，是一个系统性、长期性的工程，旨在通过这一平台的搭建，丰富公共文化服务体系的内涵建设：变"送文化"为"种文化"，使当地百姓能以基地为依托，自发地开展特色性文化活动，进而使每一名基地活动成员都能成为群众文化的组织者和文化建设的推动者，培育基层文化苗子；彰显地方文化特色，突破千镇一面的广场舞活动，增强基层文化的造血功能，孕育地方文化精品；弥补文化馆对残障人士、未成年人、外来务工人员等特殊群体的服务空缺。

（二）校地合作模式

在以往的群众文化活动中，安县文化馆便开始整合来自艺术院校的专业资源，但是这类合作趋于表面，尚未形成深入、长效的合作机制。围绕安县民间音乐这一优势资源的开发利用，安县文化馆和绵阳师范学院音乐与表演艺术学院签订框架协议，联合组建安县民歌传习所，并在安县山歌会的组织与举办、培养民间音乐传承人、民间音乐理论研究、学生实践等方面开展合作，形成了双方优势互补、互利共赢的良好局面。尤其在安县山歌会活动中，校地合作机制发挥了重要作用：老师和同学配合文化馆开展民歌采风，参与安县山歌和歌手筛选，并协助进行民间音乐作品的舞台化及创新处理，极大地提升了整个活动的专业水准。

校地长效合作机制有助于明确双方的权利与义务，提升公共文化服务水平，现已成为安县文化馆服务的新模式。安县文化馆今后还将结合实际情况拓展合作范围，与更多的艺术院校展开合作。

（三）馆团协作模式

安县文化馆拥有多支馆办文艺团队，并于近年来不断发展壮大。安县文化馆与馆办文艺团队共同发展，逐渐形成了较为成熟的馆团协作模式。这些文艺团队挂靠在文化馆名下，它们在充分享受文化馆提供的免费公共文化服务资源的同时，自觉承担起再造文化产品的义务。

文化馆馆办团队，如文化馆锣鼓队、文化馆合唱队、文化馆民乐队，在安县群众音乐会、安县山歌会、戏剧演出周等文化活动中都有上佳的演出表现。安县文化馆舞蹈队在文化馆业务干部的辅导下，精心编排《又见萨朗女》，该节目在四川省第16届"金秋杯"舞蹈大赛中荣获金奖。

馆办文艺团队是文化成果的享受者，同时也是文化产品的创造者，它们将文化馆与群众连接起来，通过再造文化产品的形式，实现文化馆、馆办文艺团队、群众三者之间的良性互动，创新了公共文化的服务形式。

结语： 未来，安县文化馆还将探索完善数字文化服务，尝试开展"预约式"文化服务，继续创新服务方式，提高服务效能。总之，在创新文化馆服务方式的过程中，要始终以人民群众的需求为出发点和落脚点，通过特色基层文化基地、校地合作、馆团协作等服务模式，充分发挥文化馆的中心枢纽作用，激发人民群众的文化创造活力，变"送文化"为"种文化"，以达到"兴文化"的终极目标。

从生态美学视野探寻"雎水·春社踩桥"的民俗意蕴

□ 黄长路 牟意

在川西雎水镇的雎水河上横亘着一座单拱石桥,名曰"太平桥"。平日里,太平桥寻常无奇,默默联结着河流两岸雎水人的生活往来,但在每年立春后的第五个戊日,人们自发来到太平桥赶场踩桥,仪式隆重,场面浩大,堪称川西北一带的民俗奇观。这一民俗活动从石桥建成之日兴起便延续至今,成为当地特有的民俗事项。

从民俗学来看,"雎水·春社踩桥"民俗活动是集信仰、仪式、表演、饮宴、庙会、集市等各类文化样式于一体的文化综合体,它是民众在特定的时空场域内做出的文化行为,经过两百余年的文化积淀,形成了相对稳定的民俗模式,并逐渐演变成为当地民众生存的基本文化逻辑。

作为一种独特的民俗文化,"雎水·春社踩桥"在其形成、发展与演变的过程中,充溢着雎水人对自然、对社会、对自身的自觉或不自觉的生态审美行为,这正暗合了生态审美学的理论主张。结合民俗学的基本观点,从生态审美学这一新兴视角去探究"雎水·春社踩桥",具有较强的时代性与独特性。

一、时空与仪式:"春社踩桥"的民俗文化概貌

(一)雎水人的时空选择

踩桥活动肇始于清代,在这个时代,人们无法科学解释自然现象,面对自然灾害,往往心生恐惧,惯于将其看作神灵或魔怪所为,而在川西北一带,由于交通闭塞、文化落后,这种心理更是极为常见。据当地传说,早年雎水河一到夏季便河水泛滥,村舍农田都深受其害,村民求神问卦,才知是上游罐滩处有水怪,需要在虎头崖下修建石拱桥并以踩桥方式彰显声威,方能镇之,于是当地乡绅开始捐资修桥。

巧的是,石拱桥落成之时正当春社日。"社",地主也,即我们常说的土地神。农耕时代,人们对滋养万物的土地十分崇拜,每年春秋两季都要隆重举行祭祀土地神的活动。自宋代起,国家将立春后第五个戊日定为春社日,即为祭礼土地的日子。雎水人怀着对土地神的崇敬以及对水怪的恐惧,于春社日开始踩桥,祈求土地神能佑一方水土,免去水灾,且为石桥取名为"太平桥"。

雎水人这种对自然恐惧,进而向民间信仰寻求荫庇的主动行为,是在特定的时间与空间环境下发生的。在石桥落成后的两百余年间,时空因素继续作用于踩桥民俗。在空间上,随着春社踩桥为更多的人熟知,周边城市的人们也逐渐参与其中,近年来甚至有海外的民俗爱好者赶场踩桥;在时间上,从古时到现今,踩桥的民俗意义得到明确并广泛传播。

(二)民俗仪式的符号化

春社踩桥这一民俗活动作为一个整体,由具体的民俗仪式过程、民俗物及其他的民俗元素构成,每一个构成部分都是客观的外显存在,却又隐性内在,前者为能指,后者是所指,它们共同表达民俗

★ 该论文在中国文化馆协会、银川市人民政府主办的2016年中国文化馆年会征文活动中获优秀奖。

符号的象征意义。由此，我们可以把春社踩桥中具有代表性的民俗仪式，如祭桥、子夜踩桥、拜干爹、丢药钱、娃娃拜狮，以及红布条、旧衣物等民俗物看作能指与所指结合的民俗符号。子时踩桥，是为祈求一整年的平安顺当；在桥上扔掉自己穿过的衣物，是为了祛病免灾；在手臂上栓条红布条，即能与神结缘，自然也就避邪趋吉了。

两百余年来，这些民俗仪式已为睢水人所认同、接受并践行，他们在仪式中倾注自己的情感，表达着各自的生产或生活愿望。在这一过程中，仪式的能指与所指已约定俗成，祭桥敬神、踩桥求平安、拜干爹求荫庇、丢药钱祛晦、钻狮肚求健康等民俗仪式蕴藏着睢水人刚健、清新、欢娱、福乐的审美精神，体现着人们对于真善美的淳朴追求。

二、创造与演绎：睢水人的民俗角色

民俗源于人们的日常生活实践，人是民俗的创造者。在民俗的养成过程中，每一个人都是民俗的承载者、传习者、演绎者、传播者，他们在民俗活动中持续活跃，扮演着重要的民俗角色。从生态美学来看，民俗形成的过程也是人们的审美形成过程，这之中反映着审美主体和外在自然、社会的和谐统一，因此，人与民俗仪式以及民俗物共生共存，具有生命共感。

睢水人在特定的时空环境下创造了春社踩桥这一民俗活动，并在随后每年的踩桥活动中，自觉将自身的审美体验与生命价值融于其中，他们体味生命与健康的美好、感受石拱桥与周边自然景色的交融、体悟与家人乡里的真诚往来……正是通过集聚起来的审美趣味和价值判断，睢水人形成了对踩桥民俗的群体认同，并在年复一年的踩桥活动中，传播并演绎祭桥、拜干爹、丢药钱、娃娃拜狮等民俗仪式，使春社踩桥成为睢水人的群体记忆。

三、从敬畏到狂欢：生态美学视野下的变迁图景

民俗史研究表明，任何一种民俗，在其形成和发展的过程中，总会发生或大或小的变化，这种变化根源于人们日常生活实践、认知水平和社会主流意识形态的改变，人对自然、对社会、对自身生态审美行为和态度的改变，最终则表现为民俗仪式、民俗观念等方面的变迁。春社踩桥民俗的演变，亦是如此。

（一）敬畏：人与自然的博弈

从春社踩桥活动的起源来看，人们之所以要修桥踩桥，是为了镇吓水怪，使村舍免受洪水之灾。那个时代，人对自然认识不足，对自然的改造力较弱，人在自然面前显得渺小而无助，人的生命随时都受到自然的威胁。人们对自然充满敬畏，同时又对生命充满崇拜、对死亡充满恐惧。在与自然的博弈中，人类并非强者，因此人类做出了趋利避害的本能选择，祈福消灾也便成为睢水人参与踩桥民俗的主要动因。由此看来，修桥、踩桥实质上都是在协调人与自然的关系，这是中国古代天人合一的美学思想的直接体现。

此外，从石拱桥的建筑外观也可看出这种人与自然和谐交融的美学思想。这座距今已有200余年历史的石拱桥，桥高15米，宽9.1米，南北跨度39.5米，桥身为一巨型单孔半圆，既不用钢筋，也不用水泥，全部由石块砌成，整座桥犹如一道彩虹横卧水上，造型美观却不突兀，与周围的自然景观融为一体。

（二）协调：人与人的协调

从生态审美学的视角来看，在人与人关系这一层面，民俗具有协调人与人之间关系、规范个体行为的作用。以踩桥会上最能体现桥祭遗风的拜干爹为例，父母在人潮汹涌的踩桥会上为身体不好的娃

娃找干爹，除了以桥神作保外，还需生辰八字匹配。拜好干爹，干爹会抱着孩子在太平桥上走三遍，以感谢桥神的神助，多年来这种拜干爹的仪式也为睢水人所认同并传习下来。在这一民俗仪式中，以太平桥为媒，以八字相合为缘，使孩子与干爹确立了亲近的关系，人们希望借助桥神之意挑选出来的干爹能庇佑孩子健康长大。遵循天意的认亲方式，反映着睢水人祈求平安、健康的生存理想，旨在借助神意建立、协调人与人之间的关系，以此实现人自身的发展。

（三）狂欢：人与社会的相融

狂欢这一概念源于西方，狂欢消解等级、特权，注重群体思想解放，且每一个个体都在这种群体的解放之中获得个人的狂欢体验。睢水踩桥活动延续到现今，在最初的敬畏、祈福意蕴之余，更融入了狂欢的元素。

现今的踩桥活动不仅仅局限于最初即有的桥上走三遭这样简单的仪式，还逐渐加入了丢药钱、扔旧衣、拜干爹、文艺演出、市集买卖等活动，这之中有了人们对理想社会的设计、审美情趣的表达、幸福生活模式的虚构。例如人们在桥上扔掉自己穿过的衣物、烧掉人偶，仿佛在此过程中，找到与神对话的机缘，精神压力得到释放；在文艺演出中，人们陶醉于自己的力量与舞姿中，身体和心灵得到了飞升。以美为介，人们在踩桥活动中将对现实的不满与理想情景连接，自由地传达对生命的感悟，激发人们不同的审美机能，使不同层次的人得到不同层次生理和心理的满足。

结语： 春社踩桥民俗中的岁时节令、祭祀信仰、市集贸易、文艺游艺等，无一不具有典型的民俗生态审美形式，这些民俗仪式又是在具体处理人与自然、人与人、人与社会之间的审美关系。2012年，"睢水·春社踩桥"被中国人类学民族学研究会、国际节庆协会、中国民族节庆峰会组委会评为"中国优秀民族节庆·最具特色民族节庆"。要使春社踩桥之民俗继续保持生命与活力，其价值与意义永恒，就要以美启真、以美导善，充分发挥其增强民众凝聚团结的社会功用。

浅析广场舞的发展现状及应对策略

□ 石薇

广场舞是一种自发组织的群众舞蹈。广场舞作为现代广场文化的一种重要表现形式，已成为城市文化建设不可缺少的内容，也是最具特色的群众文化活动之一。如今的广场舞不仅活跃在祖国大地的各个角落，甚至还出现在莫斯科红场、纽约时代广场上。正是因为这种舞蹈不限年龄，动作简单，舞步重复，易于掌握，节奏、韵律感较强，同时也不受场地的限制，所以深受民众追捧。

持续火热的广场舞现象引发了人们的关注，有人说广场舞显示了我国丰富多样的群众文化生活，也有人说广场舞跳到国外对中国形象的传播有利有弊。其实，从任何一个角度去深究广场舞的价值和意义，都将得出不同的结论，而广场舞在迅速发展的过程中，也产生了一些问题，须予以重视并解决。

一、广场舞蹈当前存在的问题

广场舞是深受老百姓特别是中老年人喜爱的一种健身锻炼形式，对中老年人的健康、城市精神文明建设的作用是毋庸置疑的，但是日益壮大的广场舞队伍与当前一些社会生活产生了矛盾，直接表现为个体活动与公共空间的冲突，具体体现在以下几方面：

（一）缺乏专业指导

每一支广场舞舞蹈队在创编动作之初，都是自发的，绝大多数的广场舞舞者未经过专业老师的指导，完全出于自娱自乐，并未起到预期的锻炼效果。甚至会出现锻炼时间过长，超出中老年人身体负荷等现象，将会给老百姓带来健康隐患。因此需要专业舞蹈老师进行科学的健身指导。

此外，由于广场舞参与者越来越多，广场舞的召集人和领头人的影响力也越来越大，但这些人员的个人思想素质却参差不齐，他们之中既有积极传播社会正能量的，也有将广场当成传播个人不满情绪的平台的。从某种程度上看，召集者的言行是影响基层社区稳定和谐的重要因素。因此，广场舞领头人、召集人的培训和引导问题刻不容缓。

（二）场地管理不明确

广场舞蹈活动一般都在公园、城市广场、社区空地等开展，但由于此类场地管理不明确，常常引发舞蹈队之间、舞蹈队与商贩之间的冲突。在政府管理方面，直接对此类场地进行管理的是城管部门与环保局，工商局、税务局、文化局等这类职能部门并未直接管理，这样就出现政府管理的一些漏洞。一方面职能没有得到很好的行使，另一方面参与群众的利益受到侵害后找不到合适的渠道解决，并且由于没有工商部门的介入，此类经营场地一般都不具有严格的公平性，各个场地地点的确定没有一个明确的规则，这就成了广场舞发展中不可忽视的问题。

（三）场地不足

当前的城市广场舞活动大都在居民小区周边的空旷场地进行，而小区在建设规划之初，并没有将市民的广场舞活动场地需要考虑在内。随着城市的发展，原有的场地已经远远不能满足广大广场舞活

---

* 该论文在陕西省艺术馆、陕西省群众文化学会主办的2015年中国广场舞·西部论坛征文活动中获三等奖。

动爱好者的需要，因此出现广场舞噪音扰民及场地私占的情况，严重影响了社会的和谐稳定。

二、促进广场舞良性发展的对策

从广场舞的现状以及各类媒体对广场舞的报道来看，广场舞的形象已出现危机。但危机也意味着转机，关键在于广场舞参与者、管理部门、媒体等相关主体如何找到实现转机的途径和方法。个人认为可以从以下几个方面进行思考：

（一）解决好广场舞蹈场地问题

广场舞的问题归根结底是场地的问题。基层管理部门应该深刻认识到广场舞运动丰富居民精神文化生活、营造新型文化氛围、提高居民身体素质的重要作用，努力为老百姓的体育健身运动做好服务工作，积极对广场舞的场地进行开发、整合和管理。要积极重视广场舞的场地开发和建设，投入资金，将一些废弃不用的场所进行开发整治并改造成宽阔的场地，提供给附近市民进行广场舞活动使用。相关职能部门要从源头抓起，比如出台相应的针对广场舞的管理规定，新建楼盘要为居民预留文体活动场地，活动场地和居民楼保持一定的距离，安装隔音设施等等。基层社区要发挥自身的协调管理作用，将辖区内不同居民小区的广场舞活动场地进行固定管理，以召集人的名义在社区备案登记，同时及时协调争夺场地的纠纷，让广场舞场地成为周边市民和谐交流的平台，打造居民邻里和睦相处的美好桥梁，以促进广场舞活动健康有序发展。

（二）积极做好团队负责人的引导和培训工作

在广场舞越发受到百姓欢迎之际，其规模也日益壮大，广场舞负责人的个人素质也必须得到足够的重视。当前我国广场舞健身教练严重欠缺，这导致广场舞在开展时容易出现不科学的问题，政府相关部门要高度重视广场舞健身教练的培养工作。比如，当地的文化馆专业老师就可对团队负责人进行业务培训指导，这样有助于整支队伍舞蹈队伍水平的提升，同时也有助于队伍的规范化，让更多居民不花一分钱也可以学习系统正规的舞蹈知识。在队伍的管理上，相关的领头人也应发挥积极正面的影响，尽量避免与其他队伍发生摩擦，不要因为场地、人员以及一些不必要的小问题而互相指责。有一个好的领头人才能带出一支出色的队伍，只有相互合作、谦让，我们的广场舞队员才能更加身心愉快地参加健身锻炼。

（三）加强相关部门的联动管理

城市管理行政执法局、环保局、工商局、税务局、文化局等职能部门必须加强联动治理，共同营造一个安静祥和的氛围，让市民各得其所。科学安排公共作息时间，合理规划空间，引导人们养成相对安静的娱乐习惯，比如制定合理的城市功能分区、设定合理的广场舞活动时间段等。当地的政府职能部门还应充分利用公共设施，搭建舞台，组织丰富多彩的广场舞展演及丰富的文体艺术活动，让这些广场舞爱好者有一个展示自己和提高水平的机会。这样，我们的广场舞将会良性地发展下去，产生更大的社会效益。

（四）加大传媒正面传播的力度

新闻媒体是社会公众阐述主张、发表言论以及开展各种社会文化活动的重要平台。从社会学角度看，人们通过媒体发表意见、展示生活情景有助于增强社会的认同感，协调矛盾，实现社会整合。广场舞的正能量的宣导是必不可少的，只有加大积极正面的引导，广场舞才可在逆境中生存。

广场舞的参与者多为中老年人，占到多数的都是"大妈"群体，近两年当"大妈"遇上"广场舞"，媒体多是持批评、嘲讽的态度。媒体理应注意到这一现象，为广场舞参与者提供发声机会，坚持全面、客观的报道原则，而不是一味嘲笑和污名化广场舞参与者，这是化解广场舞相关社会矛盾的前提。

结语： 广场舞产生和发展于人民群众中，普通群众既是它的创造者又是它的表演者，所以这种艺术能够深深扎根于广大群众的社会生活中，久盛不衰。我们需要及时地审视广场舞这一活动在当前社会所出现的形象危机，新闻传媒作为建构广场舞形象的重要载体，更应该发挥出积极作用，全方位反映广场舞活动的面貌，充分展示各个相关群体的诉求，让各类问题得到解决，使我们热爱的广场舞以积极正面的形象持续发展下去。

广场舞在构建公共文化服务体系中的作用

□ 陈彦霖

近年来，随着经济社会的不断发展，人们的闲暇时光不断增多，越来越多的人追求健康快乐的生活方式，特别是一些中老年人，在享受天伦之乐的同时，更是将对健康快乐的追求作为人生的重要内容之一。于是，一种生活方式、一种文化娱乐现象便应运而生。一个小音箱，几首富有节奏感的舞曲，几十个老姐妹儿，由中国"大妈"领衔主演的广场舞在几年的时间风靡大江南北，出现在城市和乡村每一个开阔的场地上。

据统计，目前我国广场舞爱好者超过2亿人，且在不断增加，年龄层分布广泛，其中老年人是主力。中共中央办公厅、国务院办公厅联合下发的《关于加快构建现代公共文化服务体系的意见》中明确提出要"活跃群众文化生活"。广场舞简单易学，参与人员众多，对于丰富和活跃广大人民群众的精神文化生活有着重要的作用，而这也正是构建公共文化服务体系的主要目的之一。因此，广场舞在构建公共文化服务体系中的作用不容小觑。笔者作为群众文化工作者，写作此文意在结合本地群众文化活动的开展，对广场舞的特性及其在构建公共文化服务体系中的作用作一简单探究。

一、广场舞的特性契合公共文化服务体系的实质

党的十七届六中全会通过的《中共中央关于深化文化体制改革、推动社会主义文化大发展大繁荣若干重大问题的决定》指出：满足人民基本文化需求是社会主义文化建设的基本任务。必须坚持政府主导，按照公益性、基本性、均等性、便利性的要求，加强文化基础设施建设，完善公共文化服务网络，让群众广泛享有免费或优惠的基本公共文化服务。广场舞的开放、包容、易学、亲民等特征，契合了公共文化服务体系建设的基本要求，成为当下公共文化服务体系最响亮、最具影响力的标志。

一是公益性。政府提供的公共文化服务基本上是免费服务，或是低于成本、收费很少的服务，具有公益性质。梓潼县目前开展的各项广场舞活动基本都是免费的（有的会象征性收点电费）。公民只要具备基本的活动能力，都可以参与活动。

二是均等性。广大公民不分男女老少，都平等地享受公共文化服务。

三是便利性。政府提供的公共文化服务应是近距离的、经常性的服务，方便群众获得和参与。广场舞本身就具有简单、易学的特点，而且开展活动的场所要求很低，室内外皆可，特别适合在广场等宽阔的地方进行。

四是基本性。政府提供的是基本文化服务，而不是所有文化服务。"帝乡广场舞"作为梓潼县文化馆推行的"文化惠民"项目，是梓潼县文化馆近年来重点开展的文化服务项目，成为培训和广场演出的主要项目。

梓潼县的广场舞除具有以上四个方面的基本特性外，还有其自身特性。

一是地域性。梓潼传统文化底蕴深厚。梓潼广场舞因为一些传统文艺爱好者的融入，在编排上融合了川西北、梓潼的本土特色，例如《莲箫舞》《花灯舞》等舞蹈里，都充满着本土人文风俗和传统音乐的元素，令舞者倍感亲切。

★该论文在陕西省艺术馆、陕西省群众文化学会主办的2015年中国广场舞·西部论坛征文活动中获优秀奖。

二是多样性。由于一些退休的老一代专业文艺爱好者的加入，梓潼广场舞融入了很多民族舞的成分。另外，梓潼县文化馆也加强了对各社区、各乡镇广场舞队的指导，帮助编排了一些适合在广场演出的舞蹈。特别是近两年来，梓潼县分别举办了多届民间民俗文艺大赛和广场舞大赛，带动了广场舞的发展，提升了它们的观赏性和艺术性。因为以上原因，梓潼县广场舞逐渐呈现出多样化的特征。

三是充满正能量。梓潼县从2012年开始启动省级文明县城的创建，以此为契机，县委宣传部、文明办，县文化主管和业务部门都有意识地加强了对广场舞的指导。通过不断地指导和引导，梓潼县各社区自编的一些舞蹈主题突出，充满正能量。比如，《红飘带》《文明歌》《社区好》等广场舞蹈主题鲜明，凝聚人心，时时传递着"文明、奉献、和谐、幸福"的正能量。

广场舞是基层群众文化活动的重要组成内容，充分契合了公共文化服务体系建设的基本要求。因此，广场舞是一项值得鼓励和发扬的文化娱乐活动，在加强构建公共文化服务体系方面具有重要的作用。

二、广场舞在构建公共文化服务体系中的作用

根据以上论述，笔者认为，广场舞作为基层群众文化活动的重要组成内容，是实现现代公共文化服务体系均等化的重要抓手，是推进我国现代公共文化服务体系建设的重要切入口，其作用主要表现在以下一些方面：

一是丰富群众文化生活。中共中央办公厅、国务院办公厅联合下发的《关于加快构建现代公共文化服务体系的意见》中有这样的表达：活跃群众文化生活。……积极开展全民艺术普及、全民健身、全民科普和群众性法治文化活动。实施基层特色文化品牌建设项目，以富有时代感的内容形式，吸引更多群众参与文化活动。引导广场文化活动健康、规范、有序开展。……鼓励群众自办文化，支持成立各类群众文化团队。通过组织示范性展演等形式，为民间文化队伍提供展示交流的平台。……培育积极健康、多姿多彩的社会文化形态。从上面的叙述可以看出，活跃群众文化生活是构建公共文化服务体系的重要内容。而广场舞作为一种极其"接地气"的文化活动，简单易学、经济实惠，有效满足了人们运动健身、群体归属、自我实现等需求。强身健体是人们参与广场舞的原始动力。老年人对群体归属感更为看重，广场舞的社交功能可以驱散他们在生活中的孤独感和逐渐被社会边缘化的恐惧感。此外，广场舞还为普通人提供了自我实现的舞台，不论年龄、身份、背景，只要舞艺出众就可以获得关注、尊重和认同。因此，广场舞积累了庞大的社会基础，广场舞在活跃群众文化生活方面具有重要的作用。

二是培养群众文艺队伍。广场舞是群众参与面最广、积极性最高、最接地气、需求最大的群众文化活动之一。它有利于社区把基层居民自发、分散的活动有效地组织起来，并通过团队组织运作、社区居民积极参与的群众性社区文体活动形式形成团队。这就实现了文体团队的组织有序、运作规范。近年来，梓潼县文化馆通过加强对广场舞队伍的指导，通过以广场舞大赛等群众文艺赛事做带动，培养了多支有组织、有素质、有水平的广场舞队伍，也使它们逐渐成为梓潼县各项群众文化活动的生力军，培育了一批文化品牌项目，建立了一套文化运行机制，从而带动了整个城乡基层文化活动的深入开展，促进了梓潼县群众文化活动的繁荣。

三是实现非物质文化遗产的动态保护。梓潼县传统文化底蕴深厚，非物质文化遗产异常丰富。文昌洞经古乐被列入国家级非物质文化遗产，另有文昌出巡、大新花灯、马鸣阳戏、梓潼民歌等各类省、市级非物质文化遗产40余项。梓潼县文艺工作者在对广场舞者的培训和指导过程中，把非遗元素应用到简单易学的舞蹈上，二者相互依托，相生相长，既使广场舞显得更加亲切，也较好地促进了非物质文化遗产的动态保护，对于非物质文化遗产的保护、传承具有重要的作用。

四是有利于和谐社区建设。社区是城市经济和社会生活的基本单元，积极向上的社区文化是和谐社区建设的精神支撑和有效载体。广场舞互动性强，社区居民可以社区为依托，以开展广场舞运动

为纽带，把不同年龄、不同性别、不同职业、不同阶层的人联系起来，形成具有共同爱好的社会群体，有利于广大群众形成对家园的认同感和归属感。

综上所述，广场舞在构建公共文化服务体系方面的作用是显而易见的。当然，近年来随着广场舞的不断发展，其带来的噪音扰民等负面影响也较为突出，由此还引发了一些极端情况。实际上，广场舞本身并没有错，问题的根源在于公共空间资源与群众文化需求的供需矛盾，这需要政府部门不断加强公共空间资源的建设，需要行业部门加强对广场舞的引导、扶持和规范。我们相信，经过引导、扶持和规范的广场舞将会在构建公共文化服务体系方面发挥越来越重要的作用。

浅议"互联网+"时代下文化馆发展的策略和机遇

□ 刘滟琳

文化是民族的血脉，是人民的精神家园，文化建设是社会主义建设的重要组成。习近平总书记多次讲话指出，一个国家、一个民族的强盛，总是以文化兴盛为支撑的，中华民族伟大复兴需要以中华文化发展繁荣为条件。文化馆作为我国公共文化服务体系中的重要组成部分，是我国文化建设的前沿阵地。多年来，在党中央的关怀下，文化馆为党的群众文化事业做出了重要贡献，在丰富人民精神生活、繁荣社会主义文化、建设社会主义精神文明中发挥了重要作用。进入 21 世纪以来，随着我国社会、经济的高速发展，文化发展也进入了多元化时代，报纸、电视、会展、演出等传播形式正在冲击着文化馆的传统角色和地位，而互联网技术的飞速发展，可以说从根本上改变了文化传播的速度、深度和广度。在党中央提出"互联网+"这一创新驱动新理念后，文化馆如何在"互联网+'大背景下突破传统思维，抓住机遇，借力融合，成为当前文化馆建设中需要认真思考的命题。

一、"互联网+"的再认识

"互联网+"也就是通俗所说的"互联网+各个传统行业"，国内"互联网+"概念的提出，最早可追溯到 2012 年 11 月，于扬在第五届移动互联网博览会上的发言。2014 年 11 月，李克强总理出席首届世界互联网大会时指出，互联网是大众创业、万众创新的新工具。2015 年马化腾在两会上提交了《关于以"互联网+"为驱动，推进我国经济社会创新发展的建议》。2015 年 3 月 5 日，李克强总理在政府工作报告中明确提出"互联网+"行动计划，将"互联网+"作为中国经济体制增效升级的"新引擎"并提升为国家战略。"互联网+"本质上就是利用互联网的平台、信息通信技术把互联网和传统行业进行深度融合，以优化生产要素、更新业务体系、重构商业模式等途径来完成经济转型和升级，提升全社会的创新力和生产力，是一种具有鲜明时代特征的新经济形态，是创新 2.0 下的互联网发展新形态、新业态。"互联网+"具有"跨界融合、创新驱动、重塑结构、尊重人性、开放生态、连接一切"等六大特征，在与传统产业的融合发展中，发挥了"1+1＞2"的作用，深层次地改变了大众的生活模式。

二、"互联网+文化馆"给文化馆服务带来的新变化

伴随知识社会的来临，在"互联网+"时代，无所不在的计算、数据、知识通过互联网紧密相连，并与不同传统行业结合，造就了无数奇迹和成就，极大地改变了社会生活模式。文化馆是为大众提供群众文化服务的平台，作为传统文化服务行业，也可借助"互联网+"在思想理念、运营管理和文化服务上实现突破和新的跨越。"互联网+文化馆"就是通过互联网，利用信息通信技术向大众提供信

★ 该论文在中国文化馆协会、马鞍山市人民政府主办的 2017 年中国文化馆年会征文活动中获二等奖。

息查询、远程影音图像、讲座培训、资料下载、设施场馆管理等多种形式的群众文化服务，也就是将文化馆的传统服务改变为数字化、网络化、知识化的融合服务，其带来的新变化主要体现在以下方面。

（一）"互联网＋文化馆"突破了传统文化馆的时空限制

在传统文化馆服务模式中，文化馆依照市场、文化资源、受众对象、受众数量、设施设备、场地、地理地域、季节等不同客观条件，自行设计了相关服务，人们仅能通过实地接触、使用、参观、学习等方式享受相应服务，其传播和辐射影响面小。通常来说，文化馆作为服务主体，其场地、设备设施、人力资源等是有限的，影响范围受自身客观条件所制约。人民群众作为服务客体，受到年龄、身体、个人爱好、天气、交通、环境等因素的限制，其人数也是有限的。主体和客体双方在行为过程中都处于被动状态，两者的沟通交流互动性弱，针对性差，灵活性不足。但在"互联网＋"背景下的文化馆服务模式中，互联网为文化馆（供给方）和大众（需求方）搭建了一个快捷而实用的互动平台，文化馆可以通过这个网络平台将自身相关文化资源以网络资讯的方式推送给大众，大众可以通过各种网络终端到相关文化馆的网站上浏览、下载资料，也可以了解服务项目、活动计划的实施情况。文化馆和大众之间以网络邮件、咨询留言、新闻评论、数据调查、论坛交流等形式进行信息交互，实现文化服务的无限传播，大众即使足不出户也可享受到文化馆的相关文化服务。理论上，只要有信息网络的存在，就可以将文化馆的服务延伸到那个地方，这从根本上突破了文化馆公共文化服务的时空限制。

（二）"互联网＋文化馆"带来了服务模式的转型升级

"互联网＋"的"＋"代表的是融合，其核心关键词是互联网，互联网作为一种广义的、宽泛的、公开的、对大多数人有效的传媒，实现了真正的大众传媒的作用，可以更快、更经济、更直观、更有效地将文化思想或信息传播开来。特别是近10年来，以移动互联网、云计算、大数据为特征的第三代信息技术迅猛发展，"互联网＋"更体现在网络互联的移动化和泛在化、信息处理的集中化和大数据化、信息服务的智能化和个性化三大方面。新一代信息技术发展的热点不是信息领域各个分支技术的纵向升级，而是信息技术横向渗透融合其他行业，主要方向将从产品技术转向服务技术。文化馆是新社会公共文化的重要传播载体，必须借助互联网技术，实现从传统的服务理念向"以用户为中心"的新服务理念转型，充分利用新媒体技术为文化馆和用户之间建立起良好的群众文化沟通机制及文化资源展示平台，着手提高文化馆的服务效能。数字化文化馆主要依赖于公共网络，通过网站、微博、微信、QQ群、论坛或其他交流平台向大众提供服务，具有多方面优势。首先，它打破了传统的"点对点""点对面""定时服务"等旧模式，人民群众可以通过电脑、网络电视、手机等随时随地在网上浏览公共文化资源或进行互动，完全不受实体文化馆工作时间、开放时间、馆员专业素质限制，享受个性化、动态化、实时化、全天候的服务，实现了网络时代信息的平等性、及时性和泛在化共享。其次，传统意义上的文化馆受制于客观因素，无法实现特色化、趣味化、个性化、通俗化的服务，但转型为"互联网＋文化馆"模式后，则为单一个体的"个性化""私人订制"服务提供了可能。开发数字化文化馆的特定功能模块，采用注册登记、特殊服务申请、个人付费定制、设施场地预订等方式可实现文化馆受众群体的动态化、个性化、全面化服务。再次，借助网络技术平台改变组织文化活动的方式，可以更快更好地为群众提供服务。传统形式下，举办戏曲、书法、文学、摄影、舞蹈等活动，参赛者只能到指定场所参加，易产生准备周期长、受众面小、实效性差、评比透明度不够等弊端。而通过互联网将作品发到文化馆网站指定平台，在网上进行作品公示，在赛期内供群众在网上浏览、投票、点赞、评论、推荐等，可以弥补传统模式的不足。最后，在"互联网＋文化馆"模式下，可以有效聚合文化馆与人民群众的主客体关系，共同为文化馆建设集智聚力。通过收集社会公众对服务的反馈意见和留存数据档案，经过大数据分析摸清文化受众群体的人员构成、需求分布、闲忙时间段等，适时调整文化馆工作方向、服务内容、管理运营等，让社会公众既是被服务对象，也是文化馆建设的参与者，这既能使文化馆保持良好的运行势头，又能为大众提供更快捷、全面、舒心的服务，更紧密地拉近文化馆与民众的关系，反过来也更好地促进了文化馆品牌的形成。

（三）"互联网 + 文化馆"带来了全国文化馆整体格局的变化

中央办公厅、国务院办公厅印发了《关于加快构建现代公共文化服务体系的意见》，其核心任务之一就是"促进基本公共文化服务均等化"，这也是公共文化服务的最终目标。而馆舍硬件条件和专业人员素质是制约各地文化馆公共文化服务实现均等化的两大重要因素。"互联网 + 文化馆"模式下文化馆的网络化、知识化转型，相对减轻和降低了人们对实体文化馆的依赖度，也为愿意接受文化馆公共文化服务的群众提供了均等、便捷的机会，较好缓解了制约文化馆公共文化服务均等化的硬件、人员等瓶颈问题。通过政府公共网络，还可以使全国文化馆行业形成一个有机的网络化整体，从而建立全国文化馆行业大数据资源库，实现全国资源的共享、聚合，再通过对全国文化馆网络服务进行大数据技术的应用实时分析，就能为提高各地文化馆公共文化服务水平，提高服务的精准性提供有力的数据支持。另外，"互联网 + 文化馆"模式下形成了全国文化馆建设"一盘棋"格局，有利于缩小不同地区之间、区域之间、城乡之间的发展差距。在"互联网 + 文化馆"的网络化建设方面，可将各地文化馆重新调整到同一条起跑线上，在经济欠发达地区、人口较为分散的地区，可以根据自身实际需求，发挥"后发优势"。

三、"互联网 + 文化馆"模式下的机遇

（一）政策利好

"互联网 +"最核心的本质是对资源的优化配置、对流通链的革命、对供应链的重组、对产业链的优化、对价值链的再分配。从李克强总理 2015 年 3 月 5 日首次在政府工作报告中提出"互联网 +"行动计划的国家战略后，"互联网 +"已连续 3 年出现在政府工作报告中，可见国家对"互联网 +"的重视程度。随后国务院和各部委发布了系列"互联网 +"发展政策，全方位布局"互联网 +"发展。2015 年 5 月，商务部发布《"互联网 + 流通"行动计划》；2015 年 6 月，工信部发布《关于放开在线数据处理与交易处理业务（经营类电子商务）外资股比限制的通告》；2015 年 7 月，十部委联合发布《关于促进互联网金融健康发展的指导意见》；2015 年 6 月和 8 月，国务院分别发布了《"互联网 +"行动指导意见》和《促进大数据发展行动纲要》指导文件；2017 年 4 月，文化部也出台了首个专门针对数字文化产业的文件《关于推动数字文化产业创新发展的指导意见》。各级地方政府也根据自身实际情况制定了对应政策，积极响应国家"互联网 +"发展战略的号召，从法律、法规、政策上对"互联网 +"加以积极引导和扶持，政策的利好必然带来全新的发展机遇。

文化馆建设是社会主义文化建设中的重要组成部分，"互联网 + 文化馆"从结构上讲，完全归属于"互联网 + 文化"的文化产业范畴。国家在"十三五"规划中，专门制定了"互联网 + 文化"方针和政策，为文化产业的良性发展规划了方向，"互联网 + 文化馆"的网络化发展也必然可以借此东风获得更多、更好的发展机遇。

（二）需求利好

互联网技术进入我国后，我国网络通信技术得到了飞速发展，智能手机、智能芯片的广泛应用，为"互联网 +"时代的到来奠定了良好的发展基础。中国互联网络信息中心（CNNIC）发布的第 39 次《中国互联网络发展状况统计报告》显示，截至 2016 年 12 月，我国网民规模达 7.31 亿，全年新增网民 4299 万人，互联网普及率为 53.2%，较 2015 年底提升 2.9 个百分点；手机网民规模达 6.95 亿，全年新增 7550 万人；网民中使用手机上网人群的占比由 2015 年的 90.1% 提升至 95.1%，网民手机上网比例在高基数基础上进一步攀升。其中，网络文学用户规模达到 3.33 亿，网络音乐用户规模达 5.03 亿，网络直播用户规模达到 3.44 亿，在线教育用户规模达 1.38 亿，网络视频用户规模达 5.45 亿，人均周上网时长为 26.4 小时。

从上面数据可以看出，网络用户是一个极为庞大的文化受众群体，具有强烈的文化市场需求，可

以为"互联网＋文化馆"建设提供内需动力和发展空间。

（三）发展利好

在国家推行"互联网＋"战略以来，互联网＋与传统产业融合发展的新模式得到了更加迅猛的发展，势头良好，预计 2020 年全球互联网连接数将达到 500 亿，"互联网＋"将造就 19 万亿美元的市场。国家信息中心信息化研究部和中国互联网协会联合发布的《中国分享经济发展报告 2016》显示，"互联网＋"时代下的分享经济成为新潮流，2015 年中国分享经济市场规模约为 19560 亿元，参与分享经济活动的总人数保守估计也有超过 5 亿人。同时，互联网发展迅速，极大推动了零售需求的增长。工业和信息化部统计，2014 年我国网上零售额同比增长 49.7%，达到 2.8 万亿元，较 2006 年增长 10 倍，占同期社会零售总额的 10.6%。中国电子商务研究中心的相关数据显示，截至 2014 年 6 月，以互联网为依托的电子商务直接从业人员超过 250 万人，间接带动的就业人员已超过 1720 万人。"互联网＋文化馆"发展同样能带来相关文化馆产业的发展，提升文化馆自身的生产力和生存力。

四、"互联网＋文化馆"模式下的发展策略及建议

全国大多数文化馆长期处于当地经济社会发展末端，其资金来源主要依靠国家和各级政府的财政拨款，因而"互联网＋文化馆"的发展模式必然面临诸多困难。但是如果在国家"互联网＋"这一战略布局的大背景下，在文化馆建设上不呼吁、不谋划、不决策，不能抓住这一极为有利的契机，那么文化馆的生存和发展将面临极为严峻的压力和挑战。为此，笔者针对当前"互联网＋"的时代背景，提出几点"互联网＋文化馆"的建议和对策。

（一）地方各级政府高度重视是根本保证

当前，国家在文化建设规划中，明确提出了"互联网＋文化"的发展方向，这在大方向上为"互联网＋文化馆"提供了依据。文化馆是政府设立的群众文化事业单位，其在提高人民群众文化水平和思想素质等方面发挥着重要作用，对于社会大众整体素质的提升与精神文明的建设都有积极的意义，对文化价值累积和国家经济建设起着助推作用。其实各级政府都明白这个道理，也制定了系列政策和措施，但由于上级机关在考核政府成绩时，更多偏重经济建设层面，这促使较多的领导和政府职能部门把精力更多投入在招商引资、增加财政收入、提高 GDP 等重心上，自觉或不自觉地忽视了对文化馆建设的整体规划。同时，由于文化建设属于"软实力建设"，多为柔性指标，再加上文化建设成效一般都表现为"长期累积效应"，文化建设很难直接产生经济效益。这导致部分领导干部在抓文化基础设施建设时存在认识上的片面性，他们认为文化建设"投入不少，耗时不少，见效不快"，因此，则是"能省就省，能拖就拖"，"谈起时重要，规划时次要，实施时不要"。这种"先经济、后文化"和"唯经济论"的思想导致文化馆在建设规划、方案制定、项目实施上都缺乏系统性、长效性和持续性，极大地制约了文化馆的发展。因此，在"互联网＋"的背景下，文化馆的建设不是单纯的设施、场馆建设，而更多体现在与其他职能部门、其他产业的对接融合上，更加依赖于各级党政机关的支持和高度重视。

（二）提升服务是壮大之机

文化馆的主要职责就是提供公共文化服务，满足群众基本文化需求，"互联网＋文化馆"的发展模式必然要将对应服务转型升级提到首位。社会主义公共文化服务体系建设是国家建设战略的一个重要方向，以公共文化服务均等化为目标的服务在政府管理职能部门中也受到重视。传统文化馆的主动热情、文明礼貌的服务意识，免费开放、公正平等、便捷高效的优质服务提升了文化馆的利用率、服务效率和民众满意度，但在网络化、知识化的公共数字文化服务业务上还存在不足，需要根据民众需求进行服务完善和升级调整。如个别文化馆在互联网大潮下还没有开办网站，少数文化馆的网站栏目和内容单一，提供的可用资源少，内容长期不更新或更新慢，信息发布不及时，意见反馈和互动交流

功能缺乏，无群众喜闻乐见的微信、QQ、微博等移动 App 应用链接等。这些问题有的是技术方面的原因造成的，但更多的却是因为服务意识弱、管理制度跟不上、数字化功能弱化或流于表面造成的。因此，做好"互联网 + 文化馆"，应从服务意识和服务理念入手，通过提升服务范围或与其他 App 服务对接融合来做大做强"互联网 + 文化馆"发展模式。

（三）强化网络管理是良性发展之基

2014 年 2 月 27 日，习近平总书记在中央网络安全和信息化委员会第一次会议上的讲话中指出：做好网上舆论工作是一项长期任务，要创新改进网上宣传，运用网络传播规律，弘扬主旋律，激发正能量，把握好网上舆论引导的时、度、效，使网络空间清朗起来。"互联网 + 文化馆"将是文化馆职能在网络世界的一片新领地，必须制定一套科学严密的管理机制保障其正常运行，从维护监管、应急处理等环节制定严格的工作程序和管理办法，多方位、专业化地向广大人民群众提供积极向上、文明健康、激发正能量的网络文化服务。运用实名登记注册、后台数据备份、权限分类、关键词筛选、不良信息和广告插件屏蔽等技术手段，加强对互联网不健康、虚假、暴力、淫秽、侵权、诈骗等负面信息和有害信息的监管和清理，防止网络不良信息的扩散和传播。同时，对文化馆内部员工做好经常性网络安全和网络思维教育工作，对馆内收集整理的信息资源进行审查后上传，对外部上传的相关资料也要进行对应查证，避免出现"网络信息垃圾死角"。在将传统的文艺辅导培训制作成视频时，进行归类存档，并做好对课件的整体审查和把关，不给不良信息遗留藏身之地。

（四）人才建设是持续发展之要

传统意义上的文化馆人才队伍建设可能更多侧重专业人才队伍的建设，对网络技术从业人员的技术水平和职业道德素养要求不高。但在"互联网 + 文化馆"模式下，文化馆既需要一批高素质的文化专业人才，同样需要一批具有扎实网络信息技术、大数据分析技术能力的高职业素养的网络人才。文化专业人才提供文化主体服务，网络人才将文化专业人才的文化产品、服务进行有效整合后及时快捷地放到网络上，让更多的人能获得数字文化馆的服务。两种人才的完美结合才能保证"互联网 + 文化馆"的可持续发展。

结语： 文化馆作为我国公共文化服务体系建设的重要机构，是开展群众文化活动的重要场所，在社会主义文化建设中发挥了重要作用。在"互联网 +"的大时代背景下，文化馆建设发展必须与互联网技术结合，以社会化新媒体为平台，打造出全新的网络化、数字化、知识化的新型"互联网 + 文化馆"的发展模式，为人民群众提供更加优质、高效、快捷的公共文化服务，为全面建成小康社会，实现中华民族伟大复兴的宏伟目标提供强大的精神动力。

关于将传统文化融入日常生活的思考
——以梓潼县为例

□ 罗智婉

"五谷皆宜之乡，林蚕丰茂之里"，这是对梓潼县最生动的写照，同时也充分体现了梓潼县土地肥沃、草木丰盈的特点。梓潼县是一个有两千多年历史的古郡县，历史悠久，源远流长，文化厚重。但梓潼县又是一个缺乏工业、经济欠发达的农业县。

近年来，梓潼县充分利用有限的文化投入和已有文化资源，开展广大民众喜闻乐见、丰富多彩的群众性文化活动，在方式上、内容上不断创新，受到广大民众的热烈欢迎，他们积极响应、踊跃参与，在活动中提高自己、锻炼自己。在群众享受生活的同时，党的政策、现代文化也不断深入人心，这些都是在因地制宜、将传统文化融入日常生活开展群众性文化活动取得的。

一、可供利用的文化资源条件

（一）悠久的历史文化资源

梓潼位于绵阳市中部偏北50余公里处，属盆周浅丘地带，地处川陕要道，又是古金牛道和蜀汉时期诸葛亮北伐的必经之地。"梓潼失，成都危"，可见其地理位置之重要。梓潼境内至今保留着许多历史文化遗址，如：卧龙山、御马岗、书箱石、演武场、张飞柏、瓦口关等。文昌文化、三国文化、古柏文化、红色文化等在此交汇。

梓潼最具特色的要数文昌文化（帝乡文化）。它不仅包含了被联合国教科文组织誉为东方交响乐的文昌洞经音乐，而且还包括戏剧活化石——傩戏艺术、独特的古建筑文化等，并融入了中华传统文化中哲学、宗教、伦理、道德等方面的精华。因此，梓潼成为文昌文化的发祥地，有"文昌故里"之称。七曲山大庙为全国文昌帝君祖庭，建在梓潼县城北7公里处，位于三国旅游线上，它不仅保存了元、明、清三代的23处古建筑，而且荟萃了当时南北建筑的特色，被誉为"中国古建筑的博物馆"。七曲山大庙周围有一片我国目前最大的纯古柏林，林中生长着20000余株千年以上树龄的古柏。据说这些古柏树都是蜀汉时期张飞所植，当地人称之为张飞柏。

"东倚梓林，西枕潼水"，作为古蜀道南端的一颗耀眼明珠，梓潼以人杰地灵闻名于世。目前，梓潼正着力建设中国健康养生基地，南山门游客接待及文化展示中心、凤凰湖商住休闲中心、七曲山大庙祈福增智朝圣中心、郎当驿娱乐中心和城北健身中心等项目已基本竣工，七曲山养生圣地吸引了众多海内外游客前来探访，这让梓潼的养生文化形成了品牌。

（二）丰富的民间文化资源

梓潼县是一个有近40万人口的大县，民间文化资源极其丰富，闻名世界的云南丽江洞经古乐、山东潍坊年画的源头就在梓潼。梓潼县国家级非遗项目洞经音乐早已名扬海内外，文昌神话传说、文昌出巡、文昌祭祀、青岭狮灯、马鸣阳戏、大新花灯、梓潼年画、梓潼片粉、梓潼酥饼极具地方文化特色。梓潼现有国家级非遗项目一个、省级非遗项目5个、市级非遗项目20余个、县级及未申报的达80余个。其丰富的民间文化资源为梓潼增添了无穷魅力。

★该论文在中国文化馆协会、银川市人民政府主办的2016年中国文化馆年会征文活动中获优秀奖。

梓潼有一大批近现代文化名人，如：国学大师谢无量（祖籍四川梓潼白云乡）、色彩大师李有行（生于梓潼双板乡）、智光禅师、海灯法师、国画家寇宗鄂、国画家罗智慧、国画家龚学渊、书法家蔡竹虚、书法家赵恒缘、国画家肖映梅等。

梓潼近年正在积极打造川西北影视基地，为影视剧拍摄做好服务与宣传工作，其丰富的历史文化和秀丽的自然景观使其成为影视拍摄的热门之地。近年来，先后有《西游记》《神厨》《酒神》《邓稼先》等十多部影视剧在梓潼拍摄，中央电视台、凤凰卫视先后十次以七曲山大庙为外景地做专题节目，央视制作的科教片《木牛流马》、四川电视台制作的专题片《神曲》在网上广为传播，以文昌帝君成长经历为主线的电视剧《文昌帝君》正在七曲山大庙拍摄。在影视剧拍摄过程中，大量记者来剧组探班，梓潼县外宣办认真做好记者接待工作，为他们介绍梓潼历史，让他们感受梓潼的无穷魅力，提升梓潼的知名度和美誉度。

（三）众多的红色文化资源

梓潼县还有众多的红色文化资源，红色景点达一二十处。特别值得一提的是，二十世纪七八十年代，一批来自全国各地的科学家不远万里来到梓潼，为我国的国防科研事业献出了宝贵的青春年华，邓稼先等科学家就在梓潼工作了20余年，他们为祖国的强盛做出了不可磨灭的贡献。现在每年全国慕名来两弹城等遗址（红色旅游文化景区）参观的游客络绎不绝，这些红色文化资源对当今青少年有非常积极的教育作用。

更为重要的是，由于梓潼县距省会成都仅172公里，离中国科技城绵阳仅49公里，108国道纵贯南北，302省道横贯东西，是镶嵌在"四川经济发展黄金开发线"上的一颗耀眼明珠，其特殊的地理优势必将有助于各项文化活动的开展。

二、完善的组织架构、充足的硬件投入与高素质的从业队伍

除了优质、特殊的文化资源，梓潼县文化部门也结合本地实际情况，深入群众，扎实推进各项工作，使得本地区的文化建设能够较好地服务群众、融入群众，同时也为当地群众的精神文化建设提供了有力支撑。

（一）完善的组织架构

文化馆是政府设立的公益性群众文化事业机构，承担的主要任务是组织、指导全县群众文化艺术活动，用文艺的形式向广大人民群众进行宣传教育，向广大群众提供免费的公共文化服务，丰富群众文化生活。梓潼县文化馆现有在岗人员13人（外聘舞蹈干部1人），其中大专以上学历12人，中级以上职称人员4人。梓潼县文化馆下设办公室、音乐舞蹈戏剧部和美术书法摄影部，辅导、培训乡镇、社区及辖区内的企事业、机关的业余文艺骨干，行使对乡镇文化站的业务指导职能，收集整理并开发利用民间文化遗产，开展各类文化艺术理论研讨和对外群众文化艺术交流活动，面向基层提供多方面的文化艺术服务。

（二）充足的文化硬件投入

"5·12"地震后，梓潼利用国家投入，重新选址新建梓潼文化馆。2013年4月初，梓潼县文化馆新馆在城北新区建成启用（与文广新旅局、图书馆合用一幢楼）。

新馆一楼设有书画摄影展览厅，二楼设辅导培训教室、服装道具储藏室，三楼设办公室、音乐舞蹈戏剧部、美术书法摄影部、创作室、李有行书画室、音乐琴房（综合排练厅）、会议室，影剧院内有舞蹈排练厅。

梓潼文化馆新馆投入使用后，合理利用现有文化活动场地及各功能室，尽量完善现有培训室软硬件设施，并在加强管理、制定相应管理制度的基础上，逐步免费向社会公众开放。

（三）高素质的从业队伍

梓潼县文化馆现有大专以上学历人员 12 人，中级以上职称人员 4 人。在业务工作中，大家不断加强思想政治学习，充实自身修养，积极参加省市文化馆举办的专业培训讲座，努力提高自身业务素质，在文化活动中不断加强自身的组织、辅导、创作能力。

三、充分用好已有资源，千方百计开展文化活动

优质且特殊的文化资源以及完善的组织架构为梓潼县群众文化活动的开展提供了充分的保障。在市场经济飞速发展的时代，我们文化馆人要积极探索，让现代文化与传统文化交融，用先进文化去宣传人、教育人、鼓舞人，通过开展丰富多彩的群众文化去满足人民群众日益增长的精神文化需求。

（一）以历史文化为依托，融入新观念

梓潼的历史文化资源深厚，最具特色的要数文昌文化（帝乡文化）。七曲山大庙为全国文昌帝君祖庭。梓潼县文化馆现收集了文昌帝君（张亚子）在梓潼的传说已达 300 余个。二月、八月庙会期间，由县政府牵头、梓潼县文化馆参与组织的七曲山民俗文化展演活动丰富多彩，融入新观念的文昌出巡、文昌祭祀、梓潼片粉、梓潼酥饼、糖画、捏面人等在庙会上大放异彩，深受四方游客欢迎。

（二）以民俗文化为依托，创新活动形式

为了更好地挖掘利用和开发民俗文化内容，保护民俗文化传承，梓潼每年节庆期间都要组织举办全县性的民俗文化展演活动，参赛节目从全县每个村镇申报的节目中筛选。为保证节目的质量，文化馆专门组织辅导人员下乡做艺术指导，并创新活动形式。2016 年春节期间，梓潼县文化馆举办梓潼县民俗文化展演活动，组织演员 2000 余人，表演了马鸣阳戏、青岭狮灯、大新花灯、石牛火龙、长卿彩船等节目。文化馆充分利用梓潼现有民俗文化资源，因地制宜积极开展群众喜闻乐见的文化活动。

（三）以群众需求为依托，普及新文化

随着社会不断进步，梓潼人民群众的生活越来越好，人们对自身的文化修养更加注重，积极参与健康有益的文化活动的愿望越来越强烈。

梓潼县城内有老中青表演队共 18 个（帝乡合唱队、太极剑队、威风锣鼓队、柔力球队、扇舞队、腰鼓队等）。文化馆负责常年对其进行艺术辅导，学员参与培训活动的积极性非常高，文化馆还不定期利用现有影剧院舞蹈排练厅对全县老中青表演队进行培训。

文化馆常年积极参与县上组织举办的大型文化演出活动，如帝乡春晚、文昌出巡民俗展演和七曲山大庙五一、十一期间专场文艺演出，《文昌洞经古乐》在七曲山每周两次的定期展演，文化广场消夏文化活动及庆七一建党节、庆十一国庆文化演出等。

（四）以队伍优势为依托，开创新局面

梓潼县文化馆利用现有场地设施及梓潼县文艺人才资源优势，开展丰富多彩的群众文化活动。以书画协会、摄影协会为例，其 2012 年、2013 年举办的各类活动多达百余场。

一是定期在文化馆一楼设书画、摄影展览，参加县上及文化部门组织的送春联下乡活动。

二是不定期举办各类书画展览，如 2012 迎春书画摄影奇石作品展、绵竹和梓潼两地书画大型交流展、帝乡少儿美术作品展、全县书画会员书画作品交流展、郝挺书画作品展、10 月梓潼和绵竹书画联展等。

三是利用现有二楼培训室举办美术、书法、摄影艺术沙龙等活动，还组织书画作者赴江油参加大辛夷花节，组织书法骨干参加绵阳威海书法特展，组织作者参观越王楼举办的盛世重光书画摄影作品展，举办肖映梅回梓专题座谈会等。

四是不定期邀请省、市、县高水平专家来馆举办免费书画摄影公益讲座，如聘请过绵阳市书法

家协会的杨光文、龚小膑、于江，绵阳市美术家协会的吴映强、华林以及绵阳市摄影家协会的多位老师。

五是书画协会连续十年参加县上组织的送春联下乡活动。书画协会到石台乡、三泉乡、自强镇、宏仁乡、仁和镇等乡镇赠送书画作品，还开展了送文化进军营、进派出所等活动。

六是积极向社会宣传县优秀作者，如李俊杰、刘永凯、史新泽、王利荣、罗智婉、仇国永、龚飞宇、郝挺、仇智显等。

四、活动成果与评价

近年来，在不断摸索中，梓潼县的群众性文化活动有了更为广阔的发展空间和更广泛的受众群体。在文化活动组织过程中，文化馆始终坚持文艺"二为"方向和"双百"方针，在县委、县政府和文化主管部门的领导下，坚持以开展健康高雅、丰富多彩的群众文化活动来满足人们日益增长的精神文化需求，坚持以健康的文化引导人、以高雅的文化教育人、以高尚的情操感动人。梓潼县文化馆坚持将以爱国主义为核心的民族精神融入活动中，不断深化这种爱国主义民族优秀传统文化精神，及时宣传梓潼县社会经济发展取得的新成果，展现梓潼县各条战线涌现出来的新形象。尤其是党的十八大召开后，梓潼县文化馆充分发挥公益文化职能，为提升梓潼形象和知名度做出了积极贡献。

结语： 通过开展各项活动，梓潼人民群众的精神文化生活水平有了极大提升，人们参与文化活动的积极性明显提高。在贯彻落实党的十八大精神指引下，梓潼县文化馆充分发挥公共文化馆的基本职能，深入推进服务项目免费开放工作，虽然取得了一些成绩，但还要不断努力，创作出更多富有时代精神和艺术深度的作品，让文化更好地服务社会、服务人民群众，让广大民众身心健康、精神愉悦，推动梓潼文化艺术事业不断走向繁荣。

当好群众文化的策划人
——从民营剧团的发展思考新农村文化建设

□ 唐瑞兵

前　言

党的十八大报告指出，要扎实推进社会主义文化强国建设。而其中一个重要的工作，就是要丰富人民的精神文化生活。报告强调：要坚持以人民为中心的创作导向，提高文化产品质量，为人民提供更好更多的精神食粮。坚持面向基层、服务群众，加快推进重点文化惠民工程，加大对农村和欠发达地区文化建设的帮扶力度，继续推动公共文化服务设施向社会免费开放。建设优秀传统文化传承体系，弘扬中华优秀传统文化。由此可见，新农村文化建设已成为我们文化工作的一个长期重点，成为文化工作者的长远使命。

本文试以绵阳市一家民营川剧团的生存与发展经验为例，谈谈笔者对新农村文化建设工作的一点体会和思考。

一、民营川剧团也可享誉四川、扬名全国

川剧是四川传统剧种，早在唐代就有"蜀戏冠天下"的说法，可见其历史之悠久。作为中国戏曲的重要剧种之一，川剧的群众基础深厚、影响深远，是四川以及云南、贵州等地人民喜闻乐见的民间艺术。随着新时期文化的多元发展和人民群众文化娱乐方式的变化，川剧面临着日渐冷清的生存境遇，观众减少，市场萎缩。因此，国家对川剧的抢救、保护和传承工作十分重视。2006年5月20日，经国务院批准，川剧被列入第一批国家级非物质文化遗产名录。

在绵阳，有一个民营川剧团——绵阳市天青苑川剧团。在四川省文化厅、四川省川剧院的关怀重视下，天青苑川剧团被列为国家级非物质文化遗产传习展示基地。天青苑川剧团由民间人士周永秀创办，由于该剧团从创办以来一直得到省市文化主管部门的关注和大力扶持，近年来在绵阳的发展之"戏"越唱越好。时任中央政治局常委李长春同志来绵视察工作时，曾专程来到天青苑了解情况，对其经营模式和社会效益给予了高度评价，要求有关部门推广天青苑的经验。中央电视台慕名而来，邀请该剧团参加电视晚会。中国音乐学院的专家也来该剧团进行了为期五天的考察、学习和交流。

2012年8月20日，纪念四川省委发出振兴川剧号召30周年座谈会在成都召开，绵阳市天青苑川剧团应四川省文化厅之邀，作为五个发言单位中唯一的一个民营剧团，与会进行了交流发言。会上，四川省委常委、宣传部部长吴靖平在做重要讲话时，专门提到绵阳市天青苑川剧团做出的贡献，号召全省文化系统向天青苑川剧团学习。

2013年11月22日至23日，由四川省川剧理论研究会、绵阳市文广新局主办，绵阳市文化馆、

★该论文在中国文化馆协会等承办的2014年中国文化馆年会征文活动中获优秀奖。

绵阳市天青苑川剧团承办的川剧保护与扶持暨民营剧团发展学术研讨会在绵阳市成功召开，四川、重庆、贵州等地的川剧研究者、表演艺术家等100余人到会交流。天青苑川剧团的成功经验再次成为焦点，受到众多专家和同行的肯定。同时，由绵阳市文化馆、绵阳市群文学会、天青苑川剧团编印的"绵州群文"丛书第二辑《川剧第二码头——绵阳天青苑川剧团》一书，也在研讨会上首发。

2013年年底，由中宣部办公厅、文化部办公厅及新闻出版广电总局办公厅组织的第五届全国服务农民、服务基层文化建设先进集体表彰会在北京举行，绵阳市天青苑川剧团荣获"双服务"先进集体荣誉。

多年来，李长春、周和平、刘奇葆、吴靖平等多位领导以及绵阳市委、市政府、市文广新局、市文化馆等单位，对天青苑川剧团给予了深切关注和充分肯定。

二、群众文化的好戏是怎么导出来的

为什么一个地市级城市的民营川剧团，在川剧普遍出现生存危机的大背景下，不仅没有没落，反而愈发耀眼了呢？为什么天青苑川剧团能够依靠自身的实践与创新，成为绵阳本土群众文化工作的一大亮点？为什么天青苑川剧团能够享誉四川甚至扬名全国呢？

虽然通过多年的自谋生路和改革求变，天青苑川剧团已成为绵阳群众文化工作的一个典范，也被列为绵阳市文化馆的馆办团队，但其毕竟是一家以民营机制运作的剧团，自生自长、自负盈亏。因此，天青苑川剧团让人发出这样的疑问是在情理之中的。那么，天青苑川剧团这样一台由群众创建、群众管理和群众参与的群众文化的好戏，究竟是怎么导出来的呢？

天青苑川剧团的成功，尽管看似偶然，实际上是一种必然。正如在纪念四川省委发出振兴川剧号召30周年座谈会上，四川省委常委、宣传部部长吴靖平所言，绵阳天青苑川剧团能得到发展是因为他们扎根基层、面向群众，他们的戏是演给老百姓看的，而不仅仅是演给领导看的。

同样是在这个会上，四川省副省长黄彦蓉的一番话，则点明了天青苑川剧团这台好戏之所以能唱好的另一个深层次的原因：绵阳的群众文化工作做得好，那是因为他们的领导好，这是文化主管部门倾力扶持的结果。

三、新农村文化建设的长久之计

推动社会主义文化大发展大繁荣，保障人民群众基本文化权利……这些，是目前我们文化工作者时常挂在嘴边的话。但是，从口号到行动，从起步到繁荣，无异于一场新的"长征"。因此，我们必须抱着长期为群众文化尤其是新农村文化建设挥洒汗水、奉献才智的决心，才能打好这场持久战，夺取胜利。笔者认为，要打好这场持久战，主要应做到以下几点：

（一）政府应加强扶持

省、市级政府应该对重点公共文化和民间文化项目，在经费、机会和平台等方面给予倾斜扶持，并将扶持政策深入每一个县。在打造出县级主打文化品牌项目的基础上，影响和带动更多的文化项目，最终实现从点到面的发展。

（二）文化主管部门应当好参谋，精心策划

文化主管部门要主动当好文化项目的参谋，做好策划。尤其是对于那些为广大农村群众和进城务工人员所喜闻乐见的文化项目，必须多为之出主意、想办法，解决实际问题。

（三）与时俱进，求变创新

文化是不断演变更新的，文化项目的种类、表现形式与内容等，自然也要不断创新。只有那些贴

近群众心声，且符合时代审美和文化娱乐需求的文化项目，才能经得起时间和市场的检验。

结语： 归根结底，在中央深化文化体制改革、推动社会主义文化大发展大繁荣的精神指引下，文化馆作为公益性文化指导部门，要充分发挥职能作用，当好新农村文化建设的扶持者和策划人，多为基层群众做实事、想办法，只有这样，我们才能够通过一个又一个文化项目，打造出一个又一个文化品牌，形成一个又一个群众文化繁荣根据地。

公共文化服务均等化视野下的基层群众文化工作

□ 王可盈

一、公共文化服务均等化的内涵

2016年12月，国家颁布了《中华人民共和国公共文化服务保障法》，这是公共文化服务体系基本建成和渐趋完善后，我们国家以法律的形式对公共文化服务体系进行的系统化、强制化的规定。这部法律的颁布使人民群众的基本文化权益和基本文化需求实现了从行政性"维护"到法律"保障"的跨越，更是基层群众文化事业跨越发展的重大机遇。

公共文化服务是政府公共服务职能中的重要组成部分。公共文化服务均等化是指全体公民不论地域、民族、性别、收入和身份差异，都能获得由政府提供的与经济社会发展水平相适应、大致均等的最基本的公共文化产品和公共文化服务。基于以上基本概念的阐述，笔者认为，公共文化服务的均等化应当涵盖基本性、普遍性、特殊性三个特征：

第一，基本性的核心在于实现受益均等。虽然由于经济文化发展不平衡，不同地区之间、城乡之间、不同群体之间的公共文化服务还没有达到均衡，但应当保证社会的每一个成员都能享受大致相等的基本公共文化服务。

第二，普遍性的核心在于主体广泛。它是指任何群体、个人都有享受基本公共文化服务的权利。这也是以人为本、公正平等的价值理念在公共文化领域的体现。

第三，特殊性的核心在于突出服务重点。在现实中，由城乡差距、身份差距、收入差距造成的公共文化供给不平衡现象的确存在。因此，政府在提供公共文化服务的过程中，应突出保障特殊群体的基本文化权益，将老年人、未成年人、残疾人、农民工、农村留守妇女和儿童、生活困难群众作为公共文化服务的重点对象，合理配置公共文化资源。

二、基层群众文化工作在实现均等化过程中面临的主要矛盾

群众文化事业是社会主义公共文化服务体系建设的重要组成部分，一直以来都被认为是政府公共服务职能的重要扩展内容。文化馆是由国家公共财政拨付经费的公益性文化事业单位，有着覆盖面大、社会性强、影响力大等特点，是群众文化工作的主要力量，承担着满足群众基本文化需求的职能。

四川省江油市文化馆作为基层文化馆，在探索推进基本公共文化服务均等化的过程中做了大量富有成效的实践。近年来，江油市文化馆坚持举办惠民公益培训班，免费为文艺骨干进行舞蹈、摄影、书法、美术等培训，并常年举办中华经典诵读比赛，免费提供培训及排练场地。文化馆排练厅、非遗陈列馆等常年免费开放，馆内常设李白故里民族乐团、李白故里少儿合唱团、蜀江秋韵乐团等，文化馆老师

*该论文在由四川省图书馆学会、四川省群众文化学会、成都市龙泉驿区文体广新和旅游局主办的2017年成都市小康社会的现代公共文化服务体系建设高峰论坛上获三等奖。

对学员进行了系统的专业知识培训。文化馆常年坚持开展全市性农村、社区、机关、企事业单位公益文艺培训辅导工作。在江油市文化馆的影响和推动下，江油各乡镇也先后举办了类似的培训。江油市文化馆的基层群众文化工作受到了社会的好评，充分体现了公共文化服务的均等化。但作为基层文化馆的群众文化工作人员，笔者认为在实践中仍存在以下三个方面的矛盾。

第一，需求广泛与供给不足的矛盾。随着经济的不断发展，广大人民群众对于文化生活的需求已呈爆发式增长态势，各级党委、政府也高度重视发展群众文化事业。以江油市为例，近年来，市政府投入大量资金举办乡村文化旅游节，承办中央电视台中秋晚会，举办李白故里之夏季广场文艺系列活动、全市群众广场舞大赛等。但由于经济水平的限制，群众文化工作投入不平衡、城乡群众文化设施布局不均衡等问题依然存在，农村公共文化资源匮乏、农村政府主导的群众文化活动数量少且质量低的问题尤其突出。据不完全统计，2016年江油市占总人数三分之一的城区举办的各类群众文化活动达150场，而占总人数三分之二的村镇仅举办群众文化活动40场，且活动质量较低。同时，各级文化馆（站）由于自身资源条件的限制，很难保障公共服务能够均等落实到每个人的身上。

第二，多元需求与方式单一的矛盾。以往，受到经济社会发展水平和人们生活方式的限制，群众的文化需求往往停留在较低层面，看看"坝坝电影"、跳跳"坝坝舞"、喝喝"坝坝茶"是大家闲暇时娱乐的主要方式，与之相对应的文化服务也比较简单。近年来，受到互联网的影响，人民群众多层次的文化需求正在被迅速释放。与此同时，文化馆作为群众文化服务的主阵地，存在服务模式固定、服务内容呆板、服务渠道单一等问题。一些地方的文化馆仍延续着传统、呆板、缺乏个性的服务方式，在开展群众文化活动时重视场面、次数，而没有考虑群众是否接受和欢迎，群众文化供需之间存在较大的结构性缺陷。

第三，顶层设计与点上落实的矛盾。中央高度重视文化事业的改革发展，目前从国家到地方的各级政府都在不断强调基本公共文化服务的均等化。但在实践中，由于公共文化服务均等化的标准尚未明确，更未形成基本公共服务综合评价指标体系，基层群众文化工作均等化的评估、考核缺乏依据，各地都只能按照自己对政策的理解去摸索。公共文化服务均等化在实践中的落实情况既无明确标准，也无法科学地予以考核，导致工作推进不平衡，做得好不好基本看党委、政府是否重视和具体工作人员是否得力。

三、公共文化服务均等化视野中的基层群文工作创新

县级文化馆是基层主流文化最重要的阵地，拥有较为广泛、完整、系统的群众文化工作网络。县级文化馆不仅本身是公共文化服务网络的重要组成部分，而且对基层的群众文化如乡镇文化、社区文化等发挥着不可或缺的示范、辐射、助推作用。在推进公共文化服务均等化的新要求下，我们应当遵循"机会均等、选择自由、补齐短板、兜好底线"的基本原则，改革创新新时期基层群众文化工作，努力实现城乡均等、区域均等和受众均等。

第一，坚持以人民为中心的正确导向。长期以来，各级文化馆（站）是群众文化事业的主体，承担着满足人民群众基本文化需求的职能。多年来，群众文化工作在某种程度上以服务党和政府为导向，着眼于引导社会文化的发展方向，传播着主流文化的价值观、道德标准。在新时期群众文化工作的重点转向公共文化服务后，我们应当将"公共服务"的理念渗透到群众文化工作的每一个环节，坚持以人民为中心的工作导向，坚持"从群众中来，到群众中去"，更加重视效果的均等化而不是过程的均等化，遵循群众的意愿和爱好，把最好的精神食粮和最好的活动场所奉献给人民，让群众在文化活动场所得到知识、得到快乐，让文化场所成为人人都想去的地方。

第二，建立和完善城乡一体的供给体系。文化馆应体现大众情怀，眼光向下、重心下移，在制定群众文化发展规划时，将城市和农村作为一个整体来统筹兼顾，一体布局，做到规划同步、设施同建、

人员同组，着力实现地域、城乡文化资源共享；制订年度农村公益性文化项目实施计划，创新文化下乡的内容和形式，确保每个乡镇每年至少有一场大型群众文化活动；推进城乡"结对子、种文化"，建立对农村的文化援助机制，积极开展文化志愿者活动，动员社会各界力量加强对农村文化建设的帮扶，以活动为载体，搞好城乡互动，形成常态化工作机制；推出一批特色服务项目，加强对特定区域、特定群体的文化服务，确保残疾人、农民工、农村留守妇女和儿童等群体享有基本文化权益。

第三，探索建立群众文化多元化供给模式，着力在供给主体、供给方式和筹资渠道上实现多元化。对于政府来讲，重点要"补齐短板，兜好底线"，针对贫困地区、困难群体的群众文化服务要加大投入，确保全体公民不论民族、收入和地位差异如何，都能公平地获得大致均等的公共文化服务。对于一时不能完全覆盖的方面，为提高效率或者弥补财力不足，可实行服务外包，政府以直接补贴或间接补贴的方式，鼓励和帮助私人或社会团体提供群众文化产品和服务，通过灵活多样的方式，在保证"底线完全平等"的同时，进一步扩大公共文化的供给范围，满足更大群体的需求。

第四，建立群众文化需求反馈机制。社会的每一个个体都有平等享受基本群众文化服务的权利，我们要将尊重个性化的文化需求与普惠性的价值观念联系起来，积极探索与创新服务模式，只有这样，才能促进多元文化需求的良性循环。我们要及时准确了解和掌握群众文化需求，建立健全群众文化需求表达机制和公共参与机制，通过接触群众代表、建立网络信息平台、实施网格化管理等方式建立更多更广泛的公众沟通渠道。目前，江汇市文化馆正在探索开展"菜单式""订单式"服务，重点关注老百姓最关心、最直接、最现实的文化需要，力求改变文化产品和服务与人民群众需求结构不对称的现象。

第五，进一步改善群众文化服务要件。各级政府要加大设施投入，进一步完善县级文化馆、乡镇文化站、村（社区）文化室等设施建设；充实和壮大群众文化服务队伍，制订公益性社会文化服务队伍建设规划，加大人才的引进和培养力度，建设一支作风好、业务精的群众文化服务队伍。文化馆应创新服务方式，在广泛开展文化活动的基础上，大力推进文化内容信息化、网络化、数字化进程，用先进的科技传播手段，整合好资源，增强群众文化服务的活力和效能；创造高质量的作品，在艺术创作时注重挖掘地方特色文化，集中力量创作一批展示人文风采、反映时代精神、体现地域特色、深受群众欢迎的优秀文艺作品。

结语： 文化权利是社会公民的基本权利之一，文化公平也是现代社会的基本特征之一，实现、维护和保障公民的文化权利，满足公民多样化、多层次的文化需求是全面建成小康社会的基本要求。在基层群众文化工作中，我们应准确把握群众文化服务均等化的特征，重新反思群众文化发展中普遍存在的非均衡状态，坚持以人民为中心，把均等化作为群众文化工作的基本出发点和落脚点，建立和完善城乡一体的供给体系，丰富供给模式，准确把握需求，改善服务要件，逐步实现群众文化服务的均等化发展。

关于新时期全民艺术普及机制创新的思考

□ 倪朝晖

艺术从人类社会实践中萌芽起，就进入了一个不断发展的过程。在这一继承与革新的发展过程中，艺术与政治、经济、哲学、宗教及自然科学等相互作用，通过认知、教育和审美三大重要的社会功能对人类社会的进步和发展产生着积极而深远的影响。

近年来，随着我国政治、经济和科技等方面的快速发展，随着人民物质文化生活条件的改善，艺术的上述功能和价值越来越凸显，新时期条件下全民艺术普及的任务开始被纳入国家公共文化服务体系建设的重要工作日程。为此，本文拟通过对新时期条件下全民艺术普及存在的相关问题及其机制创新的探讨，为国家文化发展战略和公共文化服务体系建设提供有益的启示。

一、新时期全民艺术普及的重要性和紧迫性

（一）从国家发展战略而言，全民艺术普及是新时期条件下我国政治、经济和社会全面进步的需要

2011年，中共中央十七届六中全会首次以中央全会专题会议的形式讨论研究了我国新时期条件下的文化发展战略，制定了《中共中央关于深化文化体制改革、推动社会主义文化大发展大繁荣若干重大问题的决定》。2013年，中共中央十八届三中全会中进一步明确了"建设社会主义文化强国，增强国家文化软实力，必须坚持社会主义先进文化前进方向，坚持中国特色社会主义文化发展道路，坚持以人民为中心的工作导向，进一步深化文化体制改革。要完善文化管理体制，建立健全现代文化市场体系，构建现代公共文化服务体系，提高文化开放水平"等新时期文化发展的新目标和新任务。

显然，上述纲领、目标和任务是党中央在梳理总结我国实际国情和多年改革开放实践的经验基础上制定的。自改革开放以来，我国经济得到长足发展，2012年以来我国GDP连续三年保持平均7.59%的高增速发展。但人民不断提高的物质文化生活水平和不断增长的精神文化需求间的矛盾依然存在，保障公民的基本文化权益，落实好文化民生工程成为新时期条件下党和政府不可推卸的历史使命。

为此，在2014年十二届全国人大二次会议上，国务院总理李克强在中央政府工作报告中明确将"促进基本公共文化服务标准化均等化"列为政府工作重点。2015年初，中共中央办公厅和国务院办公厅又下发《关于加快构建现代公共文化服务体系的意见》，颁布了《国家基本公共文化服务指导标准（2015—2020年）》，其中明确规定：各级文化馆（站）等开展文化艺术知识普及和培训，培养群众健康向上的文艺爱好。这既明确了开展公共艺术普及工作的主体和对象，也明确了公共艺术普及的地位和作用。

（二）从参与国际竞争而言，全民艺术普及是提升我国综合国力和维护国家安全的重要抓手

目前，与发达国家相比，我国的全民艺术普及水平还存在着相当大的差距，投入不足、设施老化、覆盖率低和从业人员素质不高等问题还较普遍，严重阻碍着全民艺术普及工作的开展。而这一现象的直接后果之一就是我们错失了很多发展的机遇。因为从经济学角度而言，要形成真正意义上的良性的艺术金融市场，需要的是社会整体的艺术普及和艺术消费普及，这两者缺一不可，而艺术普及更是消

★ 该论文在中国文化馆协会、马鞍山市人民政府主办的2017年中国文化馆年会征文活动中获三等奖。

费的前提。西方很多发达国家正是依赖长远的全民艺术普及战略，在成为文化强国的同时，也实现了经济大国的蓝图。

早在1994年，美国政府就立法，将艺术课确定为必修的"核心课程"。之所以如此，是因为美国人认为艺术是培养学生健全人格、美好情操和创造能力的重要学科。美国政府颁布了《艺术教育国家标准》，规定了艺术课的内容和目标。标准中的音乐部分十分关注音乐与文化和历史的关系，重视音乐理论与实践相结合，强调情感体验，强调审美层次上的判断、选择、描述和批评。同时，《艺术教育国家标准》对学生艺术技能、技巧亦有较高的要求。目前美国文化产业的产值已占GDP的18%～25%，成为仅次于军工行业的第二大支柱产业。而日本早在明治维新时期就引进了西方的教育制度，艺术教育制度亦不例外。1947年以后，日本全国统一采取"六三三"学制，教育内容由文部省通过的"学习指导要领"为标准，以法律条文形式加以规定。全日本的音乐教育内容都是统一的，即使在开设普通课程的高中，音乐与美术、工艺、书法同属于必选的艺术学科，每个学生必须从中选修一门课程。目前日本文化产业的产值已占GDP的18%左右。

此外，我们还应看到，尽管自2012年来我国GDP已连续保持着较高的增速，但近年来我国GDP增速放缓，改革开放也进入"攻坚期"和"深水区"，地区和行业发展不均衡、产业结构不合理等带来的负面效应越来越明显。加之，国内外敌对势力对我国虎视眈眈，一场没有硝烟的战役正在进行。如：美国位居全球文化产业首位，是世界各国发展文化产业效仿的对象，其"三片"（芯片、土豆片、电影大片）文化将美国的文化和意识形态悄悄地播撒到世界的各个角落。当前，以文化侵略和经济侵略为特征的后殖民主义的危机仍然存在，国家的安全已不再单单体现在地理上的疆土完整，随着全球化趋势的发展，"欲灭一国，先灭其文化"的较量时刻在上演。可见，传承和弘扬本民族传统优秀文化，"以优秀的作品鼓舞人，以先进的文化激励人"的全民艺术普及工作是关系国家安全的重要事务。

因此，为把我国建设成为社会主义政治、经济和文化强国，不断消减产业结构单一模式所致的发展脆弱性，提升文化产业发展水平，培育和规范文化市场，必须全面推进全民艺术普及工作，这是一项"利在当代、功在千秋"的民族工程。

（三）从中华民族的伟大复兴和国家可持续发展战略而言，全民艺术普及是把我国建设成为富强、民主、文明国家的坚强基石

不论是中华民族的伟大复兴，还是国家可持续发展战略，都离不开一个重要的因素，那就是人。人是生产力中最重要和最具活力的因素，即使科技是第一生产力，也需要高素质的人才能实现。

客观而言，尽管艺术不是衡量一个人素质或能力高低的绝对标准，但是否拥有较高艺术修养的国民是衡量一个国家文明程度和发达程度的重要指标，因为艺术普及是一个国家在解决了国民基本温饱问题之后才可能考虑的问题，它能反映一个国家国民的文明指数和幸福指数。美国、德国、英国、法国、日本等发达国家不仅有众多闻名世界的艺术家和艺术作品，国民的艺术修养也相当高。

同时，艺术普及是使人的素质得到全面均衡发展的重要途径。我国从周王朝开始就在贵族教育体系中把"乐"与"礼、射、御、书、数"并列为"六艺"，"琴、棋、书、画"成为追求修养和品位的达官显贵和文人雅士们的必备技能。古今中外很多杰出人物既有广博的知识，也有较高的艺术造诣，如既是音乐家又是数学家的毕达哥拉斯，擅长小提琴演奏的科学家爱因斯坦，擅长萨克斯演奏的美国前总统克林顿，有过专业音乐学院学习经历、被誉为"经济沙皇"和"美元总统"的美联储主席格林斯潘，谱写中国第一部小提琴协奏曲的中国科学家李四光，有着很高文学修养的开国领袖毛泽东等人。这都充分证明了艺术在构建完备的知识结构、塑造健全的人格及促进人的全面发展上所具有的重要性和独特价值。

可见，全民艺术普及工作在培养新时期高素质人才方面具有独特而重要的作用，只有建立起高素质的人才队伍，我们中华民族的伟大复兴和国家可持续发展战略才有保障，建设富强、民主、文明的社会主义国家才不会成为空洞的口号。

二、新时期全民艺术普及存在的问题

尽管自新中国成立以来国家就很重视全民艺术普及,尤其在党的十七大和十八大会议召开后,文化发展上升到新的战略高度,但由于某些历史原因,我国的全民艺术普及工作仍任重道远。投入严重不足,设施老化落后,从业人员素质参差不齐,地方政府重视不够等因素严重阻碍了全民艺术普及工作的开展,这些问题有的与公共财政投入有关,有的与相关部门认识高度不够有关,有的与缺乏政策制度保障有关……这些问题不消除,全民艺术普及工作是很难落到实处的。

在公共财政投入问题上,虽然不是说钱多就一定能办好事,但钱少了很多事就办不好。2012年,我国多数省(直辖市、自治区)的公共文化投入总量少、比重低,公共文化服务人均投入"不及格"。文化事业经费占财政支出比重全国平均为0.42%,有18个省(直辖市、自治区)低于平均水平。全国人均文化事业经费为35.86元,21个省(直辖市、自治区)低于平均水平。2013年全国投入公共文化服务体系建设资金为169.63亿元,虽比2012年增加16.19亿元,但人均投入仅12.668元,实际落到艺术普及上的费用少之又少。

又如相关部门认识高度不够的问题,一些地方政府把增加文化投入当作负担,在"政绩工程"和"唯GDP论"的绑架下,没有充分认识到在新时期条件下增加文化投入所带来的高附加值。这与很多发达国家的做法形成鲜明对比。以法国为例,法国政府长期奉行财政预算向文化倾斜的政策,不断加大对公共文化基础设施的投入。2012年,面对欧债危机日益加剧的严峻形势,法国的文化预算不减反增,增幅为0.9%。这一年也是法国总统大选年,通常大选年的文化经费和军费开支会让位于选民最关注的经济、就业、社会安全等方面的投入。而法国政府的文化预算一点未受大选年影响,总体维持了近几年来稳中有升的趋势。法国总统萨科齐坚定地表示"文化预算不能减少一分一厘,因为文化可以有效地抵御经济危机",并强调政府的重要职责之一就是"保证本国文化的繁荣和生机"。法国文化部部长密特朗也坚持认为"文化是神圣的",即使在非常时期也要确保文化经费不受影响。在财政紧缩和大选年的双重压力下,法国财政预算仍坚持向文化倾斜,充分体现了法国政府重视文化事业发展和捍卫文化大国地位的坚定信念。

另一个令人担忧的问题就是从业队伍的问题,以2015年全国第四次文化馆评估定级工作中四川省的检查结果为例,对17个市级文化馆和62个县级文化馆的调查统计结果显示,从业人员的学历层次普遍偏低、年龄老化、编制少和人手紧等问题突出。因此,加快各级文化馆(站)的队伍建设,建立科学的、长远的从业人员专业素质提升机制是我们做好全民艺术普及工作,提升公共文化服务效能的保证。虽然国家明确了各级文化馆(站)在全民艺术普及中的职责,但如果没有一支高素质的全民艺术普及专业队伍,全民艺术普及的目标任务就会落空,各级文化馆(站)的工作职能和存在价值就会受到质疑。

可见,全民艺术普及中的诸多难题是我们无法回避的,破解这些难题是做好全民艺术普及工作的前提。

三、新时期全民艺术普及的重点任务

(一)保障全民艺术普及均等化

当前,由于我国区域经济发展的不均衡,我国较偏远和贫困地区人民的基本文化需求较难得到满足。

因此,保障公民的基本文化权益,努力消除公共文化服务中各种非均等化因素所致的不利后果是全民艺术普及的首要目标和任务。一方面,我们需要不断推动全民艺术普及中相关法律法规的建立健全,完善全民艺术普及工作的各项制度,形成"有监管、有落实、保障有力、注重实效"的工作机制;

另一方面，需要不断扩大全民艺术普及的覆盖面，为社会各类人群，尤其是弱势群体，提供全民艺术普及的设施、场地和项目等必需的基本文化服务。

（二）推进全民艺术普及标准化

在谈到标准化时，不能不提到兴起于20世纪初世界设计领域的"包豪斯主义"。包豪斯主义要求按标准化的形式生产产品，与此同时，又反对把这一标准化形式的生产作为一种目的。包豪斯的创始人瓦尔特·格罗皮乌斯认为所谓标准，可以释义为，任何一种广泛应用的东西经过简化，融合了先前各种式样中的优点而成为一个切合实际的典型，这个融合过程首先必须剔除设计者们有个性的内容及其他特殊的非必要的因素。在21世纪的今天，标准化一词更是得到广泛认可。

可见，标准化对一个行业或一项工作有多么重要，这对全民艺术普及工作而言自然也不例外。加快推进全民艺术普及工作中的标准化建设既是全面落实全民艺术普及中各项制度、政策和措施的重要保障，也是衡量全民艺术普及工作水平的重要标准。全民艺术普及的标准化建设既可使我们的文化强国战略在前进中找到一个很好的支撑点，也可使我们社会的再发展和再创新拥有一个更高的起点和平台。

（三）探索全民艺术普及特色化

人们对文化艺术的需求不可能完全一致，因为走近艺术和艺术消费的过程本身就是一个选择和彰显个性的过程，满足不同个体的不同需求是其重要特征，这决定了全民艺术普及工作的开展在某种程度上不可能"齐步走、一刀切"。探索全民艺术普及特色化也是我们全民艺术普及工作的更高层次的要求。

因此，我们在全民艺术普及的实践中不仅要保障均等化和推进标准化，更要不断探索特色化的道路，结合各地区实际情况，"因地制宜，因人而异"地推进全民艺术普及，切实满足不同服务对象和不同发展阶段中人们不断增长的精神文化需求，积极提升公共文化服务的效能。

（四）强化全民艺术普及科学化

我国的全民艺术普及是不可能一蹴而就的，我们既要意识到此项工作的长期性，也要意识到此项工作的艰巨性；既要意识到此项工作的重要性，也要意识到此项工作的紧迫性。

事实上，党和政府已充分认识到新时期条件下全民艺术普及工作的重要性，并适时做出了相关的部署和规划，开展了很多基础性工作。然而，我们应清醒地看到，目前全民艺术普及工作离党和国家的目标还有一定距离，与发达国家的全民艺术普及水平的差距依然很大。

要扎实推进全民艺术普及工作，就需要不断学习借鉴发达国家的先进经验，总结反思我国多年实践的成败得失，进一步强化全民艺术普及工作的科学性，以此不断完善全民艺术普及工作中的各项措施，提升全民艺术普及工作的实效。我们应坚持四项基本原则，加快探索和建立具有系统的协调完善机制、客观的监督评估机制、稳定的供给保障机制的科学和长远的全民艺术普及工作体系，减少工作中的盲目性，降低工作中的失误率，提升规划、管理、决策和投入的科学性。

四、新时期全民艺术普及机制的创新

历史实践证明，改革创新是人类社会发展的重要动力。不论是西方发达国家的崛起，还是中国近30年来的发展巨变，都充分印证了这一点。因此，新时期条件下，我们既要有创新意识，更要在实际工作中勇于探索实践，科学总结工作经验，不断创新工作机制。

（一）创新管理机制

全民艺术普及工作具有高度社会化、开放化、复杂化等特征，这就要求我们在管理机制上不断创新，逐步建立与之相适应的配套机制，以保证全民艺术普及工作中人、财、物等要素的高效运转。当前以理事会制度为核心的法人治理结构试点工作就是一项有益的探索，无锡的"咨询型"理事会、深

圳的"议事决策型"理事会、广州的"决策监督型"理事会等探索都为公共文化服务中的管理机制创新积累了经验。同时，我们也应清醒地看到，许多问题依然存在，如：如何进一步完善法人治理结构，如何确保社会的广泛参与，如何确保各项管理制度落到实处，如何处理好管理层、监督层和决策层三者间责、权、利关系并使之形成合力，等等。

因此，创新管理机制是全民艺术普及工作中的首要任务之一，坚持"以人民为中心"，坚持"政事分开"与"管办分离"的原则已成为文化馆创新管理机制的未来方向和重要保障。

（二）创新服务机制

全民艺术普及中的"服务"是发挥公共文化机构作用和功能、保障全体公民基本权益的基本途径，全民艺术普及离不开服务阵地，离不开服务项目，更离不开众多的艺术普及工作者。因此，将众多服务要素有机整合，努力提升文化服务效能，是全民艺术普及工作中创新服务机制的核心环节。在新时期条件下，全民艺术普及工作中的服务机制创新就显得更为迫切了。

我们不仅要针对公民开展基本的艺术普及工作，还要考虑服务对象的不同需求。同时，在服务手段上，我们要擅于借助现代科技手段，将远程服务与现场服务、总馆服务与分馆服务相结合，以提高我们全民艺术普及工作的覆盖率、群众参与度及满意度。

（三）创新人才机制

党和国家在构建现代公共文化服务体系的总体目标中，明确指出公共文化服务体系的建设必须以人民为中心，以改革创新为动力，坚持正确导向，坚持政府主导、社会参与、统筹整合的原则，并提出了标准化、均等化和社会化的实现路径。这是一项系统工程，更是一项长期而艰巨的工作，这就决定了我国的全民艺术普及工作需要大量专业艺术工作者的参与。那么，如何吸纳更多艺术普及工作者参与到全民艺术普及工作中？如何尽快建立健全文化服务志愿者制度？如何切实解决全民艺术普及工作的质和量的矛盾？这些都是亟待解决的关键问题。

要解决上述问题，只有在不断完善经费、制度保障的基础上，尽快建立起一支专兼职相结合，既有水平又有责任心的高素质全民艺术普及人才队伍。

（四）创新评估奖惩机制

新时期的全民艺术普及工作对我们的人才、服务、管理都提出了新的要求，这是一项复杂的系统工程，如果缺乏科学和公正的评估，那么我们就会成为"瞎子"和"聋子"。因此，全民艺术普及工作中的评估奖惩机制创新就是不可或缺的。通过科学客观地评估，我们可以及时发现全民艺术普及工作中的不足，为下一步科学决策提供参考。

可见，加快建立多层次、多平台、静态与动态相结合的科学的评估奖惩机制是全民艺术普及工作中必不可少的一环。

结语： 就国家发展战略而言，全民艺术普及是关系我国当前和未来发展的重要战略，它在深化产业结构调整和培育新的经济增长点以及促进全面小康、平安、和谐社会建设中有着不可替代的作用。从民族复兴而言，全民艺术普及关系到全民族综合素质的提升，是一项"利在当代，功在千秋"的伟大工程，是传承优秀传统文化、培养民族创造力、增强民族凝聚力、实现中华民族伟大复兴的重要保证。

同时，随着知识经济时代的来临，人力资源已上升到第一资源的重要位置，未来国家间的竞争也锁定在人的素质的竞争上，因此全民艺术普及的意义是毋庸置疑的。

此外，随着党和国家对新时期条件下文化建设重视程度的不断提高，全民艺术普及被提升到了国家战略的新高度，从十六大提出"文化体制改革"的任务，到十七大将"文化软实力"写入十七大报告，再到十八大报告强调"建设社会主义文化强国"，全民艺术普及的主体、客体、地位和作用进一步被明确，以学校教育为基础，各级文化馆（站）为主体的全民艺术普及教育体系正逐渐完善。

因此，加快建设全民艺术普及工作体系，努力推进全民艺术普及在管理、服务、人才及评估等机制上的改革创新，是新时期条件下全民艺术普及的重要目标。

文化是民族的血脉，是人民的精神家园，只有以全民艺术普及为契机，认真培育和践行社会主义核心价值观，加强公民的精神文明建设，不断深化文化体制改革，加快公共文化服务体系建设，才能把我国建设成为社会主义文化强国，早日实现中华民族的伟大复兴。

乡镇文化站建设与改革研究

□ 敬悦

2002年1月30日，国务院办公厅转发文化部、国家计委、财政部《关于进一步加强基层文化建设指导意见的通知》（国办发〔2002〕7号），这是关于我国基层文化建设的重要指导文件，充分体现了党中央、国务院对基层文化工作的高度重视，对于促进新形势下基层文化建设具有重要意义。2005年11月，中共中央办公厅和国务院办公厅为促进农村文化和经济、社会协调发展，提出了《关于进一步加强农村文化建设的意见》，党的十六届五中全会更是旗帜鲜明地提出建设社会主义新农村的二十字方针：生产发展、生活宽裕、乡风文明、村容整洁、管理民主，这既是中央对新农村建设的要求，也是新农村建设的总体目标。

其中所提到的乡风文明建设，本质上就是农村精神文明建设。由此可见，基层文化事业迎来了快速发展的机遇。作为农村最基层的公益性事业单位，乡镇文化站是党和政府联系农村、活跃农村群众生活的重要阵地，基层文化站该如何建设、如何管理、如何运行才能满足基层群众的精神文化需求，是摆在我们面前的一个重要课题。

一、乡镇文化站现状

乡镇文化站是政府设立的最基层的文化事业单位，但由于历史、自然、经济等多方面条件的限制，农村文化建设始终是文化建设中的薄弱环节。曾经是农村文化建设主体的乡镇文化站，在市场经济大潮中几经洗礼、几经回落，现已是危机重重。

以四川省绵阳市为例，20世纪80年代初期，绵阳市乡镇文化站建设覆盖率达95%以上，乡镇文化专干达280余人，乡镇文化站基本做到有阵地、有队伍、有经费、有活动，农村文化建设呈现出生机勃勃的势头。但在90年代末，文化站财、权、人下放到乡镇管理，业务上接受县文化主管部门的指导，乡镇文化站缺乏应有的激励约束机制，功能弱化，大部分文化站被砍掉，有的被合并到广播电视站，不再承担组织群众文化活动的职能。截至2006年，绵阳市277个乡镇中，拥有有阵地、有人员、有活动的文化站的乡镇不足30个，仅占全市乡镇总数的10%左右。

目前，大部分乡镇不但没有独立的文化站，连文化站配置也仅限于"一块牌子一间房、几张桌子一枚章"。甚至在乡镇机构改革过程中，乡镇文化站的硬件设施被挤占、卖掉或挪作他用的问题也时有发生。乡镇文化站的硬件建设是基础，如果连硬件设施都没有，文化活动的开展就无从谈起。绵阳市下辖的几个区（市、县）中，盐亭县的乡镇文化站全部并到广播站，没有一个文化专干，多数乡镇基本上无人组织文化活动。北川、游仙、江油有不少乡镇虽保留了文化站，但无人管理，形同虚设。只有安县、三台、涪城尚保留少数文化站，文化工作能正常开展。通过调查，我们痛心地发现，乡镇文化阵地基本丢失，农村文化工作已失去有力的载体。

★该论文在中国群众文化学会和浙江省文化厅主办的2008年全国乡镇（街道）综合文化站发展论坛征文活动中获二等奖。

二、建设乡镇文化站的思路

国家发改委批准通过了《全国"十一五"乡镇综合文化站建设规划》，由中央财政拨款逐年建设乡镇综合文化站。从 2008 年开始，绵阳市将对 66 个乡镇综合文化站进行兴建或改建，每个乡镇综合文化站建设项目补助 16 万元，同时要求地方财政配套。我们应把握机遇，切实改变目前乡镇文化站经费上"吃不饱、饿不死"，人员上"丢不掉、甩不脱"，事业上"放不开、搞不活"的尴尬局面，探索出一条服务地方经济建设、活跃群众文化生活、促进文化事业发展的新路。笔者试从阵地建设、体制改革、队伍建设、经费保障方面，谈一谈基本思路。

（一）阵地建设上坚持统一规划、分类指导的原则

农村群众居住分散，环境、交通等条件各有差异，文化站及其活动场所设施的合理规划对于实现尽可能多地吸引群众参加文化活动的目标至关重要。因此在规划农村文化建设时，应该坚持统一规划、分类指导的原则，建立方便群众的公共文化结构布局，坚持杜绝"建得快，垮得快"的现象。

一般来说，在人口密集、交通便捷、经济发达的大镇，可单独设立文化站，以期发挥辐射和带动作用。而在人口分散、交通不便的边远山区，可建综合性宣传文化中心，把乡镇文化站建设和农村广播电视建设、农村远程教育、农村信息共享工程等结合起来，组建集图书阅读、广播影视、宣传教育、文艺演出、文化市场管理、非物质文化遗产保护、科技推广、科普培训、体育和青少年校外活动等功能于一体的综合性文化站。

同时，应发挥农民的主体作用，培育灵活有效、各具特色的农村文化中心户，选择有场地、有文艺专长的农家，政府适当出资帮助其购置一些必备的文化设备，设立一批"文化大院"和"示范文化中心户"，实行动态管理和定期考核。各文化中心户充分利用传统节日、农闲季节开展各种学习交流、政策宣传、科技培训、文化娱乐、健身休闲活动，以贴心、正派、趣味性强的节目激发农民的创造性，鼓励他们开展电影放映、剧团演出、文化乡村游等活动，让农村文化传承于农村，扎根于农村，活跃在农村。

（二）改革基层文化管理体制，为乡镇文化站的建立提供组织保证

乡镇机构改革之后，对乡镇文化站实行的是"行政隶属乡镇政府领导，业务上接受主管部门指导"的管理模式。业务部门缺乏调控手段，造成乡镇文化站处于"一方不愿管，一方管不了"的两不管境地，乡镇文化站难以发挥应有作用。由于乡镇文化站干部由乡镇政府领导，县级文化主管部门无法调配，文化站人员长期处于固定状态，缺乏活力。长期下来，文化专干不专，专业知识贫乏，业务技能下降，严重阻碍了农村基层文化工作的开展。

针对目前乡镇文化站的客观实际，我们需要理顺体制，达到"管人、管钱、管事"的统一，将行政人事纳入文化主管部门统一管理，人员工资福利纳入全额财政供给，活动经费按照有关政策列进县财政预算，由县财政按渠道拨付。

（三）健全队伍是乡镇文化站发展的原动力

目前，绵阳市于 20 世纪 80 年代初招收的文化专干大多数已离开岗位，基层人才流失严重，主要有以下几种情况：能力较强的文化专干已被提拔为乡镇一级领导干部，未能及时补充新的文化专干；一部分专干被并入广播电视台，主要做电视收费及线路维修工作，很少做群众文化工作；一部分专干不专，被乡镇政府部门抽调从事其他社会事务工作；一部分专干由于年纪增大，已退出这一战线；一部分专干因工作、待遇未落实而自然流失。文化专干是文化站工作的主体，连主体都流失了，文化站也就有名无实了。

人才是文化事业发展的原动力，是乡镇文化的灵魂，尽快培养一批有真才实学的文艺骨干，是乡镇文化站建设的当务之急。首先，应该对乡镇文化站现有工作人员进行清理摸底，对其中年纪轻、素质好、可塑性强、有志于从事农村文化事业的人员进行业务培训，使他们尽快步入专业化轨道，为文化事业注入新的生机与活力。其次，可以面向全社会公开招聘人才，配齐、配全文化站工作人员，不

留空白点。建立文化站人员准入机制，设置准入门槛，对文化站人员的学历、年龄、业务特长设置硬性规定，对新进入文化站人员进行技能培训，经考核合格后可持证上岗。同时，在教育体制改革中，随着农村中小学的合并，教育系统空出了大量的编制，因此可以从中小学教师中选拔优秀人才充实到基层文化站中。

在发掘培养人才的同时，还应当保留乡镇文化专干的编制和相应的福利待遇，要让文化干部从"政治上的失落感、生存上的危机感、业务技术上的缺失感、阵地建设上的乏力感"的困惑中解脱出来，积极主动从事文化工作。同时，要不断深化文化站人事分配制度改革，建立健全乡镇文化站人才机制。

（四）加大投入是建设乡镇文化站的保障

为了弘扬先进文化，唱响时代主旋律，抵制落后思想对农村文化的侵袭，必须把农村文化事业置于公共财政的阳光之下，为其输送新鲜的"血液"，并强化其自身造血功能，使其恢复生机与活力。只有从全局的高度来寻找解决问题的思路，农村文化才能健康发展。

首先要坚持政府投入为主的原则。乡镇文化站是非营利性文化单位，一方面，应用好中央财政的专项资金，不挪用、不挤占、搞好硬件建设；另一方面，地方财政要按要求配套资金，随着财政收入的增长，按比例增加活动经费和事业发展经费。

其次是制定吸纳民间资金的优惠政策，鼓励社会各方积极投入公益文化事业，参与农村群众文化建设、兴办实体。发展基层文化产业，从税收、产权等方面给予政策性的优惠，形成多元投入机制。

三、深化认识，落实责任，确保改革成果

一是要深化认识，提高对乡村群众文化工作的重视程度，为社会主义新农村建设提供精神动力。各级党委、政府要克服单纯追求GDP增长的急功近利思想，改变"一手硬、一手软"的片面认识和做法，要充分认识到文化工作对政治、经济和社会事业的积极作用。

二是要树立正确的改革思想。文化体制改革的主要目的是通过改革激活基层文化生产力，达到丰富群众文化生活、繁荣农村文化的目的。不论乡镇文化站体制怎么改，农村文化市场怎么发展，政府在文化建设中的主导作用、在文化发展上所承担的重要职责是不会改变的。

三是要采取有效措施，落实责任。长期以来，一些地方的文化工作往往因领导的变动而受到影响。因此，一定要制定一套行之有效的管理条例，保证工作的系统性、持久性，把农村文化建设纳入党委、政府的重要议事日程，纳入经济和社会发展规划，纳入干部晋升考核指标，列入乡镇工作考核内容，明确目标和要求，落实责任和任务，从而保证基层文化事业的可持续发展。

四是要充满信心，勇于探索。现在，随着社会主义新农村建设进程的推进，基层文化事业发展的春天即将到来，彻底改变基层文化站的困境正逢其时。我们应当解放思想，积极探索乡镇文化站改革创新的道路，促进农村文化事业的持续健康发展，构建出适应社会主义新农村发展蓝图的公共文化服务体系。

民族民间艺术保护与传承
——北川羌族自治县非物质文化遗产探索

□ 徐正斌 郑玉萍

北川，于 2003 年 7 月 6 日经国务院批准建立北川羌族自治县，是全国最年轻的民族自治县和唯一的羌族自治县，历史悠久，人文厚重。北川羌族人民在漫长的迁徙、定居、坚守的历史进程中，不仅创造了赖以生存的物质财富，也创造、传承、弘扬了本民族独具特色的精神文化。由于长期受地理、交通条件制约，羌族人民的文明成果多以非物质文化的活态保存下来，在今天仍然闪烁着历史、艺术、科学的光芒。

一、当前现状和主要成果

（一）非遗保护传承工作的重要性已被认知

为抢救、保护、传承、发展非物质文化遗产这一民族文化瑰宝，使其在社会主义现代化建设中发扬光大，为实现中华民族伟大复兴、培育和践行社会主义核心价值观、增强国家文化软实力提供精神动力和智力支持，我国实施了非物质文化遗产保护工程。中共北川县委、县人民政府以高度的文化自觉、文化自信加强领导、积极支持，确定了"抢救第一，合理利用，传承发展"的非遗工作方针，北川县人大常委会于 2008 年 1 月 11 日通过了《北川羌族自治县非物质文化遗产保护条例》，该条例于同年 5 月 21 日经四川省人大常委会批准公布，于 9 月 1 日实施。2016 年 3 月，北川县文化部门又制定了《北川羌族自治县县级非物质文化遗产代表性名录项目申报评定管理办法》和《北川羌族自治县县级非物质文化遗产代表性传承人申报评定管理办法》，这为非遗保护与传承工作的开展提供了法律、政策保障。

北川负责非物质文化遗产保护工作的文化部门不辱使命，勇于担当，精心组织，在社会的支持下，深入持久地开展了非物质文化遗产的保护、传承、推广工作。近年来，全县非遗项目和非遗保护代表性传承人数量位居全国前列，羌年入选"联合国教科文组织急需保护的非物质文化遗产名录"，禹的传说、口弦音乐入选"国家级非遗保护名录"，羌戈大战、羌族萨朗等 16 项入选"省级非遗保护名录"，羌族民歌、羌族响器等 36 项入选"市级非遗保护名录"，羌族泥塑、剖腥肉等 83 项入选"县级非遗保护名录"。北川现有省级非遗保护代表性传承人 13 人，市级非遗保护代表性传承人 21 人，县级非遗保护代表性传承人 82 人。2011 年 11 月，北川县被国家文化部授予中国民间文化艺术之乡（羌族文化）称号。2014 年，北川县又被国家文化部授予中国民间文化艺术之乡（羌绣）称号。2014 年，北川县青片乡西窝羌寨、马槽乡黑水羌寨申报成为历史保护名村。

同时，北川县把宣传工作作为促进非物质文化遗产保护传承的一项基础工作来抓，坚持日常宣传与专题宣传并重，深入持久地开展非遗法规宣传活动，通过报刊、广播、电视、展板、宣传车等多种形式，在全县开展形式多样、内容丰富的非遗法规宣传活动。2016 年，北川县累计发放《中华人民共和国非物质文化遗产法》《北川羌族自治县非物质文化遗产保护条例》的相关宣传材料 400 多份，广泛深

---

* 该论文在四川省图书馆学会、四川省群众文化学会、成都市龙泉驿区文体广新和旅游局主办的 2017 年成都市小康社会的现代公共文化服务体系建设高峰论坛上获三等奖。

入地宣传了非遗保护政策和非遗项目保护传承成果，越来越多的人关注并投身非遗保护传承工作。

（二）非遗保护体系已逐步健全

近年来，北川县投入大量人力、物力和财力，集中开展非遗普查，共收集包括民间文学、民间音乐、民间舞蹈、民间美术、传统手工技艺、生产商贸习俗、消费习俗、人生礼俗、岁时节令、传统体育与游艺、传统医药等在内的16个类别的线索100余条，登记传统生产工具等实物200余件，征收实物1000余件，录制语音磁带4盒、光盘10张，整理照片1万余张，基本上对北川非物质文化遗产进行了全面清理，并在此基础上着力开展非遗保护名录建设，初步构建起了县、乡、村三级非遗保护体系，为抢救濒危文化遗产提供了依据。

（三）非遗项目传承保护方式已有突破

北川县紧紧抓住文化大发展大繁荣的重要战略机遇，坚持利用活态形式传承非遗项目，先后组织开展了一系列卓有成效的抢救性保护工作，先后出版了《北川非遗》等一批非物质文化遗产保护的书籍和《阿哥阿妹唱羌山》等光盘，制作非物质文化遗产保护宣传专题片20余部。目前北川博物馆、文化馆等已建成并免费对外开放，年接待观众达20余万人次。

（四）采取多种方式展示非遗文化

北川县充分挖掘非遗资源优势，利用各种节会活动，全面展示独具禹羌特色的非物质文化遗产。近年来，北川县共组织参加了国家级、省级非遗展示活动20余次，坚持举办羌历新年等特色活动，为非遗保护成果展示提供了重要平台。

（五）引入市场机制，探索开展生产性保护

北川县在充分尊重非物质文化遗产文化内核的基础上，大胆创新，开发适销对路、富有特色的文化产品，正在使北川县非物质文化遗产走向全国、走向世界。

二、当前面临的主要问题和困难

尽管北川县在非物质文化遗产保护传承方面做了大量工作，取得了一定成绩，但还存在一些不容忽视的问题。

（一）保护机制还不够健全

目前，北川县仍存在非遗保护无机构、无人员、无经费的问题，日常工作多为兼职人员开展，其业务素质和技术能力无法满足工作的需要。非遗保护传承所需经费尚未列入财政预算，数据库建设还处在初步阶段，无法适应当前非遗保护传承工作的需要。

（二）非遗项目传承活力不足

目前，北川县非遗项目如羌绣、水磨漆、腊肉等少部分技艺项目已与市场对接，但还有一大部分非遗项目还处于"原生态"的状态，且当前北川县大部分非遗传承人年龄在50岁以上，很多年轻人又不愿学习此类技艺，导致其传承活力不足，后继乏人。

（三）重申报，轻保护传承

近年来，北川县文化遗产的申报工作轰轰烈烈地开展，也取得了较大的成绩，一些具有地方特色的文化遗产被分别列入国家级、省级、市级文化遗产名录。但目前很多工作人员把成功申报某级别的文化遗产项目当成工作业绩，而对申报成功后该做什么、怎么做，考虑较少。现有的文化遗产的潜在价值没有被看到，北川县的文化产业还处于探索阶段，文化遗产与经济结合度不高，文化遗产的内在魅力和潜在价值没有真正得到利用。

三、进一步加快推进非物质文化遗产保护传承的建议

（一）进一步健全非遗保护工作机制

一是进一步贯彻落实《中华人民共和国非物质文化遗产法》，建议四川省建立健全非物质文化遗产保护的责任制度和公众监督制度。二是建议四川省将非遗保护列入重要工作日程，纳入国民经济和社会发展整体规划，将保护经费纳入财政预算，设立非遗保护专项资金。同时要提供政策上的支持，鼓励企业进行合理开发，发展多种融资渠道。三是制订非物质文化遗产的旅游开发规划，建议由省政府牵头、各级部门配合做好旅游开发的长久发展战略，坚持"统筹规划、合理利用"的原则，实现旅游发展与文化传承的双赢。

（二）进一步创新非遗项目挖掘、整理、保护模式

一是启动代表性传承人抢救性记录工程，建议相关部门做好非遗传承人认定工作，为传承人提供传艺、交流经费资助，积极培养一支熟悉乡土文化、热爱民间文化、专业知识精湛、具有奉献精神的非遗工作者和传承人。

二是深入挖掘、整理区域内的非遗项目，聘请省内外院校相关专家指导项目，申报更多有价值的非遗项目。

三是做好非遗文化保护与传承的数字化工作。建议由省级部门牵头，建立起类别齐全、内容丰富的省、市、县三级非物质文化遗产资源数据库群，提供资源共享平台，实现非物质文化遗产保护工作业务处理自动化、资源服务多样化、决策管理科学化。

（三）进一步创新非遗项目生产性保护传承方式

一是注重非遗文化产业建设。建议规划设立文化创意产业园区，开辟出非遗产业区块。条件允许，可以考虑由政府出资建设用于非遗产业的基础配套设施，解决非遗项目单位的资金困难。同时，可以在土地、税收、建设规划费、融资担保等方面给予最大优惠，努力改变非遗项目产业小、散、弱的格局。

二是注重与美丽乡村建设的对接。建议出台相关管理办法，建立健全基层村落非遗系统性的保护利用规划、政策体系和工作保障机制，使村落非遗保护与美丽乡村建设有机融合，通过民俗馆、民俗客栈、特色农家乐的建设及开发，达到非遗文化与美丽乡村有效融合发展。

关于农村家庭文化建设的思考

□ 刘伟平

农村家庭作为我国农村社会的细胞，已有几千年的历史。建筑在自然经济基础上的中国漫长的封建社会，其自然经济的单元组织形式就是家庭。李大钊就曾深刻地指出："中国的大家族制度，就是中国的农业经济组织，就是中国二千年来社会的基础构造。一切政治、法度、伦理、道德、学术、思想、风俗、习惯，都建筑在大家族制度上作他的表层构造。"传统家庭的文化精神，自古以来对中国社会产生着巨大的影响力，它内化于普通中国人的心灵之中，成为华夏民族精神的重要部分。到了新中国成立和党的十一届三中全会以后，随着改革开放的来临，特别是实行了由社会主义计划经济向社会主义市场经济转轨的巨大的社会变革以来，广大农村家庭才真正发生了明显的变化。农村家庭文化随着农村家庭的产生而产生，随其发展而发展。

农村家庭文化具有宏观与微观两层含义。从宏观上讲，农村家庭文化是人类文化的一个重要组成部分，我们可以从中透视到农村家庭的历史变迁给人类社会的各个方面带来的巨大影响。那么，从宏观来看，当前农村家庭文化有哪些特征呢？大致包括以下几个方面：①文化结构的传承性。不可否认，小农文化至今仍然是当前农村家庭文化的重要组成部分。②文化意识的多元性。随着社会的进步，农村家庭文化改变了过去由家长一人主导的僵化模式，向着多元化发展，这样有利于家庭成员和睦相处，有利于家庭的安定团结。③文化生活的丰富性。农村家庭物质生活的不断改善，使其开展丰富多彩的家庭文化成为可能。事实也确实如此，随着具有鲜明时代特征的现代文化娱乐用品进入农村家庭，体现自我价值的农村家庭文化活动已成为时尚。微观的农村家庭文化则是指以农村家庭为主要阵地，以家庭成员为主体，以教育、娱乐为目的的文化活动，其特点主要包括自娱性、传承性、多样性。

一、加强农村家庭文化建设对于提高农民的思想文化素质和促进农村"两个文明"建设，具有不可替代的作用

（一）农村家庭文化对农村家庭经济乃至农村经济的推动作用

辩证唯物主义告诉我们，日渐丰富的物质生活虽然为丰富的精神文化生活创造了条件，但作为上层建筑的文化必然对经济基础产生反作用，农村家庭文化也同样如此，会对农村家庭经济乃至农村经济产生推动作用。

（二）农村家庭文化对提高农民素质的促进作用

在农村生产力诸要素中，首要要素是劳动者。从根本上说，科技的发展，经济的振兴，社会的进步，都离不开劳动者素质的提高。农村家庭文化有着教育功能，对提高农民素质发挥着重要作用。

（三）农村家庭文化对农村家庭民主化建设的推动作用

长达数千年的封建社会造成了农村家庭的等级观念。家长在一个家庭中拥有绝对的权力，即使到了今天，封建家长统治家庭的现象仍存在，这不仅是农村家庭悲剧不断涌现的重要原因，也成了农村改革进程的严重阻力。而农村家庭文化对农村家庭民主化建设起着推动作用。家庭文化活动的开展使农村家庭的成员有了自己的业余爱好和对美的追求，文化艺术陶冶着每一个人的心灵，家庭成员之间

★该论文在中华人民共和国文化部主办的第十一届"群星奖"群众文化科研成果评奖活动中获铜奖。

相互尊重、相互理解，民主平等的思想自然形成。

（四）农村家庭文化对改变农民生活方式的引导作用

农村家庭文化建设的发展，有助于帮助农民逐步地形成现代的、进步的生活方式。

二、农村家庭文化建设的指标体系

建立科学的指标体系，对指导农村家庭文化建设具有重要意义。笔者所在的四川省绵阳市涪城区是省级文化先进区。涪城区率先在四川省开展了小康文化建设，在小康文化建设的实践和理论上均进行了卓有成效的探索，并促成了四川省首届小康文化理论研讨会在涪城区举行。该区制定的将农村家庭文化建设涵盖在小康文化目标里面的有关小康村、小康户和小康文化的量化指标体系，虽仅是个例，但也具有一定代表性和参考性。为保持实证材料的完整性，下列各表基本不做改动，也不缀文字说明：

绵阳市涪城区小康村评分量化表（表一）

序号	项 目	标准分
1	人均纯收入超过1100元（含），其中人均1100元（含）以上的农户达到80%及以上	40分
2	人均固定资产达到600元（含）以上	5分
3	食品费用支出占生活费用支出比重在50%（含）以下	4分
4	人均砖木和钢混结构住房面积达到18平方米（含）以上	10分
5	电视机普及率达85%（含）以上	4分
6	有固定文化体育设施，人均文化用品和设施费用开支占生活费用开支的12%（含）以上	4分
7	青壮年中非文盲人数达到95%（含）以上	4分
8	适龄少年儿童入学率达95%（含）以上	5分
9	实行计划生育	4分
10	饮用安全卫生水的农户达到90%（含）以上	4分
11	通电、通邮、通汽车、通电话	4分
12	五保户集体供养率达100%	4分
13	遵纪守法户达到95%（含）以上	4分
14	建有村级集体医疗站	4分

绵阳市涪城区小康户评分量化表（表二）

序号	项 目	标准分
1	人均年纯收入达1100元（含）以上	60分
2	人均砖木或钢混结构住房面积达到18平方米（含）以上	10分
3	有家电及交通工具	10分
4	青壮年中无文盲、半文盲，适龄子女在校学习	5分
5	被评为遵纪守法户	5分
6	实行了计划生育	5分
7	饮用安全卫生水、居住环境整洁	5分

绵阳市涪城区农村小康文化量化指标（只摘录每户平均指标部分）（表三）

1．文化生活消费指标：
（1）娱乐消费，视听设备（电视机、视盘机、音响、收录机等）每户平均达到2件，每年娱乐活动消费每户平均达到300元
（2）书报消费，每年每户订报刊种类平均1至2种，家庭藏书每户平均50册
（3）旅游消费，每年每户出县旅游平均1次

2．文化活动消费指标：
（1）县（区）每年举行大型群众文化活动4次
（2）乡（镇）每年举行6次文化活动
（3）每年每户平均参加群众文化活动1次（含）以上

三、加强农村家庭文化建设的基本对策

（一）要与社会主义精神文明建设方针相一致

我们既要继承和发扬中华民族优秀的传统文化，又要大胆合理地吸收和利用外来优秀文化。农村家庭文化是民族文化在家庭组织中的投影和具体体现，如果不从本民族的文化出发，就难免会出现"橘生淮南其为桔，橘生淮北则为枳"的变异效应。

（二）要与农村家庭经济的发展相协调

农村家庭文化毕竟要受制于家庭经济状况，这就要求我们在规划农村家庭文化发展目标时，务必要保证其与农村家庭经济发展相一致。

（三）要与不同的农村家庭的实际情况相适应

由于我国农村家庭分布在非常辽阔的国土上，东部、中部、西部的差异，各地区、各家庭的经济、教育、科技、历史传统、风俗习惯等诸多因素的差异等，都应该成为我们制订各地农村家庭文化发展计划的参照。

（四）要注意发挥农村三级文化网络在农村家庭文化建设中的作用

要改变农村的落后面貌，以新知识、新概念、新思想来武装农民的头脑，单靠开展农村家庭文化活动是远远不够的，必须要充分发挥县、乡、村三级农村文化网络的作用。

结语： 在当代中国农村改革的进程中，广大农村家庭已经发生了显著而深刻的变化。作为农村文化的重要组成部分，农村家庭文化的发展和兴盛，对农村文化建设来说无比重要。

无论是从农村文化事业的发展还是从文化对物质文明的巨大推动力角度来分析，无论是从创建"小康之家"的近期目标还是从构建社会主义新农村的长远目标角度来进行审视，我们都应把农村家庭文化建设纳入农村"两个文明"发展战略的总体格局中来考虑。

广场文化活动与和谐发展

赵耘

一、广场文化活动的特点

（一）广场文化活动底蕴深厚

平武的广场文化活动是从二十世纪九十年代在报恩寺广场开始盛行的，由最初的十几个人放录音机跳自由舞到今天的几百人跳广场舞，经历了跨越式的发展。"5·12"地震后，平武县在全国人民的大力支持和援助下，通过几年的艰苦奋战，取得了灾后重建的决定性胜利。近年来，平武县坚定不移地走以旅游产业为主导，极具平武山区特色的绿色、低碳、可持续发展道路，取得了显著成绩，特别是在文化建设方面，实现了重大突破。2014年，文艺精品创作"八个一"工程圆满完成，《乡村大世界——走进平武》《白马乡的白马人》等节目在央视播出，"平武影响"逐步扩大，社会主义核心价值观建设扎实推进，精神文明建设和干部群众思想道德建设成效显著。今年5月22日，绵阳市第四届感恩文化节在平武县报恩寺广场启动，8月底举行了平武县民族广场舞大赛活动。同时，由乡镇、村社、学校等参加的"社区文化节"在全县蓬勃开展，对平武广场文化的发展起到极大的促进作用，为构建社会主义和谐社会营造了良好的氛围。

（二）群众参与度高

广场文化活动是一种群众文化活动，是群众自娱自乐的活动，群众参与面非常广泛。人们自发参与的目的主要是锻炼身体、与朋友交流情感、享受业余爱好带来的乐趣。据粗略统计，平武县主动参与广场文化活动的群众达20%左右。群众之所以积极主动参与，是因为广场文化活动具有几个鲜明特点：一是很少受空间限制。在广场、公园、小区、江边等公共空间，我们能看到多姿多彩的自发的群众文化活动，特别是平武报恩寺前早晚的广场舞，它就像一道靓丽的风景线，吸引着过往行人驻足观看。二是活动参与者不受性别、年龄、职务、工种的限制。活动参与者没有尊卑之分，尽享快乐。三是不受艺术门类和参与者专业水平的限制。在这里，每一个人既是演员，又是观众，人们尽情地、随意地、轻松地展现着自我，诠释着自我，挥洒着自我，得到极大的精神满足。

（三）集中展现独特民族文化

平武是一个多民族聚集的山区小县，文化底蕴深厚，民族文化极具特色，全县25个乡镇中有9个民族乡，这些民族乡的广场文化活动主要以当地的民俗舞蹈为主。白马藏族乡文化广场上，人们主要跳白马圆圆舞、猫猫舞；虎牙藏族乡文化广场上，人们主要跳虎牙锅主；清漪江流域广场文化艺术节上，人们主要跳羌族锅庄和萨朗舞。每年平武县都要在报恩寺文化广场举办非物质文化遗产项目展演，集中展现民族民俗风情。

---

* 该论文在陕西省艺术馆、陕西省群众文化学会主办的2015年中国广场舞·西部论坛征文活动中获三等奖。

二、广场文化活动对构建和谐社会的作用

（一）广场文化活动促进了人与人之间的和谐

广场文化活动最突出的优势就是具有深厚的群众基础。随着社会经济的发展和物质生活的不断丰富，人与人之间的关系发生着重大变化：人们的交往越来越少，关系越来越疏远，情感越来越淡漠。而广场文化活动的兴起为人与人之间的交往提供了一个有效的平台。人们通过各类艺术活动获得精神上的享受，实现人与人之间精神上的沟通与交流，从而促进了人与人之间、人与社会之间的和谐。

（二）广场文化活动是群众展示自我的平台

随着物质生活水平的不断提高，人们对精神生活的追求不断加强，他们需要一个平台来自我表现、自我展示、自我宣泄，广场文化活动作为时代的产物就应运而生了。在这个巨大的交流平台上，无论是表演者还是观赏者，都可以在欢乐的氛围中尽情展示自己对美好生活的热爱，展示自己对艺术的追求，展示自己的表演才能，并在观赏者的掌声中愉悦自我、提高自我、实现自我，获得情感与心灵的满足与升华，从而实现自身价值。

（三）广场文化活动是汇聚正能量的有效载体

广场文化活动是传播社会主义先进文化的有效载体和重要阵地。平武的广场文化活动把宣传教育、传播文化、交流信息、惠民服务、休闲娱乐等有机结合起来，推动了全市群众文化活动规模化、多样化发展，提升了山区小县的文化品位，提高了民众的文化素质，陶冶了人们的情操，提高了群众的幸福指数，达到了凝聚人心、和谐发展的效果，汇聚了正能量。

三、山区县广场文化建设的思考

（一）进一步明确山区广场文化发展目标

相关部门应结合《平武县幸福美丽新村建设行动方案（2015—2020年）》以及平武报恩文化，整合资源，确定广场文化活动的重点和主要形式，将广场文化的发展作为"文化传承行动"重点工作之一；每年组织4次以上群众参与面不低于80%的大型广场文化活动，推进广场文化的发展。同时，应从三个方面推进广场文化发展：一是建立健全促进广场文化大发展大繁荣的机制，培育和壮大广场文化实业；二是加大公益性广场文化事业投入，培育并壮大一批广场文化实体；三是充分利用文化馆、乡镇综合文化站等活动阵地，广泛开展广场文化活动，精心组织节庆系列广场文艺演出，丰富群众文化生活。

（二）特色鲜明地打造山区广场文化品牌

我们应围绕"文化强县"目标，树立精品意识，深入挖掘平武文化资源，本着以活动促发展、以活动创品牌的思路，根据不同人群的不同文化需求，分别融入具有平武特色的报恩文化，清漪江流域的羌文化、红色文化、梅文化、水文化，火溪河流域的白马藏族文化等，设计富有特色的广场文化活动，吸引不同人群参与，培育一批独具平武地域特色的文化品牌。

（三）建立健全山区广场文化的运行机制

一是要深入开展调查研究，整合现有公共文化资源，通过制定政策、设立基金等方式，实实在在推动广场文化发展。二是要讲究规范，注意引导。文化、城管、公安等部门应相互配合，主动参与广场文化活动，对现在的广场文化活动进行"支持性"规范化管理，使之更加完善、更加规范，进而将广场文化推向一个新的台阶。三是要及时报道广场文化发展中涌现的好经验、好典型、好做法，为推动广场文化建设营造良好的舆论氛围，让广场文化沿着文明、健康、和谐的方向发展。

绵阳市群众文化系统优秀文艺作品目录

1. 绵阳市文化馆

序号	作品门类及名称	活动名称	获奖年份	颁奖机构	获奖种类	作者	备注
1	年画《敬爱的元帅》	第六届全国美术作品展览	1984	文化部、中国美术家协会	金奖	创作：何多俊	
2	年画《中华之光》	第四届全国年画展	1987	文化部、中国美术家协会	二等奖	创作：何多俊	
3	年画《长江第一漂》	第四届全国年画展	1987	文化部、中国美术家协会	二等奖	创作：何多俊	
4	川剧《冰河血》	四川省第五届振兴川剧调演	1990	四川省文化厅	剧本奖、优秀音乐奖	编剧：杨中泉 音乐设计：漆亮、林志坚、刘晚峰	
5	川剧《大禹魂》	第四届中国戏剧节	1995	四川省人民政府、中国戏剧家协会	编剧奖、音乐奖、编舞奖、优秀演员奖、优秀配角奖	编剧：杨中泉 音乐设计：林志坚、刘晚峰 编舞：史绍军	三角：喻海燕、郑永红 配角：蒋淑梅
6	歌曲《粮食职工之歌》	中国工人歌曲新作征歌评选	1995	中国音乐家协会、《音乐周报》报社等单位	优秀奖	作词：杨令勋 作曲：张万全	
7	歌曲《我们是铁我们是钢》	世纪之声全国歌曲大赛活动	1996	中国音乐家协会、《音乐周报》报社、南京市文联	银奖	作词：杨令勋 作曲：张万全	该作品曾被南京军区歌舞团合唱团演唱，在江苏人民广播电台播出
8	歌曲《酒歌》	《97年中国原创音乐歌曲作品集》征文化活动	1997	中央人民广播电台、中国文联出版社	一等奖	作词：吴淑坤 作曲：张万全	

（续表）

序号	作品门类及名称	活动名称	获奖年份	颁奖机构	获奖种类	作者	备注
9	歌曲《落雨天》	四川省少年儿童歌曲评奖	1998	四川省文化厅	创作奖	作词：张 冰 作曲：张万全	
10	歌曲《雨中的脚印》	四川省少年儿童歌曲评奖	1998	四川省文化厅	创作奖	作词：李隆汉 作曲：张万全	
11	歌曲《山里的岁月》	四川省"杞酒杯"新人新作演唱比赛	1999	四川省文化厅	特别奖	作曲：张万全	
12	小品《一个秋天的故事》	全国第十一届"群星奖"戏剧小品比赛	2001	文化部	群星奖	编剧：唐 虎	表演：李晓萍、刘秀华、姚辉禄、邓 夷等。绵阳市群众艺术馆、安县文化馆联合打造
13	散文《老巷》	首届老舍散文大奖赛	2002	《北京文学》月刊社、老舍文艺基金会	优秀奖	作者：陈永乐	
14	领唱与合唱《羌山是我家》	第十一届中国人口文化奖	2003	国家人口和计生委、文化部、国家广播电影电视总局、中国文学艺术界联合会、中国作家协会、中国人口文化促进会	银 奖	作词：何 烺、刘世平 作曲：倪朝晖	领唱：张康祥
15	话剧小品《天边的彩霞》	四川省"群星奖"评选	2004	四川省文化厅	一等奖	编剧：唐 虎	
16	歌曲《风从羌山来》	四川省群众声乐舞蹈大赛	2004	四川省文化厅	表演铜奖	作词：温 芬 作曲：张 黎	
17	歌曲《只有一个中国》	全国第五届"东方之春"中国民族歌曲演创大奖赛	2004	中国音乐家协会《歌曲》杂志编辑部、中国民族声乐学演创研中心	"中国民歌百首金歌"金奖	作词：邓成彬 作曲：张万全	
18	歌曲《祖国万岁》	中国首届群众创作歌曲大赛	2005	中国群众文化学会	金 奖	作词：王雪明 作曲：张万全	
19	歌曲《电信员工之歌》	2005年全国歌曲作品征集评选	2005	文化部中国社会音乐研究会	二等奖	作词：邓 欣 作曲：张万全	
20	书法作品	"高恒杯"全国书法艺术大展	2005	中国书法家协会、浙江省金华市人民政府	金 奖	创作：龚小膑	
21	书法作品	全国首届行书大展、首届草书大展	2006	中国书法家协会	分获行书和草书三等奖	创作：龚小膑	
22	书法《草书条幅》	四川省第十四届"群星奖"评选	2008	四川省文化厅	书法组一等奖	创作：龚小膑	

（续表）

序号	作品门类及名称	活动名称	获奖年份	颁奖机构	获奖种类	作者	备注
23	歌曲《只有一个中国》	2008"中国杯"新创歌曲评选活动	2008	文化部中国大众音乐协会、《音乐生活》杂志社等	二等奖	作曲：张万全	
24	歌曲《噢，老百姓》	2008"中国杯"新创歌曲评选活动	2008	文化部中国大众音乐协会、《音乐生活》杂志社等	二等奖	作曲：张万全	
25	舞蹈《生命的礼赞》	北京第三届国际（北京）骨科学术研讨会开幕式	2009	中华医学会骨科学分会	一等奖	舞蹈编导：宋雨田	表演：绵阳市骨科医院
26	话剧小品《大年三十》	第十五届全国"群星奖"戏剧小品比赛	2010	文化部	群星奖	编剧：唐虎	表演：赵忠志、杨本秀
27	歌曲《当今中国》	"感动中国"全国第六届新创词曲大赛	2011	文化部中国少数民族音乐学会	二等奖	作词：李官明 作曲：倪朝晖	演唱：王评。该作品同时在文化部中国大众音乐协会、文化部当代音乐艺术院、中国音乐文化促进会主办的"唱支颂歌给党听"全国原创音乐征评活动中获三等奖
28	合唱《祝福世界》	第四届中国少儿合唱节	2011	文化部	小黄鹂杯奖	作词：瞿琮 作曲：倪朝晖	演唱：绵阳市文化馆少儿合唱团
29	合唱《亲爱的祖国》	"放歌中华"全国大型音乐展评活动	2012	文化部中国大众音乐协会、中国音乐文化促进会	金奖	作词：石启荣 作曲：倪朝晖	
30	诗集《车行途中》	第二十二届"东丽杯"全国鲁藜诗歌奖	2013	《中国文化报》社、天津市文化广播影视局、东丽区人民政府	一等奖	创作：唐瑞兵（笔名：白鹤林）	
31	领唱与合唱《走向太阳》	"唱响心中的歌——感动中国"第七届全国新创词曲选拔活动	2013	文化部中国少数民族音乐学会	一等奖	作词：石启荣 作曲：倪朝晖	领唱：聂韬
32	合唱《祝福世界》	"儿歌爷爷杯"全国首届少儿歌曲创作大赛	2013	文化部中国儿童音乐学会	二等奖	作曲：倪朝晖	
33	诗歌《后山之十：在王朗》	首届中国（海宁）徐志摩微诗歌大赛	2013	中国诗歌学会、浙江省作家协会等	三等奖	创作：唐瑞兵（笔名：白鹤林）	

（续表）

序号	作品门类及名称	活动名称	获奖年份	颁奖机构	获奖种类	作者	备注
34	小品《两个人的车站》	全国第十六届"群星奖"评选	2013	文化部	群星奖	编剧：唐虎	主演：赵忠志、车薇。该小品由绵阳市文化馆与安县文化馆联合打造；该小品同时获四川省第十四届戏剧小品（小戏）比赛最佳剧目、最佳导演、最佳编剧、最佳演员等奖项
35	诗歌《灵鹫的诗》	第二十二届"东丽杯"全国鲁藜诗歌奖	2013	《中国文化报》社、天津市文化广播影视局、东丽区人民政府	单篇类三等奖	创作：阳艳（笔名：灵鹫）	
36	室内乐《江上泛舟》	亚洲国际音乐节器乐作品征评	2014	亚洲国际音乐联盟、世界华人音乐家协会、中国国际华人艺术家协会	金奖	作曲：倪朝晖	
37	室内乐《羌寨素描》	庆祝中韩建交22周年暨2014中韩国际艺术节	2014	韩国全罗北道省政府、韩国艺总全北联合会	最佳创作奖	作曲：倪朝晖	
38	舞蹈《白马响铃舞》	四川省第六届金秋乐中老年舞蹈展演比赛	2014	四川省舞蹈家协会、西昌市委宣传部、西昌市文学艺术界联合会	创作奖	舞蹈编导：吴波	表演：绵阳市文化馆共建团队老年大学艺术团。该作品同时获四川省第七届少数民族艺术节创作一等奖
39	领唱与合唱《梦腾飞的地方》	"放飞中国梦"全国音乐展评活动	2015	文化部中国大众音乐协会	金奖	作词：刘峰、刘世平 作曲：倪朝晖	
40	诗歌《发自乡间的微信诗》	中国·都江堰田园诗歌吟诵节"诗意柳街·寄放乡愁"诗歌大赛	2015	中国诗歌学会、都江堰市人民政府	优秀奖	创作：唐瑞兵（笔名：白鹤林）	
41	散文《去九寨约会》	中华散文网第二届中外诗歌散文邀请赛	2015	中华散文网、华夏博学国际文化交流中心	一等奖	创作：罗成岗	
42	散文《孤独是一种情怀》	中华散文网第三届中外诗歌散文邀请赛	2016	中华散文网、华夏博学国际文化交流中心	三等奖	创作：罗成岗	
43	舞蹈《小戏迷》	四川省第二届残疾人文化艺术节	2016	四川省残疾人联合会、四川省教育厅、四川省文化厅、四川省新闻出版广电局	银奖	舞蹈编导：宋雨田、夏熹	表演：涪城区特殊教育学校。该作品同时获四川省第二届农民艺术节"群星奖"三等奖、四川省第二届中小学川剧传习普及展演一等奖

（续表）

序号	作品门类及名称	活动名称	获奖年份	颁奖机构	获奖种类	作者	备注
44	摄影作品《牵手》	第二届"群星璀璨"四川省群文美术·书法·摄影展	2016	四川省文化馆、成都市温江区人民政府、四川省美术家协会、四川省书法家协会、四川省艺术摄影协会	一等奖	创作：宋雨田	
45	摄影作品《城门口的微笑》	第二届"群星璀璨"四川省群文美术·书法·摄影展	2016	四川省文化馆、成都市温江区人民政府、四川省美术家协会、四川省书法家协会、四川省艺术摄影协会	优秀奖	创作：高 怡	
46	混合室内乐《欢乐的萨朗跳起来》	庆祝中德建交45周年音乐庆典活动	2017	欧洲大众国际文化交流协会、德国黑明根市政府	最佳作曲奖	作曲：倪朝晖	表演：西南科技大学文学与艺术学院、绵阳市艺校；吴元会、文采获最佳演奏奖
47	歌曲《爱你如初》	四川省第二届农民艺术节群星奖评奖	2017	四川省文化厅	二等奖	作词：温 芬 作曲：车 维	演唱：陈黎明、梁 珊
48	歌曲《千古李白》	四川省第三届民歌大赛	2017	四川省文化厅	优秀奖	作词：马培松 作曲：倪朝晖	演唱：白真诚
49	话剧小品《石榴树下》	"中华颂·长丰杯"第九届全国小戏小品曲艺大展	2018	中国文联民间文艺艺术中心、中国民间文艺家协会民间戏曲艺术委员会、合肥市文化广电新闻出版局和长丰县人民政府	优秀剧目金奖、优秀编剧奖、优秀导演奖、优秀演员奖	编剧：唐 虎	主演：梁冰川、赵忠志。该小品在2014年四川省首届农民艺术节暨民间艺术节中获"群星奖"一等奖，在2015年首届四川艺术节戏剧小品比赛中获优秀剧目奖、优秀表演奖
50	摄影作品《戏剧人生》(组图)	四川省第二届农民艺术节群文美术·书法·摄影作品展	2018	四川省文化厅	三等奖	创作：高 怡	
51	表演唱《脱贫路上赶春光》	四川省第八届少数民族艺术节	2018	四川省文化厅	优秀奖	作词：温 芬 作曲：倪朝晖	演唱：叶子瑞、郑文婷、雍 美、田婉琳、王 玲、陈 淼
52	舞蹈《绣春》	四川省第八届少数民族艺术节	2018	四川省文化厅	优秀奖	舞蹈编导：罗 涛、宋雨田、杨雨坤	表演：绵阳市文化馆共建团队老年艺术大学舞蹈团

2. 涪城区文化馆

序号	作品门类及名称	活动名称	获奖年份	颁奖机构	获奖种类	作者	备注
1	中国画《小稀客》	全国第二届青年美术作品展	1980	中国美术家协会	优秀奖	创作：吴映强	
2	管弦乐《悲歌》	四川省文艺创作评奖	1981	四川省文化厅、四川省文学艺术界联合会	三等奖	作曲：陈开永	
3	中国画《鸿雁》	首届全国群星奖美术大赛	1983	文化部、中国美术家协会	优秀奖	创作：吴映强	
4	中国画《原上草》	全国第七届美术作品展	1989	文化部、中国美术家协会	铜奖	创作：吴映强	
5	黑白木刻《羌家寨》	首届全国青年版画大展	1990	中国美术家协会	鼓励奖	创作：张国忠	
6	中国画《大江之源》	全国"群星奖"美术大赛	1999	文化部、中国美术家协会	银奖	创作：吴映强	
7	中国画《十面埋伏》	全国群众文化美术书法大展	2000	中国群众文化学会	金奖	创作：吴映强	
8	黑白木刻《昆仑雪》	全国群众书画摄影大赛	2000	文化部、中国群众文化学会	金奖	创作：张国忠	
9	油画《汶川人》	纪念"5·12大地震"一周年全国美术作品展	2009	文化部、中国美术家协会	优秀奖	创作：张国忠	
10	版画《羌家寨》	首届全国青年版画大展	2014	中国美术家协会	鼓励奖	创作：张国忠	
11	组诗《扶疏调》	第二十五届"东丽杯"全国鲁藜诗歌奖	2016	《中国文化报》社、津市文化广播影视局、东丽区人民政府	单篇类三等奖	创作：杨晓芸	
12	剪纸《中秋故事》	"岭南杯"2016中国（广东）民间工艺博览会	2016	中国文学艺术界联合会、中国民间文艺家协会	铜奖	创作：黄英	

3. 游仙区文化馆

序号	作品门类及名称	活动名称	获奖年份	颁奖机构	获奖种类	作者	备注
1	中国画《轮回》	全国中国画作品展	2006	中国美术家协会	优秀奖	创作：华林	
2	中国画《冻土地带》	黎昌第五届青年中国画年展	2007	中国文学艺术基金会	三等奖	创作：华林	
3	歌曲《放飞理想》	全国第三届校园歌曲大赛	2007	文化部中国大众音乐协会	一等奖	作曲：唐永建 作词：刘明军	
4	歌曲《我们和你在一起》	"感动中国"全国第二届新创歌曲歌词大赛	2008	文化部中国大众音乐协会	一等奖	作曲：唐永建	

(续表)

序号	作品门类及名称	活动名称	获奖年份	颁奖机构	获奖种类	作者	备注
5	中国画《轮回》	四川省第六届"巴蜀文艺奖"评选	2009	四川省文学艺术界联合会	美术作品奖	创作：华林	
6	中国画《天地吉祥》	"群星璀璨"全国群众美术书法摄影优秀作品展	2012	文化部公共文化司、浙江省文化厅	铜奖	创作：华林	
7	歌曲《浩荡涪江滚滚流》	中国首届涪江音乐节原创歌曲征集活动	2014	四川省文学艺术界联合会、四川省音乐家协会	优秀奖	作词：张景川、崔吉喜 作曲：唐永建	
8	中国画《东山顶上》	"大山·大水·大美"四川美术创作工程作品展	2015	四川省文学艺术界联合会	优秀奖	创作 华林	

4. 安县文化馆

序号	作品门类及名称	活动名称	获奖年份	颁奖机构	获奖种类	作者	备注
1	版画《静静的山寨》	庆祝中华人民共和国成立50周年四川省美术作品展	1999	四川省美术家协会	优秀奖	创作：陈莉	
2	油画《零界》	第三届全国体育美术作品展	1993	中华全国体育总会、中国奥委会、中国美术家协会	一等奖	创作：张洪	
3	摄影作品《春社踩桥》《徽派名居》《甲子藏寨》	"高原彩虹——四川藏区风情"摄影展	2001	国务院对外事务局、四川省委宣传部、四川省书法家协会、四川省美术家协会	优秀奖	摄影：王剑	
4	书法作品	"金鼎奖"全国书法美术大展	2005	文化部中国硬笔书法协会、中国书画研究院	铜奖	创作：李历	
5	小品《山里女人》	首届中国农民文艺汇演	2008	文化部	金穗奖	编剧：唐虎	
6	舞蹈《快乐妈妈》	四川省首届"金秋乐"中老年舞蹈大赛	2009	四川省舞蹈家协会	优秀奖	舞蹈编导：石薇	
7	小品《欢乐农家》	四川省第十二届"中国人寿杯"戏剧小品比赛	2009	四川省文化厅	优秀导演奖、优秀表演奖、编剧奖	编剧：唐虎	表演：石薇、沈兴国
8	小品《又见山花开》	四川省第十三届戏剧小品比赛	2011	四川省文化厅	剧目奖	编剧：唐虎	
9	舞蹈《绣悦》	第四届四川省中老年舞蹈大赛	2012	四川省舞蹈家协会	二等奖	舞蹈编导：石薇	

（续表）

序号	作品门类及名称	活动名称	获奖年份	颁奖机构	获奖种类	作者	备注
10	舞蹈《又见萨朗女》	第六届四川省中老年舞蹈大赛	2014	四川省舞蹈家协会	金奖	舞蹈编导：吴波、石薇	
11	话剧《咱们的牛校长》	四川省第十三届精神文明建设"五个一"工程	2014	中共四川省委宣传部	优秀作品奖	编剧：唐虎	
12	套色木刻《昨夜一场雪》	"大山·大水·大美"四川美术创作工程	2015	四川省文学艺术联合会、四川省美术家协会	优秀作品奖	创作：陈莉	
13	丝网版画《红军碑》	四川省纪念长征胜利80周年"深入生活、扎根人民"四川美术创作年展	2016	四川省文学艺术界联合会、四川省美术家协会	优秀奖	创作：陈莉	
14	套色木刻《高原阳光》	"锦绣天府"四川首届妇女美术作品展	2016	四川省文学艺术界联合会	三等奖	创作：陈莉	

5. 江油市文化馆

序号	作品门类及名称	活动名称	获奖年份	颁奖机构	获奖种类	作者	备注
1	舞蹈《桃花带露浓》	四川省声乐舞蹈大赛	2005	四川省文化厅	铜奖	舞蹈编导：肖林	
2	汉族民歌《薅秧歌》	首届中国原生态民歌盛典暨第十届中国民间文艺"山花奖"	2011	中国文联、中国民间文艺家协会	民族民间音乐类展演银奖	编排：江油市文化馆	非遗项目
3	舞蹈《行云流水》	"舞动民族魂，唱响中国梦"四川省首届群众广场舞大赛	2013	四川省文化厅	三等奖	舞蹈编导：肖林	
4	舞蹈《踏春》	四川省第五届"金秋乐"中老年舞蹈大赛	2013	四川省舞蹈家协会、四川省舞蹈艺术协会	表演金奖	舞蹈编导：肖林、张萧萧	
5	美术作品《山外》	四川省文化厅2013"唱响中国梦·展示新四川"四川省群星璀璨美术书法摄影展	2014	四川省文化厅	优秀奖	创作：文在军	
6	民歌《重华美》	四川省第二届"天籁之音·石海之约"民歌大赛	2015	四川省文化馆、四川省音乐家协会、宜宾市文广新局	三等奖	词曲：庞泽云	
7	民歌《喜欢江油你就来》	四川省第二届"天籁之音·石海之约"民歌大赛	2015	四川省文化馆、四川省音乐家协会、宜宾市文广新局	优秀奖	作词：王持久 作曲：朱嘉琪	
8	川剧小品《看》	首届四川艺术节·第十五届戏剧小品（小戏）比赛	2015	中共四川省委宣传部、四川省文化厅	剧目奖、编剧奖	编剧：文在军、任本秋	

（续表）

序号	作品门类及名称	活动名称	获奖年份	颁奖机构	获奖种类	作者	备注
9	舞蹈《羊角花开》	四川省第七届"金秋乐"舞蹈大赛	2015	四川省舞蹈家协会、四川省舞蹈艺术协会	金奖	舞蹈编导：郭云叕、段好军	
10	民歌《云集调》	四川省第二届"天籁之音·石海之约"西南民歌展演活动	2016	四川省文化厅	优秀奖	词曲：胡悦萍	
11	小戏小品《审英雄》	第八届"中华颂·长丰杯"全国小戏小品曲艺大展	2017	中国文联民间文艺艺术中心、中国民间文艺家协会民间戏曲艺术委员会、合肥市文化广电新闻出版局和长丰县人民政府	金奖	编剧：刘世平、刘 峰	
12	摄影作品《会心微笑》	"最美中国人"各族群众笑脸照片征集展示活动	2018	中国摄影家协会	优秀奖	摄影：邓 涛	
13	摄影作品《乐安湿地少年》	"最美中国人"各族群众笑脸照片征集展示活动	2018	中国摄影家协会	优秀奖	摄影：邓 涛	
14	摄影作品《节日的喜悦》	"最美中国人"各族群众笑脸照片征集展示活动	2018	中国摄影家协会	优秀奖	摄影：邓 涛	
15	摄影作品《老人的微笑》	"最美中国人"各族群众笑脸照片征集展示活动	2018	中国摄影家协会	优秀奖	摄影：邓 涛	

6. 三台县文化馆

序号	作品门类及名称	活动名称	获奖年份	颁奖机构	获奖种类	作者	备注
1	川剧《鸳鸯梦》	四川省庆祝建党70周年暨部分县级剧团振兴川剧调演	1991	四川省文化厅	优秀剧本奖、优秀导演奖	编剧：秦国夫	
2	川剧小品《醉乡长审猪》	四川省川剧小品调演	1992	四川省振兴川剧领导小组、四川省文化厅、自贡市人民政府	剧本奖	编剧：邹开岐	
3	戏剧小品《谁该排在前》	四川省第六届小戏小品大赛	1995	四川省文化厅	导演二等奖	编剧：秦国庆	
4	小品《家庭矛盾》	"'98'之夏蒲公英奖"评选活动	1998	《四川农村日报》社	蒲公英奖	编剧：邹开岐	
5	专题片《美哉，川北狮灯》	中国首届民间文艺"山花奖"评选活动	2000	中国文学艺术界联合会、中国民间文艺家协会	山花奖	创作：赵长松	

（续表）

序号	作品门类及名称	活动名称	获奖年份	颁奖机构	获奖种类	作者	备注
6	民间文学《构筑文化长城的人们》	文化部《文艺集成志》出版纪念活动	2009	文化部	纪念奖	创作：赵长松	
7	舞蹈《武·悟》	四川省首届农民艺术节暨"群星奖"比赛	2014	四川省文化厅	金奖	舞蹈编导：罗涛、曾艳 音乐设计：李智 舞美设计：谭万里	
8	儿歌《大月亮》	全省儿童戏剧节	2015	四川省委宣传部	二等奖	编剧：邹开岐	
9	话剧小品《暖年》	四川省第二届农民艺术节"群星奖"比赛	2017	四川省文化厅	二等奖	编剧：向响、李叶 导演：廖秀芬、曾艳	
10	电视短片《忠孝传家远，读书继世长》	第五届全国市县电视台推优活动	2017	国家广电总局	一等奖	编剧：李叶	

7. 梓潼县文化馆

序号	作品门类及名称	活动名称	获奖年份	颁奖机构	获奖种类	作者	备注
1	美术作品《母亲》	第十四届全国新人新作展	2000	中国美术家协会	优秀奖	创作：耿薰	
2	美术作品《粮食》	首届全国农垦美术作品展览	1983	农牧渔业部、中国美术家协会	二等奖	创作：耿薰	
3	书法作品	"长征杯"暨纪念毛泽东诞辰120周年书画展	2013	四川省社科学院、成都军区政治部编研部	一等奖	创作：罗智婉	
4	诗歌《游七曲山大庙》	"美丽中国"首届全国旅游诗词大赛	2015	中华诗词研习会、中国诗词创作院、《诗词家》杂志社	二等奖	创作：罗智婉	
5	摄影作品《放飞》	2017年第三届摄影赛"我们的城市·我们的家"	2017	四川省摄影家协会网	优秀奖	摄影：潘丽	
6	摄影作品《老茶馆》	第七届IPA国际摄影艺术展	2017	国际摄影协会（IPA）	优秀奖	摄影：马慧	
7	摄影作品《午后》	第七届IPA国际摄影艺术展	2017	国际摄影协会（IPA）	优秀奖	摄影：马慧	
8	摄影作品《古城夜景》	第七届IPA国际摄影艺术展	2017	国际摄影协会（IPA）	优秀奖	摄影：马慧	
9	摄影作品《信仰》	第七届IPA国际摄影艺术展	2017	国际摄影协会（IPA）	优秀奖	摄影：马慧	
10	摄影作品《卫士》《观望》	第七届IPA国际摄影艺术展	2017	国际摄影协会（IPA）	优秀奖	摄影：刘滟琳	

（续表）

序号	作品门类及名称	活动名称	获奖年份	颁奖机构	获奖种类	作者	备注
11	诗歌《东津：献给杜甫的短歌（二首）》	杜甫国际诗歌征文大赛	2018	中国诗歌学会、河南省作家协会等	三等奖	创作：唐瑞兵（笔名：白鹤林）	
12	诗歌《梓潼道中》	2017"文昌杯"华语诗歌大赛	2018	中国诗歌学会、四川省作家协会	二等奖	创作：姜合	
13	摄影作品《凉山阿妹》	"最美中国人"各族群众笑脸照片征集展示活动	2018	中国摄影家协会	优秀奖	摄影：潘丽	
14	摄影作品《柔美之春》	"最美中国人"各族群众笑脸照片征集展示活动	2018	中国摄影家协会	优秀奖	摄影：潘丽	
15	摄影作品《阳光灿烂的日子》	"最美中国人"各族群众笑脸照片征集展示活动	2018	中国摄影家协会	优秀奖	摄影：潘丽	

8. 盐亭县文化馆

序号	作品门类及名称	活动名称	获奖年份	颁奖机构	获奖种类	作者	备注
1	山水画《山雨朦胧》	四川省群文美术干部作品展	1991	四川省文化馆	优秀奖	创作：刘立喜	
2	山水画《蜀山高秋》	法国巴黎中国书画大展	1996	北京中华书画艺术促进会、香港儿童教育体育基金会	优秀奖	创作：刘立喜	
3	山水画《金秋嫣月碧水人和》	西部大地情全国美术作品展览	1998	中国美协、四川美协	优秀奖	创作：刘立喜	
4	山水画《山乡计生站》	"人口·家庭·生活"美术摄影作品展	1998	四川省委宣传部、四川省计生委、四川省文化厅、四川省美术家协会、四川省摄影家协会	优秀奖	创作：刘立喜	
5	山水画《万源古镇秋意浓》	毛主席延安文艺座谈会讲话60周年全国美术作品展	2002	中国美术家协会、四川美术家协会	优秀奖	创作：刘立喜	
6	藏族舞蹈《火车开过家门口》	"和谐中华"全国青少年迎新春电视晚会	2009	文化部民族民间文艺发展中心	金奖	舞蹈编导：陈永兵	
7	非遗表演《盐亭水龙》	全国龙舞展演暨第十二届中国民间文艺"山花奖"评选活动	2014	中国民间文艺家协会	银奖	编排：李伟、皮晓兰	
8	非遗表演《蚕娘》	韩中校园艺术节暨中国非物质文化遗产首尔星光盛典	2016	亚洲教科文研究会、中国非物质文化遗产促进会	金奖	编排：陈永兵	

9. 平武县文化馆

序号	作品门类及名称	活动名称	获奖年份	颁奖机构	获奖种类	作者	备注
1	《白马山寨夫妻小学》	全国少数民族征文大赛	2000	《民族团结》杂志社	二等奖	创作：周贤中	
2	诗词《浪淘沙·中秋》	首届中国通俗文学英才大赛	2003	中国文学艺术界联合会、中国通俗文艺研究会	古体诗词类优秀奖	创作：谢志明	
3	剪纸《百福百寿图》《龙》	美国纽约国际艺术博览会	2013	世界艺术家联合总会、中国文化艺术研究交流中心、世界华人艺术家协会等	金奖	创作：谢成飞	
4	剪纸《白马风情》系列（5幅）	法国（卢浮宫）第十九届法国国际非物质文化遗产博览会	2013	法国国家艺术行业联合会	金奖	创作：谢成飞	平武县文广新旅局
5	剪纸《百蝶寿》《南海观音》	世界华人艺术精品大展中华文化精髓系列迪拜展览"风骨——中国艺术群展"	2015	阿拉伯联合酋长国迪拜文化部主办，SULTAN BIN ALOWAIS 文化基金会、北京中国书画收藏家协会联合协办	金奖	创作：谢成飞	平武县文广新旅局
6	剪纸《毛泽东肖像》（50张1组）	世界华人艺术精品大展中华文化精髓系列迪拜展览"风骨——中国艺术群展"	2015	阿拉伯联合酋长国迪拜文化部主办，SULTAN BIN ALOWAIS 文化基金会、北京中国书画收藏家协会联合协办	银奖	创作：谢成飞	平武县文广新旅局

10. 北川羌族自治县文化馆

序号	作品门类及名称	活动名称	获奖年份	颁奖机构	获奖种类	作者	备注
1	舞蹈《果园情思》	四川省群众文化调演	1979	四川省文化厅	二等奖	舞蹈编导：谢育才、夏蜀光	
2	宣传画《魔窟中的幻想》	四川省第三届电影宣传画创作展览	1990	中国美术家协会四川分会、四川省文化厅	优秀奖	创作：戴敏	
3	国画《妆》	四川省首届少数民族艺术节	1990	四川省文化厅	优秀奖	创作：王烈勋	
4	油画《小牦牛》	庆祝中国共产党建党70周年四川省美术作品展	1991	四川省文化厅	优秀奖	创作：田洪	

（续表）

序号	作品门类及名称	活动名称	获奖年份	颁奖机构	获奖种类	作者	备注
5	羊皮鼓舞《羌山鼓韵》	中国民间文艺山花奖·中国民间鼓舞鼓乐展演	2005	中国文学艺术界联合会、中国民间文艺家协会	入围奖	编排：韩述康	表演：羌族羊皮鼓舞表演队
6	歌曲《海誓山盟》	四川省第六届少数民族艺术节	2010	四川省文化厅、四川省民族宗教事务委员会	三等奖	作曲：张黎 作词：李富胜（已退休）	
7	非遗《羌族推杆》展演	四川省第十三届少数民族体育运动会展演	2010	四川省民族宗教事务委员会、四川省体育局	二等奖	编排：李永红	表演：北川羌族自治县民族艺术团
8	羌族民歌《玛之》	中国原生态民歌盛典暨中国民间文艺第十届"山花奖"（民族民间音乐类）系列活动	2011	中国文学艺术界联合会、中国民间文艺家协会	展演银奖	编排：北川羌族自治县文化馆	表演：索基妹、尚么她等
9	羌族酒歌《尔玛西惹木》	中国原生态民歌盛典暨中国民间文艺第十届"山花奖"（民族民间音乐类）系列活动	2011	中国文学艺术界联合会、中国民间文艺家协会	展演金奖	编排：文立、夏川等	表演：北川羌族自治县民族艺术团
10	羌族民歌《阿斯达呀》	"放飞梦想·石海之约"首届四川省民歌大赛	2013	四川省文化馆、四川省群众文化学会、四川省音乐家协会	银奖	编排：王安莲、索基妹等	表演：北川羌族自治县民族艺术团
11	民族歌曲《尼莎》	"天籁之音·石海之约"首届西南民歌邀请赛	2014	四川省文化馆、重庆市文化馆、云南省文化馆、贵州省文化馆、西藏自治区群众艺术馆、广西壮族自治区群众艺术馆、陕西省文化馆	铜奖	编排：王安莲、王国秀、何尤珍、郑花	表演：北川羌族自治县民族艺术团
12	摄影作品《口弦姑娘》	四川省第七届少数民族艺术节	2014	四川省文化厅、四川省民族宗教事务委员会	三等奖	摄影：徐正姃	
13	舞蹈《金色羌寨等你来》	"金曲迎春·舞动天府"四川省群众广场舞大赛总决赛	2015	《华西都市报》社、四川省音乐家协会、四川省舞蹈家协会	二等奖	舞蹈编导：张蓉	
14	民族歌曲《玛之》	香港国际文化艺术交流大赛	2016	香港演艺中心、中国中老年文化艺术交流中心、世界大舞台中国文化艺术交流组委会	银奖	编排：北川羌族自治县文化馆	表演：北川羌族自治县民族艺术团
15	民族舞蹈《绣花花》	香港国际文化艺术交流大赛	2016	香港演艺中心、中国中老年文化艺术交流中心、世界大舞台中国文化艺术交流组委会	金奖	舞蹈编导：李永红	表演：北川羌族自治县民族艺术团
16	情境舞蹈《羌寨情缘》	农村淘宝全国第二届广场舞大赛	2016	阿里巴巴集团乡村事业部	最佳创意奖	舞蹈编导：赵跃辉	北川羌族自治县永安文化站

（续表）

序号	作品门类及名称	活动名称	获奖年份	颁奖机构	获奖种类	作者	备注
17	歌曲《云朵情》	第二届全国少数民族优秀声乐作品展演	2018	第二届全国少数民族优秀声乐作品展演组委会	入围奖	作词：郭志武 作曲：李贤树	北川县文广新旅局
18	版画《羌山欢舞》	"改革之光"纪念改革开放40周年四川省第二届七市美术作品联展	2018	四川省美术家协会	入围奖	创作：唐 鲲	
19	版画《羌山欢舞》	第五届丝绸之路国际艺术节美术作品邀请展	2018	文化部、陕西省政府	三等奖	创作：唐 鲲	

注：1. 以上为自1978年11月至2018年12月，绵阳市各级文化馆在全省性及以上文艺征评活动中获奖的各类原创文艺作品统计表。

2. "颁奖机构"指证书或奖杯（牌）上的盖章单位，"获奖种类"指奖项等级或名称，如：一、二、三等奖或金、银、铜、优秀奖，关于全省性及以上奖项的标准参见2018年四川省文化系列职称评审相关文件要求。

绵阳市群众文化系统优秀理论成果目录

1. 绵阳市文化馆

序号	成果名称	成果形式	出版机构	出版年份	作者	备注
1	《地上的鹊桥》（红军传说故事集）	作品集	重庆出版社	1983	刘大军	
2	《绵阳民间情歌》	作品集	巴蜀书社	1991	黄道德、刘大军	
3	《万年台遐思》	论文	《中国文化报》	1991	陈永乐	
4	《聚沙集》	作品集	四川文艺出版社	1997	杨中泉	
5	《转变职能服务基层 开创文化工作新局面》	论文	《四川戏剧》（全国中文核心期刊）	1997	陈永乐（笔名：巴西）	
6	《绵阳市文化艺术志》	专著	四川科学技术出版社	2000	总纂：陈永乐 资料采集：陈永乐、王钧、陈国勋、刘晚峰 审稿：龙伦国	
7	《试论经济基础对绵阳市文艺事业发展的推动作用》	论文	《四川党史》增刊	2000	陈永乐	
8	《记忆的海岸》	作品集	四川大学出版社	2001	温芬	
9	《绵阳是个好地方》（共4册）	专著	四川大学出版社	2001	陈永乐	
10	《谭德政》	作品集	中国三峡出版社	2003	陈永乐	
11	《绵阳文化旅游大观》	专著	中国文史出版社	2006	陈永乐	

（续表）

序号	成果名称	成果形式	出版机构	出版年份	作者	备注
12	《乡镇文化站建设与改革研究》	论文		2008	敬 悦	获中国群众文化学会和浙江省文化厅主办的"全国乡镇（街道）综合文化站发展论坛"征文活动二等奖
13	《继往开来，任重道远——2008上海国际计算机电子音乐发展研讨峰会述评》	论文	《人民音乐》期刊（全国中文核心期刊）	2009	倪朝晖	
14	《古典乐派中的"先锋派"——贝多芬中晚期和声语言中的两种非功能逻辑》	论文	《电影评介》期刊（全国中文核心期刊）	2009	倪朝晖	
15	《剧海帆踪》	作品集	大众文艺出版社	2011	陈永乐	
16	《文昌民俗》	专著	成都时代出版社	2014	姚光普	
17	《算法作曲理论与实践》	专著	西南师范大学出版社	2015	倪朝晖	
18	《诠释"群星奖"戏剧小品的审美密码》	论文		2016	温 芬	在中国群众文化学会主办、张家港市文化广电新闻出版局承办的"繁荣群众文艺创作大家谈"征文活动中获优秀奖
19	《论20世纪电影音乐中的对位结构观念及其实践》	论文	《艺术教育》期刊（国家级艺术类核心期刊）	2016	倪朝晖	
20	《论20世纪歌剧音乐创作的基本特征》	论文	《歌剧》期刊（CNKI核心期刊、国际音乐文献资料库RILM入选期刊）	2016	倪朝晖	
21	《合唱对于群众音乐基础技能与培养的重要性》	论文		2017	车 维	获《东西南北》杂志社第十一届中华教育科研优秀论文评选一等奖
22	《城镇化进程中的传统文化保护》	论文	南京大学出版社	2017	罗成岗	获中国群众文化学会与张家港市联合举办的"让子孙后代记得住乡愁"主题征文活动优秀奖，入编《记住乡愁——2017年中国张家港长江文化艺术节主题征文优秀作品选》
23	《立足传统文化保护，推动社区文化建设》	论文	中国书籍出版社	2017	罗成岗、唐瑞兵	获2017年中国文化馆年会全国征文活动三等奖，入编获奖作品集
24	《关于新时期条件下全民艺术普及机制创新的思考》	论文	中国书籍出版社	2017	倪朝晖	获2017年中国文化馆年会全国征文活动三等奖，入编获奖作品集

(续表)

序号	成果名称	成果形式	出版机构	出版年份	作者	备注
25	纪实文学作品《乱世枭雄传奇》	作品集	团结出版社	2017	陈永乐	
26	《行傩一乡——梓潼马鸣阳戏》	专著	成都时代出版社	2018	姚光普	

2. 涪城区文化馆

序号	成果名称	成果形式	出版机构	出版年份	作者	备注
1	《春华秋实——绵阳市涪城文化艺术名人录》	专著	四川人民出版社	2001	涪城区教文体委	
2	《关于农村家庭文化建设的思考》	论文		2001	刘伟平	获全国第十一届"群星奖"论文征评活动铜奖
3	诗集《乐果》	作品集	长江文艺出版社	2016	杨晓芸	

3. 江油市文化馆

序号	成果名称	成果形式	出版机构	出版年份	作者	所在单位	备注
1	《免费开放与基层公共文化服务队伍建设》	论文	文化艺术出版社	2012	文在军、杜萍	江油市文化馆	入编文化部社会文化图书司主编的《文化大视野》
2	《广场舞的特点和发展》	论文	陕西旅游出版社	2015	肖林	江油市文化馆	获2015年度中国广场舞·西部论坛征文活动优秀奖；入编获奖论文集
3	《繁荣广场文化，共享和谐生活》	论文	陕西旅游出版社	2015	文在军	江油市文化馆	获2015年度中国广场舞·西部论坛征文活动二等奖，入编获奖论文集
4	《促使广场舞健康有序发展利大于弊》	论文	陕西旅游出版社	2015	文在军、丁余科	江油市文化馆	获2015年度中国广场舞·西部论坛征文活动三等奖，入编获奖论文集
5	"台高"方能"高抬"——"青林口高抬戏"文化生态建设思考	论文	《四川戏剧》期刊（全国中文核心期刊）	2016	文在军、郑继成	江油市文化馆	
6	《浅谈文化馆加强对特殊群体服务的必要性与发展方向》	论文	西南交通大学出版社	2017	文在军、丁余科	江油市文化馆	获2017年成都市小康社会的现代公共文化服务体系建设高峰论坛二等奖，入编获奖作品集
7	《公共文化服务均等化视野中的基层群众文化工作》	论文	西南交通大学出版社	2017	王可盈	江油市文化馆	获2017年成都市小康社会的现代公共文化服务体系建设高峰论坛三等奖，入编获奖作品集

4. 安县文化馆

序号	成果名称	成果形式	出版机构	出版年份	作者	备注
1	长篇小说《鼠人》	作品集	国际文化出版公司	2005	何长安（笔名：安昌河）	
2	长篇小说《秦村往事》	作品集	新华出版社	2007	何长安（笔名：安昌河）	
3	长篇小说《爱城往事》	作品集	新华出版社	2007	何长安（笔名：安昌河）	
4	中短篇小说《租妻七十二小时》	作品集		2007	何长安（笔名：安昌河）	被改编为电影《踩桥》
5	长篇小说《X报告》	作品集	新华出版社	2008	何长安（笔名：安昌河）	
6	短篇小说集《菜刀传奇》	作品集		2009	何长安（笔名：安昌河）	被改编为电影《刀见笑》
7	长篇小说《我将不朽》	作品集	中国友谊出版公司	2010	何长安（笔名：安昌河）	
8	长篇小说《亡者书》	作品集	中国书店出版社	2011	何长安（笔名：安昌河）	
9	长篇小说《断裂带》	作品集	中国书店出版社	2013	何长安（笔名：安昌河）	
10	《浅析"广场舞"的发展现状及应对策略》	论文		2015	石薇	获2015年度中国广场舞·西部论坛征文活动三等奖，入编获奖论文集
11	《广场舞"热现象"下的"冷思考"》	论文		2015	周琼	获2015年度中国广场舞·西部论坛征文活动优秀奖，入编获奖论文集
12	《基层群众文化队伍建设的对策和建议》	论文	天地出版社	2016	沈兴国、牟意	入编2016年《四川省文化馆"十三五"规划重大课题调研成果集》
13	《地方政府向社会力量购买公共文化服务相关问题探究》	论文		2016	沈兴国、牟意	获2016年中国文化馆年会全国征文活动二等奖
14	《文化馆服务模式的创新实践研究——以绵阳市安县文化馆为例》	论文		2016	沈兴国	获2016年中国文化馆年会全国征文活动三等奖
15	《从原生态美学视野探寻"睢水·春社踩桥"的民俗意蕴》	论文		2016	黄长路牟意	获2016年中国文化馆年会全国征文活动三等奖
16	长篇小说《羞耻帖》	作品集	四川人民出版社	2017	何长安（笔名：安昌河）	

5. 三台县文化馆

序号	成果名称	成果形式	出版机构	出版年份	作者	备注
1	《杜甫梓州诗注》	专著	四川人民出版社	1993	赵长松	
2	《县委书记的文化眼光》	论文	《四川文化报》	1994	邹汗岐	
3	《根扎在群众中，花开在舞台上》	论文	《四川戏剧》期刊（全国中文核心期刊）	1997	邹汗岐	
4	《萃文艺事》	专著	大众文艺出版社	2011	赵长松	
5	《四川狮灯艺术》	专著	四川人民出版社	2011	赵长松	四川师范大学巴蜀文化研究中心重点科研项目

6. 梓潼县文化馆

序号	成果名称	成果形式	出版机构	出版年份	作者	所在单位	备注
1	《浅议小城镇农村文化发展的现状及策略》	论文	《四川群文》期刊（内刊）	2013	刘滟琳	梓潼县文化馆	获2013年四川省"群文杯"公共文化理论征文大赛二等奖
2	《广场舞在构建公共文化服务体系中的作用》	论文		2015	陈彦霖	梓潼县文化馆	获2015年度中国广场舞·西部论坛征文活动优秀奖，入编获奖论文集
3	《当好群众文化的策划人——从民营剧团的发展思考新农村文化建设》	论文	《四川戏剧》期刊（增刊）	2015	唐瑞兵	梓潼县文化馆	
4	《关于将传统文化融入日常生活的思考——以梓潼县为例》	论文		2016	罗智婉	梓潼县文化馆	获2016年成都市小康社会的现代公共文化服务体系建设高峰论坛二等奖，入编获奖作品集
5	《浅议"互联网+"时代下文化馆发展策略和机遇》	论文	中国书籍出版社	2017	刘滟琳	梓潼县文化馆	获2017年中国文化馆年会全国征文活动二等奖，入编获奖作品集
6	《浅议民间传统文化保护工作对策——以梓潼县文化馆为例》	论文	西南交通大学出版社	2017	潘丽	梓潼县文化馆	获2017年成都市小康社会的现代公共文化服务体系建设高峰论坛三等奖，入编获奖作品集
7	《浅议民间传统文化保护工作对策——以梓潼县文化馆为例》	论文	中国书籍出版社	2017	潘丽	梓潼县文化馆	获2017年中国文化馆年会全国征文活动三等奖，入编获奖作品集
8	《立足传统文化保护，推动社区文化建设》	论文	中国书籍出版社	2017	唐瑞兵	梓潼县文化馆	获2017年中国文化馆年会全国征文活动三等奖，入编获奖作品集

7. 平武县文化馆

序号	成果名称	成果形式	出版机构	出版年份	作者	备注
1	《新娘鸟》	专著	重庆出版社	1984	中国民间文学研究会四川分会	周贤中收集整理
2	《熊猫姑娘》	作品集	四川人民出版社	2001	陈　峻	作者于2018年7月去世
3	《广场文化活动与和谐发展》	论文	陕西旅游出版社	2015	赵　耘	获2015年度中国广场舞·西部论坛论获三等奖，入编获奖论文集
4	《走进白马藏人》	专著	电子科技大学出版社	2016	周晓钟	
5	《唱响新时代——平武民歌（白马集）》	作品集	西南交通大学出版社	2018	赵　耘	

8. 北川羌族自治县文化馆

序号	成果名称	成果形式	出版机构	出版年份	作者	备注
1	《地上的鹊桥（红军传说故事集）》	作品集	重庆出版社	1983	刘大军	
2	《北川县民间文学集成（资料卷）》	资料集		1985	罗胜利、王清贵等	1993年，王清贵获四川省委宣传部、省文化厅、省民委等单位授予的中国民间文学集成四川资料卷编辑工作二等奖
3	《山区要大力扶持文化个体户》	论文		1988	罗胜利	在四川省文化厅"以文养文工作研修会"上获二等奖
4	《文化北川·村村享 户户通 人人用》	论文		2016	徐正斌	入选文化部公共文化发展中心、中国文化馆协会2016年年会论坛典型案例汇编
5	《新形势下的公共文化服务——探索文化扶贫新模式》	论文		2017	徐正斌	入选《第五届川陕甘渝百馆联动学术论文集》
6	《民族民间艺术保护与传承——北川羌族自治县非物质文化遗产探索》	论文	西南交通大学出版社	2017	徐正斌、郑玉萍	获2017年成都市小康社会的现代公共文化服务体系建设高峰论坛三等奖，入编获奖作品集

注：以上为自1978年11月至2018年12月，绵阳市群文系统单位或个人在省级及以上刊物公开发表或由省级及以上出版机构公开出版的专著或作品集，以及在省级及以上征评活动中获奖的论文、专著或作品集。

附录

绵阳市各级文化馆历任主要领导
绵阳市群众文化系统优秀专家名录
主要参考文献

绵阳市各级文化馆历任主要领导

1. 绵阳市文化馆历任主要领导

姓名	籍贯	学历	职务	任职时间	备注
周南俊	重庆潼南	大专	副馆长 馆长	1978—1981 1982—1983	调离
杨玉生	四川遂宁	大专	副馆长 馆长	1981—1983 1984—1989	
刘大军	四川绵阳	高中	副馆长 馆长	1985—1989 1989—1995	1985年任副馆长兼市文联副主席； 1995年调离
李德怀	四川绵阳	本科	副馆长 馆长	1995—2000	
郝　刚	四川绵阳	本科	馆长	2000—2000	
聂彩寿	四川遂宁	本科	馆长	2000—2006	调离
温　芬	四川绵阳	本科	馆长	2006—2018	2016年11月，任市委宣传部副部长后， 代行馆长职务至2018年6月
邱　兰	四川自贡	硕士	馆长	2018—	

注：1978年11月，绵阳市地区文化馆成立，系绵阳地区直属正区级全额拨款事业单位。

1985年6月，省辖地级市绵阳市建立，同年7月，绵阳地区文化馆更名为绵阳市群众艺术馆。

2003年10月，绵阳市群众艺术馆与绵阳市文化局文艺创作办公室合并，组建绵阳市文化馆，系市级全额拨款事业单位，单位主要负责人按副县级干部配备。

2. 涪城区文化馆历任主要领导

姓名	籍贯	学历	职务	任职时间	备注
祝千秋	四川眉山	小学	馆长	1973—1984	
刘贤福	四川绵阳	大专	馆长	1984—1998	
刘伟平	四川遂宁	大专	馆长	1998—2002	
吴映强	四川广元	本科	代理馆长	2002—2005	
何　苏	重庆城口	本科	馆长	2005—2011	
安忠瑶	重庆酉阳	本科	馆长	2011—2016	
谢　莉	四川绵阳	本科	代理馆长 馆长	2016—2017 2017—	

注：本表由盐涪城区文化馆统计至 2018 年 12 月。

3. 游仙区文化馆历任主要领导

姓名	籍贯	学历	职务	任职时间	备注
向春燕	四川广元	本科	馆长	1997—2005	
唐永健	四川绵阳	本科	馆长	2005—2009	
白真诚	四川绵阳	本科	馆长	2009—2011	
甲么茶	四川绵阳	大专	馆长	2011—2012	
谢菊蓉	四川绵阳	本科	馆长	2012—	

注：本表由游仙区文化馆统计至 2018 年 12 月。

4. 安县文化馆历任主要领导

姓名	籍贯	学历	职务	任职时间	备注
窦才玉	四川绵阳	大专	馆长	1985—1995	
刘佑新	四川绵阳	本科	馆长	1995—2012	
沈兴国	四川绵阳	大专	书记、副馆长 书记、馆长	2006—2012 2012—	

注：本表由安县文化馆统计至 2018 年 12 月。

5. 江油市文化馆历任主要领导

姓名	籍贯	学历	职务	任职时间	备注
白富祥	四川绵阳	初中	馆长	1969—1981	退休
黄励惇	四川成都	大专	馆长	1982—1985	退休
陈广福	四川德阳	大学	馆长	1985—1986	已故
陈超杰	四川绵阳	中师	馆长	1986—1989	调离
王惠清	四川绵阳	大专	馆长	1989—1991	调离
郭兴隆	四川绵阳	本科	馆长	1992—1997	调离
文在军	四川绵阳	大专	馆长	1997—	

注：本表由江油市文化馆统计至 2018 年 12 月。

6. 三台县文化馆历任主要领导

姓名	籍贯	学历	职务	任职时间	备注
刘金刚	河北邢台	不详	馆长	1958—1980	南下干部
杨重华	四川绵阳	初中	馆长	1980—1984	调离
钟树勋	四川绵阳	大专	馆长	1984—1990	
邹开岐	四川绵阳	中专	馆长	1990—1998	
赵丽蓉	四川绵阳	专科	馆长	1998—2004	
秦国庆	四川绵阳	专科	馆长	2004—2012	
曾 艳	四川绵阳	本科	馆长	2012—	

注：本表由三台县文化馆统计至 2018 年 12 月。

7. 梓潼县文化馆历任主要领导

姓名	籍贯	学历	职务	任职时间	备注
冯 明	四川绵阳	高中	馆长（兼）	1977—1980	
刘乃乾	四川广元	高中	副馆长	1977—1983	1977—1981 年主持工作
王大泉	四川绵阳	高中	馆长	1982—1983	
谢茂荣	四川绵阳	中师	馆长	1984—1988	
王大泉	四川绵阳	高中	馆长	1988—1992	

（续表）

姓名	籍贯	学历	职务	任职时间	备注
张兴发	四川绵阳	大专	副馆长	1993—1998	1993—1995 主持工作
耿 熏	甘肃兰州	大专	馆长	1996—2006	
范晓彬	四川绵阳	大专	馆长（兼）	2006—2007	
姜 合	四川绵阳	大专	副馆长 馆长	2003—2007 2007—2012	调离
陈燕玲	四川绵阳	大专	副馆长 馆长	2009—2012 2012—	

注：本表由梓潼县文化馆统计至 2018 年 12 月。

8. 盐亭县文化馆历任主要领导

姓名	籍贯	学历	职务	任职时间	备注
陈宜民	四川绵阳	中师	馆长	1978—1984	
赵芳铭	四川绵阳	中师	馆长	1984—1990	
赵政海	四川绵阳	中师	馆长	1990—1994	
王贤君	四川绵阳	本科	馆长	1994—1996	调离
白小欧	四川绵阳	大专	馆长	1996—2008	
何发勇	四川绵阳	研究生	馆长	2008—2012	盐亭县文旅局副局长兼任馆长
李 伟	四川绵阳	本科	副馆长 馆长	2009—2013 2013—	2012—2013年担任副馆长时主持工作

注：本表由盐亭县文化馆统计至 2018 年 12 月。

9. 平武县文化馆历任主要领导

姓名	籍贯	学历	职务	任职时间	备注
江 源	四川德阳	高中	馆长	1978—1983	
陈定刚	四川德阳	中专	馆长	1983—1993	已故
周贤中	四川绵阳	大专	副馆长	1993—1996	副馆长主持工作
郭 辉	四川绵阳	大专	馆长	1996—2000	已故
谢治明	四川绵阳	中专	馆长	2000—2006	
郑晓燕	四川绵阳	本科	馆长	2006—2007	

（续表）

姓名	籍贯	学历	职务	任职时间	备注
谢成飞	四川绵阳	本科	代馆长	2007—2009	平武县文旅局副局长兼任
汪琳力	四川绵阳	本科	馆长	2009—2012	
赵 耘	四川绵阳	本科	馆长	2012—	

注：本表由平武县文化馆统计至 2018 年 12 月。

10. 北川羌族自治县文化馆历任主要领导

姓名	籍贯	学历	职务	任职时间	备注
李忠显	四川绵阳	中专	馆长	1978—1984	"5·12"地震遇难
赵传艺	浙江绍兴	大专	馆长	1984—1986	已故
邓天富	四川绵阳	大专	馆长	1986—1998	退休
罗胜利	四川绵阳	大专	馆长	1998—2005	退休
唐红梅	四川绵阳	本科	馆长	2005—2007	调离
徐光辉	四川绵阳	大专	馆长	2007—2008	"5·12"地震遇难
徐正斌	四川绵阳	大专	馆长	2008—	

注：本表由北川羌族自治县文化馆统计至 2018 年 12 月。

绵阳市群众文化系统优秀专家名录

序号	姓名	所在单位	籍贯	出生年月	学历	职称	专业方向	加入国家级文艺家协会情况	备注
1	杨玉生	绵阳市文化馆	四川遂宁	1934.09	不详	副研究馆员	音乐创作	中国音乐家协会会员	已故
2	杨中泉	绵阳市文化馆	四川绵阳	1944.01	不详	一级编剧	编剧	中国戏剧家协会会员	
3	姚光普	绵阳市文化馆	四川广元	1942.01	大专	副研究馆员	群文理论研究		
4	夏蜀光	绵阳市文化馆	四川自贡	1942.03	中专	副研究馆员	舞蹈	中国舞蹈家协会会员	
5	商文健（笔名：商欣）	绵阳市文化馆	浙江宁波	1938.07	大专	副研究馆员	文学		
6	陈永乐	绵阳市文化馆	四川绵阳	1949.07	大专	一级编剧	编剧		
7	何多俊	绵阳市文化馆	四川遂宁	1946.10	本科	一级美术师	美术	中国美术家协会会员	
8	李德怀	绵阳市文化馆	四川绵阳	1948.01	本科	高级政工师	文学		
9	王子文	绵阳市文化馆	四川遂宁	1951.10	大专	二级编剧	编剧		
10	林 海	绵阳市文化馆	四川绵阳	1957.12	大专	副研究馆员	舞蹈	中国舞蹈家协会会员	
11	王似冰	绵阳市文化馆	四川遂宁	1958.12	大专	二级导演	导演		
12	倪朝晖	绵阳市文化馆	四川绵阳	1971.01	硕士	研究馆员	音乐创作与理论研究	中国音乐家协会会员	

（续表）

序号	姓名	所在单位	籍贯	出生年月	学历	职称	专业方向	加入国家级文艺家协会情况	备注
13	文在军	江油市文化馆	四川绵阳	1963.05	大专	副研究馆员	音乐、美术、群文理论研究		
14	郭兴隆	原江油市文化馆（现李白纪念馆，已退休）	四川绵阳	1957.06	本科	副研究馆员	群文理论研究		
15	张　敏	原江油市文化馆（现江油市文物管理所）	四川绵阳	1960.01	大专	副研究馆员	群文理论研究		
16	吴映强	原涪城区文化馆（现绵阳市书画院，已退休）	四川广元	1952.03	本科	二级美术师	美术	中国美术家协会会员	
17	张国忠	涪城区文化馆	山西忻州	1956.11	本科	一级美术师	美术	中国美术家协会会员	
18	赵长松	三台县文化馆	四川绵阳	1946.11	高中	副研究馆员	民俗研究		
19	周贤中	平武县文化馆	四川绵阳	1949.10	大专	副研究馆员	文学、摄影		
20	计学文	北川羌族自治县文化馆	四川绵阳	1945.05	大专	副研究馆员	羌族音乐研究		已故

注：以上为截至2018年12月31日，绵阳市各级文化馆中已获副高级及以上职称的专业技术人员和获省部级及以上专家资格或称号人员统计表。

主要参考文献

1. 绵阳市文化局.绵阳市文化艺术志[M].成都：四川科学技术出版社，2000.
2. 王志强.绵阳年鉴：2003[M].成都：四川科学技术出版社，2003.
3. 绵阳地方志办公室.绵阳年鉴：2018[M].北京：方志出版社，2018.
4. 荣天玙.中国现代群众文化史：1919—1949[M].北京：文化艺术出版社，1986.
5. 杨子林.绵阳市社会科学志[M].成都：四川人民出版社，1997.
6. 四川省群众艺术馆《四川省群众文化志》编委会.四川省群众文化志[Z].1998.（内部资料）
7. 文化部群众文化事业管理局《文化馆工作概论》编著组.文化馆工作概论[M].延吉：延边人民出版社，1985.
8. 温芬，李德怀.新农村文化建设指南[M].北京：中国文史出版社，2006.
9. 中国文化报社，中国群众文化学会.中国文化馆发展报告[Z].2009.（内部资料）
10. 孙渊.群众文化概论[M].北京：新华出版社，1989.
11. 绵阳市人民政府，绵阳市地方志办公室绵阳年鉴（2001）[Z/OL].(2004-08-24)[2013-12-03]. http://www.my.gov.cn/mlmy/mygk/mynjian/mynj2001/index.html.
12. 绵阳市人民政府，绵阳市地方志办公室.绵阳年鉴（2002）[Z/OL].(2004-09-21)[2018-12-03]. http://www.my.gov.cn/mlmy/mygk/mynjian/mynj2002/index.html.
13. 绵阳市人民政府，绵阳市地方志办公室.绵阳年鉴（2003）[Z/OL].(2004-09-07)[2018-12-03]. http://www.my.gov.cn/mlmy/mygk/mynjian/mynj2003/index.html.
14. 绵阳市人民政府，绵阳市地方志办公室.绵阳年鉴（2004）[Z/OL].(2004-11-30)[2018-12-03]. http://www.my.gov.cn/mlmy/mygk/mynjian/mynj2004/index.html.
15. 绵阳市人民政府，绵阳市地方志办公室.绵阳年鉴（2005）[Z/OL].(2006-02-10)[2018-12-03]. http://www.my.gov.cn/mlmy/mygk/mynjian/mynj2005/index.html.
16. 绵阳市人民政府，绵阳市地方志办公室.绵阳年鉴（2006）[Z/OL].(2018-10-10)[2018-12-03]. http://www.my.gov.cn/mlmy/mygk/mynjian/mynj2006/index.html.
17. 绵阳市人民政府，绵阳市地方志办公室.绵阳年鉴（2007）[Z/OL].(2008-08-28)[2018-12-03]. http://www.my.gov.cn/mlmy/mygk/mynjian/mynj2007/index.html.
18. 绵阳市人民政府，绵阳市地方志办公室.绵阳年鉴（2008）[Z/OL].(2017-03-07)[2018-12-03]. http://www.my.gov.cn/mlmy/mygk/mynjian/mynj2008/index.html.

19. 绵阳市人民政府，绵阳市地方志办公室．绵阳年鉴（2009）[Z/OL].(2010-05-17)[2018-12-03]. http://www.my.gov.cn/mlmy/mygk/mynjian/mynj2009/index.html.
20. 绵阳市人民政府，绵阳市地方志办公室．绵阳年鉴（2010）[Z/OL].(2011-08-23)[2019-01-05]. http://www.my.gov.cn/mlmy/mygk/mynjian/mynj2010/index.html.
21. 绵阳市人民政府，绵阳市地方志办公室．绵阳年鉴（2011）[Z/OL].(2012-06-20)[2019-01-05]. http://www.my.gov.cn/mlmy/mygk/mynjian/mynj2011/index.html.
22. 绵阳市人民政府，绵阳市地方志办公室．绵阳年鉴（2012）[Z/OL].(2013-06-17)[2019-01-05]. http://www.my.gov.cn/mlmy/mygk/mynjian/mynj2012/index.html.
23. 绵阳市人民政府，绵阳市地方志办公室．绵阳年鉴（2013）[Z/OL].(2014-11-20)[2019-01-05]. http://www.my.gov.cn/mlmy/mygk/mynjian/mynj2013/index.html.
24. 绵阳市人民政府，绵阳市地方志办公室．绵阳年鉴（2014）[Z/OL].(2015-08-10)[2019-01-05]. http://www.my.gov.cn/mlmy/mygk/mynjian/mynj2014/index.html.
25. 绵阳市人民政府，绵阳市地方志办公室．绵阳年鉴（2015）[Z/OL].(2016-01-22)[2019-01-05]. http://www.my.gov.cn/mlmy/mygk/mynjian/mynj2015/index.html.
26. 绵阳市人民政府，绵阳市地方志办公室．绵阳年鉴（2016）[Z/OL].(2017-11-13)[2019-01-05]. http://www.my.gov.cn/mlmy/mygk/mynjian/mynj2016/index.html.
27. 绵阳市人民政府，绵阳市地方志办公室．绵阳年鉴（2017）[Z/OL].(2018-03-13)[2019-01-05]. http://www.my.gov.cn/mlmy/mygk/mynj/index.html.
28. 绵阳市人民政府，绵阳市地方志办公室．绵阳年鉴(2018)[Z/OL].(2019-07-05)[2019-08-05]. http://dsyj.my.gov.cn/mynj/10836661.html.
29. 中共绵阳市委,绵阳市人民政府．李白出生地中国科技城——绵阳市情简介（2020年）[Z/OL].(2020-04-13)[2020-05-13].http://www.my.gov.cn/mlmy/mygk/sqjj/index.html.
30. 绵阳市统计局，国家统计局绵阳调查队．绵阳市2012年国民经济和社会发展统计公报[R/OL].（2013-03-14）[2018-12-30].http://tjj.my.gov.cn/tjsj/ndsj/2234411.html.
31. 绵阳市统计局，国家统计局绵阳调查队．绵阳市2013年国民经济和社会发展统计公报[R/OL].（2014-03-14）[2018-12-30].http://tjj.my.gov.cn/tjsj/ndsj/2234421.html.
32. 绵阳市统计局，国家统计局绵阳调查队．绵阳市2014年国民经济和社会发展统计公报[R/OL].（2015-03-23）[2018-12-30].http://tjj.my.gov.cn/tjsj/ndsj/2234431.html.
33. 绵阳市统计局，国家统计局绵阳调查队．绵阳市2015年国民经济和社会发展统计公报[R/OL].（2016-04-15）[2018-12-30].http://www.tjcn.org/tjgb/23sc/32778.html.
34. 绵阳市统计局，国家统计局绵阳调查队．绵阳市2016年国民经济和社会发展统计公报[R/OL].（2017-04-06）[2018-12-30].http://tjj.my.gov.cn/tjsj/ndsj/2234471.html.

后记
HOUJI

  时光流转，文化璀璨。千百年来，滔滔不绝的涪江水滋养了广袤的绵州大地，哺育了灿烂的绵州文明。从时光中一路走来的群众文化，成为绵阳加快建设西部文化强市的重要引擎；群众文化的触角，已延伸到中国（绵阳）科技城的每个角落。

  文化，是时代前进的号角，能代表一个时代的风貌，能引领一个时代的风尚。近年来，在习近平新时代中国特色社会主义思想和党的一九大精神指引下，绵阳市委、市政府精心绘制文化改革发展的蓝图，抓导向、抓特色、抓品牌、抓队伍，群众文化事业向纵深发展，成效斐然，在对接广大人民群众精神文化新需求的同时，在引领风尚、教育群众、服务社会、促进精神文明建设等方面发挥了积极显著的作用。

  历史是最好的老师，忠实记录走过的足迹，也给未来以启示。在中共绵阳市委宣传部、绵阳市文化广播电视和旅游局及社会各界的关心支持下，这部全面展示绵阳群众文化四十年发展历程的《绵阳群众文化四十年》得以编撰面世。编撰本书过程中，因涉及面广、时间跨度大，我们深感责任重大，不敢懈怠。幸得市直有关部门、企事业单位、社会团体、退休老同志、广大群众文化爱好者、摄影爱好者的大力支持和热情帮助，他们积极出谋划策，无私提供史料，为本书的编撰和顺利出版做出重要贡献。在此，对支持和关心本书编撰工作的各位领导、同仁、专家表示由衷的感谢。

  由于时间跨度较大，加之篇幅所限，难免挂一漏万。若有不当之处，还请读者和专家不吝指正。同时，希望通过本书，能让人们更加了解绵阳群众文化的发展历程，引发更多对群众文化工作经验得失的审视与总结，引发更多对新时代公共文化事业发展现状和未来的思考与关注。

编 者
2020 年 5 月 18 日